新日本语能力测试超核心系列丛书

Mison 美森教育

21天突破

新日本语能力测试 N5 N4 N3 超核心词汇

丛书主编✿邢莉　　编著✿邢莉　孙成志

大连理工大学出版社

图书在版编目(CIP)数据

21天突破新日本语能力测试N5N4N3超核心词汇 / 邢莉，孙成志编著. -- 大连：大连理工大学出版社，2024.3

（新日本语能力测试超核心系列丛书）

ISBN 978-7-5685-4652-2

Ⅰ. ①2… Ⅱ. ①邢… ②孙… Ⅲ. ①日语－词汇－水平考试－自学参考资料 Ⅳ. ①H360.41

中国国家版本馆CIP数据核字（2023）第198015号

大连理工大学出版社出版

地址:大连市软件园路80号　　邮政编码:116023

发行:0411-84708842　邮购:0411-84708943　传真:0411-84701466

E-mail:dutp@dutp.cn　　URL:https://www.dutp.cn

大连图腾彩色印刷有限公司印刷　　大连理工大学出版社发行

幅面尺寸：145mm×208mm　　印张：13.625　　字数：403千字

2024年3月第1版　　2024年3月第1次印刷

责任编辑：于　洋　　责任校对：钟　宇

封面设计：美森教育

ISBN 978-7-5685-4652-2　　定价：48.00元

前言

日本语能力测试（JLPT）是由日本国际交流基金会主办的，面向母语为非日语的日语学习者的日语能力测试和认定，是世界上规模最大的日语考试，也是在全球范围内得到认可的日语水平测试。测试共分为N1、N2、N3、N4、N5五个级别，其中，N1为最高级别，N5为最低级别。

N5、N4、N3考试是日本语能力测试的基础级别，对于零基础的日语学习者来说，是重要的入门阶段。考试涵盖了相应的语言技能，包括词汇、语法、听力、阅读四个方面，要求考生具备一定的语言理解和应用能力。三个级别的考试都涵盖了一定的词汇、语法和句型，需要考生准确理解和运用日语表达。其中，词汇为考试的重中之重，不论是语言知识部分，还是听力、阅读部分，考生都要以相应的词汇量为基础，方能在答题过程中得心应手。

为了帮助广大考生节省复习时间，在短时间内掌握N5、N4、N3核心词汇，美森教育图书编撰委员会的多位资深日语教师在全面深入研究近年真题考点的基础上，编写了本书。

本书具有以下独特优势：

1. 精准直击考点，满足备考需求

通过对近年N5、N4、N3考试核心词汇的分析及一线教学团队的研讨，本书共收录了1050个核心单词，其中包括N5核心单词150个、N4核心单词200个、N3核心单词700个，按照单词出现的频率，分为必考词、高频词和低频词。通过学习本书，考生可以在短时间内掌握三个级别的核心词汇，满足备考需求。

2. 21天科学记忆，掌握核心词汇

科学规划学习目标，共设置了21天的学习任务，考生每天只需集中记忆50个单词，按照书中的顺序完成21天的学习计划。如此一来，每日的学习目标明确，可避免负担过重。考生可以将每一天的学习效果都落到实处，清晰地掌握自己的学习进度，避免产生惰性，保证学习质量。

3. 背词举一反三，轻松联想记忆

书中的N5、N4、N3核心词汇给出了释义、词性和例句，同时也拓展了相应的关联词、近义词或反义词，这有助于考生构建词汇联想记忆，增加词汇量，让考生融会贯通、举一反三。书中拓展的单词也经常出现于考试中，考生可借此构建词汇体系，掌握一些日语单词的基本规律，为日后的学习打下良好的基础。

4. 同步强化训练，有效巩固提高

在“巩固练习”环节中设置了“读音考查”“汉字检验”“提高训练”三部分的练习题。考生可以在完成单词学习后，针对汉字写法、假名拼写进行回顾测试，便于考生评估单词的掌握情况。同时本书模拟真实考试，考查单词词性、用法等相关知识，全方位、多角度地考查考生运用单词的综合能力，让考生有针对性地进行强化复习。

5. 日语外教朗读音频，随时随地扫码听

本书配有专业日语外教录制的原声音频，扫描书中二维码即可随时随地学习。同时，为了加强考生对单词释义的理解，书中所有单词配有中日双语音频，方便考生对照记忆。

在筹备及编写本套图书的过程中，美森教育图书编撰委员会以下资深教师委员也参与了工作：孙乐、孙旭、李建荣、姚宝娇、杨李健、陈雪、孙晓丹、于京圣、姚宝丹、邢思毅、隋良东、景作鹏、皮姗姗、邢汝国、景文学、隋秀丽、景文菊、陈威、刘庆杰、孙连军、宋海蛟、周翼、潘宇、尹辉、张清川、孙成伟、辛连厚、吴馨玲、邵淑梅、侯殿东、朱汉民、王守斌、韩琦、崔林杰、杨丹、王海军等，在此一并表示感谢。

希望本书能够切实地帮助到广大的日语考生，同时也真诚地期待热心的读者对本书提出宝贵的意见。

关注“美森日语”微信公众号

随时随地获取日语学习干货

美森教育

www.mison.cn

致读者

亲爱的读者：

在您正式开始学习这本书之前，请务必扫描下面的二维码观看本书的使用讲解视频，同时获取读者专享免费课程。

视频是本书编写团队的代表老师特意录制的，旨在为大家介绍本书的特点和结构，并就如何高效使用本书提高自己的备考能力，为大家提供科学合理的学习指导。

读者专享免费课程是给大家额外附赠的新日本语能力测试N5N4N3导学规划课（价值599元），该课程适用于所有参加日本语能力测试N5、N4、N3的考生，为大家详细规划备考方案。

相信大家在看过视频和课程之后，能够有效提高学习效率，在新日本语能力测试中获得好成绩。

目录

N5必考词

Day 01

小试牛刀

请从以下今天要学习的单词中，选出你已经认识的单词，并在横线上写出对应的词性和释义。

- □ 話す ________
- □ 返す ________
- □ する ________
- □ 居る ________
- □ 有る・在る ________
- □ 見る ________
- □ 切る ________
- □ 行く ________
- □ 買う ________
- □ 来る ________
- □ 夜 ________
- □ 寝る ________
- □ 下さる ________
- □ 作る ________
- □ 降る ________
- □ 沢山 ________
- □ 昨日 ________
- □ 今 ________
- □ 中 ________
- □ 出る ________
- □ 洗う ________
- □ 休む ________
- □ 言う ________
- □ 生む ________
- □ 書く ________
- □ 咲く ________
- □ 食べる ________
- □ 着く ________
- □ 昼 ________
- □ 持つ ________
- □ 感じる ________
- □ 住む ________
- □ 問題 ________
- □ 月 ________
- □ 年 ________
- □ 高い ________
- □ 広い ________
- □ 欲しい ________
- □ テレビ ________
- □ レストラン ________
- □ 話 ________
- □ 電話 ________
- □ 父さん ________
- □ 人 ________
- □ あの ________
- □ 取る ________
- □ 向く ________
- □ 新聞 ________
- □ アパート ________
- □ ニュース ________

词汇讲解

❶ □はなす②【話す】（他五）说，讲，谈话；说明；告诉

例　句：何を話しているかまったく分からない。/我完全听不懂你在说什么。

面接試験では、話し方はもちろん、服装などにも気をつける必要がある。/在面试中，说话方式固然重要，着装等方面也需要注意。

活　用：話した・話して・話さない・話せば・話します・話そう・話せ

关联词：はなし③【話】（名）话；传说；话题

はなせる③【話せる】（自一）能说；通情达理；谈得来

近义词：いう⓪【言う】（自他五）响；言，说；称为，叫作

❷ □かえす①【返す】（他五）归还；回复；返回；重复

例　句：来週の月曜日までに、この本を返してください。/请在下周一之前归还这本书。

メールを返すのが遅くなってごめんなさい。/对不起，回复邮件晚了。

活　用：返した・返して・返さない・返せば・返します・返そう・返せ

关联词：かえし③【返し】（名）归还；报复

反义词：かりる⓪【借りる】（他一）借用；得到帮助；代用

❸ □する②（自サ）值；（时间）经过；决定（他サ）干，做；担任；把……变成（自カ）表示自谦（お……する）

例　句：北海道一周するのに15万円はする。/环游北海道需要十五万日元。

外交関係に関する仕事をする。/从事有关外交的工作。

活　用：した・して・しない・すれば・します・しよう・しろ

近义词：やる⓪（他五）给予；做，干；吃，喝

❹ □いる⓪【居る】（自一）有，在；居住；生存，生活

例　句：出て行く者が居れば、やって来る者が居る。/有人去就有人来。

いつまでイギリスに居る予定ですか。/你打算在英国住到什么时候?

活　用：いた・いて・いない・いれば・います・いよう・いろ

近义词：おる①【居る】（自五）有，在；居住；生存，生活

❺ □ある①【有る・在る】（自五）在，有；持有，具有；发生；举行，办理

例　句：ある人は歌い、ある人は踊っています。/有的人在唱歌，有的人在跳舞。

彼は思いやりのある若者である。/他是个有同情心的年轻人。

活　用：あった・あって・ない・あれば・あります・あろう・あれ

近义词：いる⓪【居る】（自一）有，在；居住；生存，生活

❻ □みる①【見る】（他一）看；观察；判断

例　句：アニメを見るのが好きです。/我喜欢看动画片。

それについて私たちはしばらく様子を見ましょう。/关于那个我们暂时观望一下吧。

活　用：見た・見て・見ない・見れば・見ます・見よう・見ろ

关联词：みえる②【見える】（自一）看得见，能看到

❼ □きる①【切る】（他五）切，剪；断绝；打破，突破

例　句：この夏に髪を切るよ。/这个夏天我要剪头发。

縁を切る。/断绝关系。

活　用：切った・切って・切らない・切れば・切ます・切ろう・切れ

关联词：きれる②【切れる】（自一）断开；断绝（关系）；能切

❽ □いく⓪【行く】（自五）行进，去；到……去；进行；（时间）流逝

例　句：他人が行くのはだめだ、ぜひ君が行くべきだ。/别人去不行，一定要你去。

メッカへ巡礼に行く。/到麦加朝圣。

活　用：行った・行って・行かない・行けば・行きます・行こう・行け

反义词：くる①【来る】（自カ）来，到来；发生；引起

⑨ □かう⓪【買う】（他五）买；招致；器重

例　句：ホワイトデーのプレゼントを買う。/买白色情人节的礼物。

わざわいを買う。/惹祸。

活　用：買った・買って・買わない・買えば・買います・買おう・買え

反义词：うる⓪【売る】（他五）卖；扬名；出卖，背叛

⑩ □くる①【来る】（自カ）来，到来；发生；引起

例　句：自動車を運転して来る。/开着汽车来。

七月は六月の後に来る。/七月在六月之后到来。

活　用：来た・来て・来ない・来れば・来ます・来よう・来い

反义词：いく⓪【行く】（自五）行进，去；到……去；（时间）流逝

⑪ □よる①【夜】（名）夜，晚上

例　句：夜がふける。/夜深。

この夜、老人はぐっすりと眠った。/这一夜，老人睡得很香。

关联词：ひる②【昼】（名）白天；白昼；中午；午饭

⑫ □ねる⓪【寝る】（自一）躺；睡觉；卧病

例　句：仰向けに寝てください。/请仰面躺下。

寝る前にDVDを見ます。/睡觉前看DVD。

活　用：寝た・寝て・寝ない・寝れば・寝ます・寝よう・寝ろ

反义词：おきる②【起きる】（自一）起来；起床；（事件）发生

⑬ □くださる③【下さる】（他五）送，给（我）

例　句：明日の発表会に来てくださる方はいらっしゃいますか。/有人来参加明天的发表会吗?

今月中にご回答くださるようお願いします。/请在这个月内回复。

活　用：下さった・下さって・下さらない・下されば・下さいます・下さろう・下さい

近义词：くれる⓪（他一）给（我）；给（别人）

⑭ □つくる②【作る】（他五）作，造，制；创造；制定；创作；编造

例　句：カレーを作る予定です。/我打算做咖喱。

わが工場を発展させるために条件を作った。/为我们工厂的发展创造了条件。

活　用：作った・作って・作らない・作れば・作ります・作ろう・作れ

关联词：さくひん⓪【作品】（名）作品，创作，艺术品

⑮ □ふる①【降る】（自五）下，落；降（霜）；掉下

例　句：立冬を過ぎると、大雪がしきりに降る。/过了立冬，大雪连连。

霜が降る。/下霜。

活　用：降った・降って・降らない・降れば・降ります・降ろう・降れ

近义词：おりる②【降りる・下りる】（自一）下；下车；降（霜、露等）

⑯ □たくさん③【沢山】（副・ナ形）许多，大量；足够，充分

例　句：本がたくさんあるなら、たくさんの本棚が必要だ。/如果有很多书，就需要很多书架。

争いはもうたくさんだ。/已经吵够了。

关联词：おおい①【多い】（イ形）多的

⑰ □きのう②【昨日】（名）昨天，昨日；过去，近来

例　句：これは彼がきのう買った辞書です。/这是他昨天买的词典。

昨日の人。/已成过去的人。

关联词：きょう①【今日】（名）今天，今日

⑱ □いま①【今】（名・副）现在，当代；再，更；立刻

例　句：今何時ですか。/现在几点?

宇宙は今膨張しつつある。/宇宙在日益膨胀。

关联词：こんご⓪【今後】（名）今后，以后，将来

近义词：げんざい①【現在】（名）现在；目前

⑲ □なか①【中】（名）内部；当中；中间

例　句：中に入って休む。/到里面休息。

中に人間が乗ったロケットがすでに月に到達している。/其中人类乘坐的火箭已经到达月球。

近义词：うち⓪【内】（名）内部，里面；内，中；时候，期间

⑳ □でる①【出る】（自一）出去；离开；毕业；出席；出版

例　句：彼は何も持たずに家を出た。/他什么都没拿就出了家门。

勘定をしてレストランを出る。/结账后离开餐厅。

活　用：出た・出て・出ない・出れば・出ます・出よう・出ろ

关联词：だす①【出す】（他五）拿出；出；发生

㉑ □あらう⓪【洗う】（他五）洗涤；查清

例　句：髪が短いと、洗うのが簡単で、すぐ乾く。/头发短的话，容易洗，而且易干。

容疑者の身元を洗う。/查清犯罪嫌疑人的身份。

活　用：洗った・洗って・洗わない・洗えば・洗います・洗おう・洗え

近义词：せんたく⓪【洗濯】（名・他サ）洗涤

㉒ □やすむ②【休む】（自他五）休息；停歇，暂停；睡，就寝；缺席

例　句：今週は試験があるので休むことができません。/因为这周有考试，所以不能休息。

2班の人が交替で仕事をし、人は休むが仕事は休まない。/两班人轮换工作，人歇工作不歇。

活　用：休んだ・休んで・休まない・休めば・休みます・休もう・休め

关联词：やすみ③【休み】（名）休息；休假；睡觉

㉓ □いう⓪【言う】（自他五）响；言，说；称为，叫作

例　句：戸がガタガタ言う。/门嘎达嘎达地响。

よしよし、もう言うな。/好了好了，别说了。

活　用：言った・言って・言わない・言えば・言います・言おう・言え

关联词：ことば③【言葉】（名）话语；语言；单词

近义词：はなす②【話す】（他五）说，讲，谈话；说明；告诉

㉔ □うむ⓪【生む】（他五）分娩；产生

例　句：子供を生む。/生孩子。

違ったやり方は、必ず違った結果を生む。/错误的方法一定会产生错误的结果。

活　用：生んだ・生んで・生まない・生めば・生みます・生もう・生め

关联词：いきる②【生きる】（自一）生存；生活；有价值；有效

近义词：うまれる⓪【生まれる】（自一）出生，诞生；产生，出现

㉕ □かく①【書く】（他五）写；画

例　句：彼は詩歌を書くだけでなく、他の作品も書く。/他不仅写诗歌，也写别的作品。

その図面は誰が書くのですか。/那个设计图谁来画?

活　用：書いた・書いて・書かない・書けば・書きます・書こう・書け

关联词：かく①【描く】（他五）做记号；描绘

㉖ □さく⓪【咲く】（自五）花蕾开放，花开

例　句：桜の咲く頃に毎年、彼らは子供を連れて日本に来ます。/每年樱花盛开的时候，他们都会带着孩子来日本。

春が来ると、いろいろな花が次から次へと咲く。/春天一到，各种各样的花会陆续开放。

活　用：咲いた・咲いて・咲かない・咲けば・咲きます・咲こう・咲け

㉗ □たべる②【食べる】（他一）吃；生活

例　句：中国料理を食べるか、それとも日本料理を食べるか。/吃中国菜还是日本菜?

金利で食べる。/靠利息生活。

活　用：食べた・食べて・食べない・食べれば・食べます・食べよう・食べろ

关联词：しょくじ⓪【食事】（名・自サ）饭，食物；吃饭，进餐

㉘ □つく②【着く】（自五）达到，运到；到达，抵达

例　句：荷物が着いた。/行李寄到了。

自転車で行けば45分で学校に着く。/骑自行车的话45分钟就能到学校。

活　用：着いた・着いて・着かない・着けば・着きます・着こう・着け

关联词：きる⓪【着る】（他一）穿（衣服）；承受，承担

㉙ □ひる②【昼】（名）白天，白昼；中午；午饭

例　句：夜となく昼となく働く。/不分昼夜地工作。

ぼつぼつ昼になる。/快到中午了。

关联词：ちゅうしょく⓪【昼食】（名）午饭

よる①【夜】（名）夜，晚上

㉚ □もつ①【持つ】（自他五）持，拿；拥有；承担

例　句：彼女は免許を多く持つ。/她持有很多执照。

同じ趣味を持つ人と行動する。/和有相同爱好的人一起行动。

活　用：持った・持って・持たない・持てば・持ちます・持とう・持て

㉛ □かんじる⓪【感じる】（自他一）觉得；感到；感佩

例　句：彼女がとても可愛いと感じる。/我觉得她非常可爱。

聞けば聞くほど怖いと感じる。/越听越感到害怕。

活　用：感じた・感じて・感じない・感じれば・感じます・感じよう・感じろ

关联词：かんかく⓪【感覚】（名）感觉，感受

㉜ □すむ①【住む】（自五）栖息，生存；居住

例　句：川に住むイルカもいれば、海に住むイルカもいる。/有生活在河里的海豚，也有生活在海里的海豚。

祖母は田舎に住むのに慣れている。/祖母习惯住在乡下。

活　用：住んだ・住んで・住まない・住めば・住みます・住もう・住め

关联词：じゅうたく⓪【住宅】（名）住宅

しゅくはく⓪【宿泊】（名・自サ）投宿，住宿

㉝ □もんだい⓪【問題】（名）问题；试题；事项

例　句：問題に答える。/回答问题。

問題を出す。/出题。

关联词：じけん①【事件】（名）事件；争端；案件

㉞ □つき②【月】（名）月亮；月份；月光

例　句：空には月が出ておらず、星さえ見えない。/天上没有月亮，连星星也看不见。

月が変わる。/到下个月。

关联词：げつ①【月】（名）月；星期一（省略语）

㉟ □とし②【年】（名）年；岁；岁月；年代

例　句：年を越す。/跨年。

年が寄る。/上年纪。

近义词：ねん①【年】（名）年；年限

㊱ □たかい②【高い】（イ形）高的；贵的；声音大的

例　句：私の姉は背が高い。/我姐姐个子很高。

日本でチョコレートは高い。/在日本巧克力很贵。

关联词：たかさ①【高さ】（名）高度；声音高低；价格贵贱

反义词：ひくい②【低い】（イ形）低，矮；低微，低贱

やすい②【安い】（イ形）便宜的；安静的

㊲ □ひろい②【広い】（イ形）宽广的；广泛的；宽宏的

例　句：彼女の家の周りには広い畑がある。/她家附近有大片农田。

この単語の意味はたいへん広い。/这个词的意思很宽泛。

关联词：ひろさ①【広さ】（名）宽度；幅度；广博

反义词：せまい②【狭い】（イ形）狭窄的；狭隘的；肚量小的

㊳ □ほしい②【欲しい】（イ形）想要；希望

例　句：日本語のホームページが欲しい。/我想要日语的主页。

それを信じて欲しい。/我希望你相信（那个）。

关联词：たい①（助动）想要

㊴ □テレビ①（名）电视

例　句：先週オリンピックをテレビでみていた。/我上周在电视上看了奥运会。

デスクの上にテレビがある。/桌子上有电视机。

关联词：テレビきょく③【テレビ局】（名）电视台

㊵ □レストラン①（名）餐厅

例　句：そのレストランはホテルの近くにあります。/那个餐厅在酒店的附近。

そのレストランはおいしいカレーを出す。/那家餐厅提供美味的咖喱。

关联词：りょうりや③【料理屋】（名）饭馆

ホテル①（名）宾馆，饭馆

㊶ □はなし③【話】（名）话；传说；话题

例　句：話を切り出す。/开口说话。

彼は試験に合格したという話だ。/听说他考上了。

关联词：はなす②【話す】（他五）说，讲，谈话；说明；告诉

はなせる③【話せる】（自一）能说；通情达理；谈得来

㊷ □でんわ⓪【電話】（名）电话

例　句：電話をかける。/打电话。

電話を切る。/挂电话。

关联词：でんわばんご④【電話番号】（名）电话号码

けいたいでんわ⑤【携帯電話】（名）手机

㊸ □とうさん①【父さん】（名）爸爸

例　句：お父さんとお母さんが映画に行こうと言いました。/爸爸和妈妈说要去看电影。

お父さんお母さん、いつもありがとう。/爸爸、妈妈，谢谢你们。

关联词：かあさん①【母さん】（名）妈妈

近义词：ちちおや⓪【父親】（名）父亲

ちち①【父】（名）父亲，家父

44 □ひと⓪【人】（名）人；世人；他人；成人

例　句：人は火を使う。/人使用火。

人の世の常。/人世之长。

关联词：じんせい①【人生】（名）人生，生涯

近义词：にんげん⓪【人間】（名）人；人品；人间，世上

45 □あの⓪（连体）那个

例　句：あのネックレスは悪くない。/那个项链不错。

あの人はおかしい。/那个人很奇怪。

关联词：あそこ⓪（代）那里；那种情况

あれ⓪（代）那个

この⓪（连体）这，这个

その⓪（连体）那，那个

46 □とる①【取る】（他五）拿，取，执，握；抓住

例　句：彼女から少し金を取る。/从她那拿点儿钱。

ご乗車の際は、整理券をお取りください。/乘车时请拿票据。

活　用：取った・取って・取らない・取れば・取ります・取ろう・取れ

近义词：もつ①【持つ】（自他五）持，拿；拥有；承担

47 □むく⓪【向く】（自他五）向，朝；倾向，趋向；合适；转向，朝着

例　句：北に向く。/朝北。

病気が良い方に向く。/病情好转。

活　用：向いた・向いて・向かない・向けば・向きます・向こう・向け

关联词：むき①【向き】（名）方向；适合；倾向

48 □しんぶん⓪【新聞】（名）报纸

例　句：新聞を読む。/看报纸。

新聞をとる。/订阅报纸。

关联词：ニュース①（名）新闻，消息，报道

㊾ □アパート②（名）公寓

例　句：一人用のアパートとしてはちょっと広いと思う。/作为一个人住的公寓，我觉得有点大。

このアパートは、暑いばかりでなく音もうるさい。/这栋公寓不仅热，而且很吵。

关联词：じゅうたく⓪【住宅】（名）住宅

㊿ □ニュース①（名）新闻，消息，报道

例　句：そのニュースは彼女にショックを与えた。/那个消息给她带来了冲击。

ニュースを聞いて、彼は急いで帰宅した。/听到消息，他急忙回家了。

关联词：しんぶん⓪【新聞】（名）报纸

近义词：きじ①【記事】（名）新闻，报道，消息

巩固练习

1. 读音考查

(1)話す______	(2)返す______	(3)居る______
(4)有る・在る______	(5)見る______	(6)切る______
(7)行く______	(8)買う______	(9)来る______
(10)夜______	(11)寝る______	(12)下さる______
(13)作る______	(14)降る______	(15)沢山______
(16)昨日______	(17)今______	(18)中______
(19)出る______	(20)洗う______	(21)休む______
(22)言う______	(23)生む______	(24)書く______
(25)咲く______	(26)食べる______	(27)着く______

(28) 昼＿＿＿＿＿＿ (29) 持つ＿＿＿＿＿＿ (30) 感じる＿＿＿＿＿＿

(31) 住む＿＿＿＿＿＿ (32) 問題＿＿＿＿＿＿ (33) 月＿＿＿＿＿＿

(34) 年＿＿＿＿＿＿ (35) 高い＿＿＿＿＿＿ (36) 広い＿＿＿＿＿＿

(37) 欲しい＿＿＿＿＿＿ (38) 話＿＿＿＿＿＿ (39) 電話＿＿＿＿＿＿

(40) 父さん＿＿＿＿＿＿ (41) 人＿＿＿＿＿＿ (42) 取る＿＿＿＿＿＿

(43) 向く＿＿＿＿＿＿ (44) 新聞＿＿＿＿＿＿

2. 汉字检验

(1)はなす＿＿＿＿＿＿ (2)かえす＿＿＿＿＿＿ (3)いる＿＿＿＿＿＿

(4)ある＿＿＿＿＿＿ (5)みる＿＿＿＿＿＿ (6)きる＿＿＿＿＿＿

(7)いく＿＿＿＿＿＿ (8)かう＿＿＿＿＿＿ (9)くる＿＿＿＿＿＿

(10)よる＿＿＿＿＿＿ (11)ねる＿＿＿＿＿＿ (12)くださる＿＿＿＿＿＿

(13)つくる＿＿＿＿＿＿ (14)ふる＿＿＿＿＿＿ (15)たくさん＿＿＿＿＿＿

(16)きのう＿＿＿＿＿＿ (17)いま＿＿＿＿＿＿ (18)なか＿＿＿＿＿＿

(19)でる＿＿＿＿＿＿ (20)あらう＿＿＿＿＿＿ (21)やすむ＿＿＿＿＿＿

(22)いう＿＿＿＿＿＿ (23)うむ＿＿＿＿＿＿ (24)かく＿＿＿＿＿＿

(25)さく＿＿＿＿＿＿ (26)たべる＿＿＿＿＿＿ (27)つく＿＿＿＿＿＿

(28)ひる＿＿＿＿＿＿ (29)もつ＿＿＿＿＿＿ (30)かんじる＿＿＿＿＿＿

(31)すむ＿＿＿＿＿＿ (32)もんだい＿＿＿＿＿＿ (33)つき＿＿＿＿＿＿

(34)とし＿＿＿＿＿＿ (35)たかい＿＿＿＿＿＿ (36)ひろい＿＿＿＿＿＿

(37)ほしい＿＿＿＿＿＿ (38)はなし＿＿＿＿＿＿ (39)でんわ＿＿＿＿＿＿

(40)とうさん＿＿＿＿＿＿ (41)ひと＿＿＿＿＿＿ (42)とる＿＿＿＿＿＿

(43)むく＿＿＿＿＿＿ (44)しんぶん＿＿＿＿＿＿

3. 提高训练

(1) 宿題を(　　)のに3時間もかかりました。

A. 書く　B. 描く　C. 言う　D. 買う

(2) 上野公園は五月に花がたくさん(　　)。

A. 開きます　B. 咲きます　C. 閉まります　D. 生まれます

(3) ラーメンを(　　)ください。

A. 並べて　B. 取って　C. 食べて　D. 洗って

(4) わたしはいつも(　　)前に歯を磨きます。

A. 寝た　B. 寝る　C. 寝て　D. 寝ます

(5) これは中国で一番(　　)たてものです。

A. 太い　B. 高い　C. 重い　D. 強い

(6) スーパーは(　　)九時に閉店します。

A. 朝　B. 夜　C. 昼　D. 午前

(7) このケーキを(　　)にはけっこう時間がかかった。

A. 見る　B. 作る　C. 使う　D. 乗る

(8) この本はいつでも(　　)ますから、今買わなくても大丈夫ですよ。

A. 買う　B. 買え　C. 買って　D. 買おう

(9) 来週の月曜日までにこの本を(　　)ください。

A. 返して　B. 見て　C. 持って　D. 出て

(10) 南部地域では、かなり(　　)範囲にわたって大雨が降る。

A. 低い　B. 高い　C. 広い　D. 暑い

(11) 最近の映画は面白くないから、仕事を(　　)見に行く必要がないと思う。

A. 休む　B. 休んだ　C. 休んで　D. 休まれる

(12) お手洗いに(　　)から、ここで待っていてね。

A. 来る　B. 行く　C. ある　D. しまう

(13) 週末が短いと(　　)人には、ある共通点があります。

A. 作る　　B. 見る　　C. する　　D. 感じる

(14) 手紙は1週間前に出しましたから、もうそろそろ(　　)ころです。

A. 着く　　B. 着いた　　C. 着いている　　D. 着いていた

(15) 桜の花が咲く頃には、雨がよく(　　)。

A. 乗る　　B. 降る　　C. 行く　　D. なる

(16) 上海は中国で一番大きな商業都市だと(　　)いいであろう。

A. 言えば　　B. 言うと　　C. 言っても　　D. 言うなら

(17) 広くて環境のいいところに(　　)たいです。

A. 買い　　B. 住み　　C. 読み　　D. 作り

(18) わたしは普段、昼間は(　　)を見ないことにしています。

A. テレビ　　B. パソコン　　C. エアコン　　D. レストラン

(19) 英語を(　　)ことが得意です。

A. 作る　　B. 食べる　　C. 感じる　　D. 話す

(20) (　　)ものは何でも手に入る時代になった。

A. 欲しい　　B. 高い　　C. 寒い　　D. 早い

Day 02

小试牛刀

请从以下今天要学习的单词中，选出你已经认识的单词，并在横线上写出对应的词性和释义。

- □ 飲む ________
- □ 明日 ________
- □ 今年 ________
- □ 国 ________
- □ ご飯 ________
- □ 東 ________
- □ 一緒 ________
- □ 北 ________
- □ 次 ________
- □ 天気 ________
- □ 軽い ________
- □ 無い ________
- □ 暑い ________
- □ 多い ________
- □ 少ない ________
- □ 汚い ________
- □ 長い ________
- □ 強い ________
- □ 難しい ________
- □ 南 ________
- □ 雪 ________
- □ 林檎 ________
- □ 空 ________
- □ 遊ぶ ________
- □ 言える ________
- □ 思う ________
- □ 泳ぐ ________
- □ 通う ________
- □ 成る ________
- □ 働く ________
- □ 空く ________
- □ 曇る ________
- □ 習う ________
- □ 入る ________
- □ 待つ ________
- □ 遣る ________
- □ ダンス ________
- □ エアコン ________
- □ カメラ ________
- □ ギター ________
- □ 明るい ________
- □ 新しい ________
- □ 良い ________
- □ 煩い ________
- □ 親 ________
- □ 川 ________
- □ 外国 ________
- □ 学校 ________
- □ 言語 ________
- □ 知識 ________

词汇讲解

❶ □ のむ①【飲む】（他五）吃，喝；接受；携带

例　句：明日、バーでビールを飲むつもりだ。/我打算明天去酒吧喝啤酒。

要求を飲む。/接受要求。

活　用：飲んだ・飲んで・飲まない・飲めば・飲みます・飲もう・飲め

关联词：のみもの③【飲み物】（名）饮料

のめる②【飲める】（自一）能喝，好喝

❷ □ あした③【明日】（名）明天

例　句：旅立ちは明日に迫った。/明日即将启程。

明日お宅へ参上致します。/明日到贵府拜访。

近义词：あす⓪【明日】（名）明天；将来

みょうにち①【明日】（名）明天

❸ □ ことし⓪【今年】（名）今年

例　句：今年また多くの青年が就職した。/今年又有许多青年就业了。

今年は作物の出来が悪い。/今年的庄稼收成不好。

近义词：こんねん①【今年】（名）今年

❹ □ くに⓪【国】（名）国家；故乡；国土；领地；地区

例　句：国を治める。/治国。

国の両親からの手紙です。/父母从家乡寄来的信。

关联词：こくさい⓪【国際】（名）国际

こくみん⓪【国民】（名）国民

近义词：こっか①【国家】（名）国家

❺ □ ごはん①【ご飯】（名）米饭

例　句：スプーンでご飯を食べます。/用勺子吃饭。

お父さん、ご飯ですよ。/爸爸，吃饭啦。

关联词：あさごはん③【朝ご飯】（名）早饭

ひるごはん③【昼ご飯】（名）午饭
ばんごはん③【晩ご飯】（名）晚饭
しょくじ⓪【食事】（名・自サ）饭，食物；吃饭，进餐

❻ □ ひがし⓪【東】（名）东，东方；东风

例　句：東に向かって歩く。/向东走。
日本はアジアの東にある。/日本位于亚洲东部。
关联词：にし⓪【西】（名）西，西方；西风
みなみ⓪【南】（名）南，南方；南风
きた⓪【北】（名）北，北方；北风

❼ □ いっしょ⓪【一緒】（名）一起；一样；同行

例　句：帰りはいつも一緒だ。/我们总是一起回家。
全部一緒に包んでください。/请全部包在一块。
近义词：とも①【共】（名）一起；全部

❽ □ きた⓪【北】（名）北，北方；北风

例　句：仙台は東京の北にある。/仙台在东京的北方。
北向きのへやです。/朝北的屋子。
关联词：ひがし⓪【東】（名）东，东方；东风
にし⓪【西】（名）西，西方；西风
みなみ⓪【南】（名）南，南方；南风

❾ □ つぎ②【次】（名）下次，下一个；其次，第二；下面，接着；隔壁

例　句：次は韓国に出張するかもしれません。/下次可能去韩国出差。
会議では王さんがまず発言し、その次が李君である。/会上老王先发言，其次是老李。
近义词：こんど①【今度】（名）下次；这次

❿ □ てんき①【天気】（名）天气；晴天；心情

例　句：天気が悪くなる。/天气变坏。
よい天気になったら出かける。/转晴就出去。
关联词：てんきよほう④【天気予報】（名）天气预报

きこう⓪【気候】（名）气候

⑪ □ かるい⓪【軽い】（イ形）重量小的，程度轻的；轻松的；不重要的；轻率的；不费力的

例　句：彼が持っている箱は大きいが軽い。/他拿着的箱子虽然大，但是很轻。

コーヒーを飲んだり、軽い運動をします。/喝咖啡或做一些轻松的运动。

反义词：おもい⓪【重い】（イ形）沉重的；迟钝的；重大的

⑫ □ ない①【無い】（イ形）没有，无

例　句：マラソンに出たことが無い。/我没参加过马拉松。

あなたからの報告が無い。/没有你交的报告。

⑬ □ あつい②【暑い】（イ形）热的

例　句：部屋の中はとても暑い。/屋子里很热。

暑い日が続いている。/炎热的日子持续着。

反义词：さむい②【寒い】（イ形）寒冷的；贫寒的

⑭ □ おおい①【多い】（イ形）多的

例　句：オフィスの中は人が多い。/办公室里人很多。

女性のメンバーが多い。/女性成员很多。

关联词：たくさん③【沢山】（副・ナ形）许多，大量；足够，充分

反义词：すくない③【少ない】（イ形）不多的

⑮ □すくない③【少ない】（イ形）不多的

例　句：このクラブはとても人数が少ない。/这个俱乐部人很少。

私の数少ない友人の一人です。/我为数不多的朋友之一。

反义词：おおい①【多い】（イ形）多的

⑯ □ きたない③【汚い】（イ形）脏的；难看的；不正当的；吝啬的

例　句：汚い環境をちょっときれいに片づける。/把脏乱的环境清理干净。

字が汚い。/字写得难看。

反义词：きれい①【綺麗】（ナ形）漂亮的；干净的

⑰ □ ながい②【長い】（イ形）长的，远的；长久的；悠闲的

例　句：彼を長い時間待っていた。/我等了他很长时间。

長い目で見る。/从长远来看。

反义词：みじかい③【短い】（イ形）短小的；短的；矮的；见识短浅的

⑱ □ つよい②【強い】（イ形）强壮的；坚强的；强有力的

例　句：強い体。/强壮的身体。

強い人間になりたい。/我想成为坚强的人。

反义词：よわい②【弱い】（イ形）脆弱的；虚弱的，软弱的；不结实的

⑲ □ むずかしい④【難しい】（イ形）难的；麻烦的；不好应付的

例　句：プロジェクト全体はとても難しい。/整个项目很难。

手続きが難しい。/手续很烦琐。

关联词：なんだい⓪【難題】（名）难题

反义词：やさしい⓪【易しい】（イ形）简单的；容易的

⑳ □みなみ⓪【南】（名）南，南方；南风

例　句：南向きの部屋。/朝南的屋子。

南の方に行く。/去南边。

关联词：ひがし⓪【東】（名）东，东方；东风

にし⓪【西】（名）西，西方；西风

きた⓪【北】（名）北，北方；北风

㉑ □ ゆき②【雪】（名）雪；雪白

例　句：突然雪が降って驚いた。/突然下起了雪，我很吃惊。

雪の肌。/雪白的肌肤。

关联词：ゆきみち②【雪道】（名）积雪的道路

㉒ □ りんご⓪【林檎】（名）苹果

例　句：林檎を食べる。/吃苹果。

林檎の皮をむく。/削苹果皮。

㉓ □ そら①【空】（名）天空；天气；恍惚

例　句：飛行機が空を飛ぶ。/飞机在空中飞行。

空が怪しい。/天气不好。

关联词：くうかん⓪【空間】（名）空间

くうき①【空気】（名）空气

㉔ □ あそぶ⓪【遊ぶ】（自五）玩；游荡，不务正业；游历，游学

例　句：あなた達と遊ぶのは楽しかったです。/和你们玩我很开心。

あの人も若い時には随分遊んだらしい。/那个人年轻时好像是荒唐过一阵。

活　用：遊んだ・遊んで・遊ばない・遊べば・遊びます・遊ぼう・遊べ

关联词：あそび⓪【遊び】（名）游戏，玩耍；游玩；放荡

㉕ □ いえる⓪【言える】（自一）可以说，能说；就是这样，同意

例　句：国の代表と言える。/可以说是国家的代表。

確かにそれは言える。/的确是这样。

活　用：言えた・言えて・言えない・言えば・言えます・言えよう・言えろ

关联词：いう⓪【言う】（自他五）响；言，说；称为，叫作

㉖ □ おもう②【思う】（他五）想，思考；觉得；怀念；预想

例　句：昔を思う。/怀念过去。

あすは雨が降ると思う。/我觉得明天会下雨。

活　用：思った・思って・思わない・思えば・思います・思おう・思え

关联词：おもいで⓪【思い出】（名）回忆，回想

㉗ □ およぐ②【泳ぐ】（自五）游泳；向前栽去；挤过，穿过

例　句：海で泳ぐ。/在海里游泳。

つまずいて体が泳いだ。/绊了一脚向前栽去。

活　用：泳いだ・泳いで・泳がない・泳げば・泳ぎます・泳ごう・泳げ

关联词：およぎ③【泳ぎ】（名）游泳

近义词：すいえい⓪【水泳】（名・自サ）游泳

㉘ □かよう⓪【通う】（自五）来往；相连，心意相通；流通

例　句：学校に通う。/上学。

心の通う友人。/心心相印的朋友。

活　用：通った・通って・通わない・通えば・通います・通おう・通え

关联词：とおり③【通り】（名）来往；同样；理解

とおる①【通る】（自五）通过；说得通

㉙ □なる①【成る】（自五）做好；组成；变成；到了某个阶段

例　句：成っていない。/不成样子。

5章からなる論文。/由五章组成的论文。

活　用：成った・成って・成らない・成れば・成ります・成ろう・成れ

㉚ □はたらく⓪【働く】（自他五）工作，劳动；（人的器官、精神等）活动

例　句：会社で8年働いている。/在公司工作八年了。

知恵が働く。/想办法。

活　用：働いた・働いて・働かない・働けば・働きます・働こう・働け

关联词：はたらき⓪【働き】（名）劳动，工作；收入；功能

近义词：つとめる③【勤める】（他一）任职，工作；修行

㉛ □あく⓪【空く】（自五）出现空隙；空闲；空缺；空置

例　句：列の間が空きすぎる。/行与行之间空隙太大。

車が空いたら貸してください。/车闲下来的话借我用用。

活　用：空いた・空いて・空かない・空けば・空きます・空こう・空け

关联词：から②【空】（名）空，空洞；空着手

㉜ □くもる②【曇る】（自五）阴天；朦胧；暗淡

例　句：午後から曇って来た。/到了下午，天阴下来了。

鏡が曇ってはっきり見えない。/镜子变得模糊不清。

活　用：曇った・曇って・曇らない・曇れば・曇ります・曇ろう・曇れ

关联词：くもり③【曇り】（名）天阴；朦胧；内疚

㉝ □ならう②【習う】（他五）学习；练习

例　句：バイオリンを習う。/学习拉小提琴。

習うより慣れよ。/熟能生巧。

活　用：習った・習って・習わない・習えば・習います・習おう・習え

关联词：ならい②【習い】（名）习惯，习气；常态

近义词：べんきょう⓪【勉強】（名・自他サ）努力学习，用功；勤奋

れんしゅう⓪【練習】（名・他サ）练习；反复学习

㉞ □はいる①【入る】（自五）进入；参加；进行

例　句：教室に入る。/进入教室。

会社に入る。/加入公司。

活　用：入った・入って・入らない・入れば・入ります・入ろう・入れ

近义词：しんしゅつ⓪【進出】（名・自サ）进入，参加，进展

㉟ □まつ①【待つ】（他五）等待；期待；伺机

例　句：バスを待つ。/等公交。

今後の努力に待つ。/有赖于日后的努力。

活　用：待った・待って・待たない・待てば・待ちます・待とう・待て

㊱ □やる②【遣る】（他五）给；做；派去

例　句：子供に小遣いを遣る。/给小孩零用钱。

スポーツを遣る。/搞体育活动。

活　用：遣った・遣って・遣らない・遣れば・遣ります・遣ろう・遣れ

㊲ □ダンス①（名）跳舞

例　句：私たちは公園でダンスをして楽しみました。/我们在公园开心地跳起了舞。

彼らはダンスをしているように私は思う。/我觉得他们好像在跳舞。

关联词：おどる⓪【踊る】（自五）跳舞；活跃

㊳ □エアコン⓪（名）空调

例　句：エアコンを付ける。/开空调。

私たちはエアコンがないと暑くて寝ることができない。/我们不开空调就热得睡不着。

㊴ □カメラ①（名）照相机

例　句：彼は自分のカメラをテーブルに置いた。/他把自己的照相机放在了桌子上。

カメラを買わなければなりません。/必须买照相机。

关联词：カメラマン③（名）摄影师

㊵ □ギター①（名）吉他

例　句：ギターを弾く。/弹吉他。

私の人生はギターと共にある。/我的人生与吉他同在。

㊶ □あかるい⓪【明るい】（イ形）明亮的；开朗的；鲜明的

例　句：この部屋は広くて明るいです。/这个房间宽敞且明亮。

彼はとても元気で明るい子です。/他是一个活泼开朗的孩子。

关联词：あきらか②【明らか】（ナ形）清楚的，分明的；明亮的

反义词：くらい⓪【暗い】（イ形）暗的；发黑的；阴沉的

㊷ □あたらしい④【新しい】（イ形）新的；新鲜的；从未有过的

例　句：新しいライフスタイルを提案します。/提倡新的生活方式。

この魚は新しい。/这条鱼很新鲜。

近义词：しんせん⓪【新鮮】（ナ形）新鲜；清新

反义词：ふるい②【古い】（イ形）旧的，过时的；落后的；不新鲜的

㊸ □よい①【良い】（イ形）好的；美丽的；贵重的

例　句：頭が良い。/头脑好。

景色の良い所で休もう。/找个景色宜人的地方休息吧。

近义词：うつくしい④【美しい】（イ形）美丽的；美好的

反义词：わるい②【悪い】（イ形）坏的；有害的

⑭ □うるさい③【煩い】（イ形）烦人的；吵闹的

例　句：やれ、うるさいことだ。/真是的，烦死了！

外はうるさいから、窓を閉めてください。/外面很吵，请关窗户。

近义词：やかましい④【喧しい】（イ形）吵闹的；麻烦的；啰唆的

⑮ □おや②【親】（名）双亲，父母

例　句：生みの親。/生身父母。

親会社。/母公司。

关联词：ちちおや⓪【父親】（名）父亲

ははおや⓪【母親】（名）母亲

⑯ □かわ②【川】（名）河流

例　句：川を上る。/逆流而上。

川が溢れる。/河水泛滥。

⑰ □がいこく⓪【外国】（名）外国，国外

例　句：中国と外国の長所をくまなく取り入れる。/全盘吸收中国和外国的长处。

外国の珍しい経験を吸収すべきである。/应该吸收外国的宝贵经验。

关联词：がいこくじん④【外国人】（名）外国人

⑱ □がっこう⓪【学校】（名）学校

例　句：学校はどこですか。/学校在哪里?

あそこの学校はとても優れた学校です。/那里的学校非常优秀。

关联词：しょうがっこう③【小学校】（名）小学

ちゅうがっこう③【中学校】（名）初中

⑲ □げんご①【言語】（名）语言

例　句：言語に絶する苦難。/难以言喻的苦难。

言語障害がある。/有语言障碍。

关联词：げんごがく③【言語学】（名）语言学

㊿ □ ちしき①【知識】（名）知识

例　句：数学の知識に乏しい。/缺乏数学知识。

知識が豊富だ。/知识丰富。

巩固练习

1. 读音考查

(1)飲む__________ (2)明日__________ (3)今年__________

(4)国__________ (5)ご飯__________ (6)東__________

(7)一緒__________ (8)北__________ (9)次__________

(10)天気__________ (11)軽い__________ (12)無い__________

(13)暑い__________ (14)多い__________ (15)少ない__________

(16)汚い__________ (17)長い__________ (18)強い__________

(19)難しい__________ (20)南__________ (21)雪__________

(22)林檎__________ (23)空__________ (24)遊ぶ__________

(25)言える__________ (26)思う__________ (27)泳ぐ__________

(28)通う__________ (29)成る__________ (30)働く__________

(31)空く__________ (32)曇る__________ (33)習う__________

(34)入る__________ (35)待つ__________ (36)遣る__________

(37)明るい__________ (38)新しい__________ (39)良い__________

(40)煩い__________ (41)親__________ (42)川__________

(43)外国__________ (44)学校__________ (45)言語__________

(46)知識__________

2. 汉字检验

(1)のむ＿＿＿＿＿＿ (2)あした＿＿＿＿＿＿ (3)ことし＿＿＿＿＿＿

(4)くに＿＿＿＿＿＿ (5)ごはん＿＿＿＿＿＿ (6)ひがし＿＿＿＿＿＿

(7)いっしよ＿＿＿＿＿＿ (8)きた＿＿＿＿＿＿ (9)つぎ＿＿＿＿＿＿

(10)てんき＿＿＿＿＿＿ (11)かるい＿＿＿＿＿＿ (12)ない＿＿＿＿＿＿

(13)あつい＿＿＿＿＿＿ (14)おおい＿＿＿＿＿＿ (15)すくない＿＿＿＿＿＿

(16)きたない＿＿＿＿＿＿ (17)ながい＿＿＿＿＿＿ (18)つよい＿＿＿＿＿＿

(19)むずかしい＿＿＿＿＿＿ (20)みなみ＿＿＿＿＿＿ (21)ゆき＿＿＿＿＿＿

(22)りんご＿＿＿＿＿＿ (23)そら＿＿＿＿＿＿ (24)あそぶ＿＿＿＿＿＿

(25)いえる＿＿＿＿＿＿ (26)おもう＿＿＿＿＿＿ (27)およぐ＿＿＿＿＿＿

(28)かよう＿＿＿＿＿＿ (29)なる＿＿＿＿＿＿ (30)はたらく＿＿＿＿＿＿

(31)あく＿＿＿＿＿＿ (32)くもる＿＿＿＿＿＿ (33)ならう＿＿＿＿＿＿

(34)はいる＿＿＿＿＿＿ (35)まつ＿＿＿＿＿＿ (36)やる＿＿＿＿＿＿

(37)あかるい＿＿＿＿＿＿ (38)あたらしい＿＿＿＿＿＿ (39)よい＿＿＿＿＿＿

(40)うるさい＿＿＿＿＿＿ (41)おや＿＿＿＿＿＿ (42)かわ＿＿＿＿＿＿

(43)がいこく＿＿＿＿＿＿ (44)がっこう＿＿＿＿＿＿ (45)げんご＿＿＿＿＿＿

(46)ちしき＿＿＿＿＿＿

3. 提高训练

(1) お酒の(　　)すぎに注意してください。

A. 飲み　　B. 飲む　　C. 飲んで　　D. 飲もう

(2) 君の意見もほぐと(　　)だ。

A. 次　　B. 一緒　　C. 家　　D. 今

(3) 男の子たちは川で(　　)ことが好きである。

A. 言う　　B. する　　C. 泳ぐ　　D. 洗う

(4) プレゼントは小さくて、そして(　　)ものがいい。

A. 重い　　B. 軽い　　C. 安い　　D. 古い

(5) 森山さんは中国文化に(　　)関心を持っています。

A. 酷い　B. 良い　C. 広い　D. 強い

(6) 義務教育法に従えば、子どもが6歳になったら小学校に(　　)べきです。

A. 入る　B. 開く　C. 出る　D. 習う

(7) すみませんが、美術館内での(　　)の撮影はご遠慮ください。

A. エアコン　B. ギター　C. カメラ　D. テレビ

(8) (　　)ね。何が冷たいものを飲みたい。

A. 暑い　B. 寒い　C. 美味しい　D. 美しい

(9) これ以上勉強を続けるのはむりだと(　　)。

A. 使う　B. 思う　C. 習う　D. なる

(10) 北京と東京と京都、どちらの人口が一番(　　)ですか。

A. 低い　B. 高い　C. 多い　D. 広い

(11) こんな(　　)問題は答えられるわけがない。

A. 良い　B. 易しい　C. 難しい　D. 新しい

(12) あの人はいつも(　　)ことをやりたい。

A. 新しい　B. 寒い　C. 明るい　D. 煩い

(13) このアパートは、暑いばかりでなく音も(　　)。

A. 少ない　B. 煩い　C. 高い　D. 美しい

(14) 最近、中国では小学生をピアノ教室に(　　)親が多くなっています。

A. 通う　B. 通える　C. 通われる　D. 通わせる

(15) 雨が降っているから、きょうはお客さまが(　　)ですね。

A. 多い　B. 高い　C. 軽い　D. 少ない

(16) この(　　)では、テストの結果をもとにクラス分けをすることになっている。

A. 学校　B. 食堂　C. 図書館　D. 田舎

(17) 冬にはよく(　　)が降りました。

A. 雨　B. 水　C. 雪　D. 氷

(18) (　　)予報によると、明日は台風が来るらしい。

A. 天気　B. 国　C. 新聞　D. 今年

(19) 私たちは毎日8時間(　　)。

A. 食べる　B. 洗う　C. 習う　D. 働く

(20) この(　　)の水はそのまま飲むことができます。

A. 川　B. 雪　C. 国　D. 氷

Day 03

小试牛刀

请从以下今天要学习的单词中，选出你已经认识的单词，并在横线上写出对应的词性和释义。

- □ 花 ________
- □ 山 ________
- □ 甘い ________
- □ 寒い ________
- □ スカート ________
- □ テニス ________
- □ ワイシャツ ________
- □ 英語 ________
- □ お金 ________
- □ テスト ________
- □ 賑やか ________
- □ 全部 ________
- □ 半分 ________
- □ 来月 ________
- □ 午後 ________
- □ 今週 ________
- □ 上げる ________
- □ 歩く ________
- □ 埋める ________
- □ 売る ________
- □ 選ぶ ________
- □ 押す ________
- □ 終わる ________
- □ 掛かる ________
- □ 家具 ________
- □ 掛ける ________
- □ 被る ________
- □ 消える ________
- □ 空く ________
- □ 成す ________
- □ 並ぶ ________
- □ 吐く ________
- □ 走る ________
- □ 引く ________
- □ 間違える ________
- □ 止む ________
- □ 呼ぶ ________
- □ 分かる ________
- □ 忘れる ________
- □ 上がる ________
- □ 開ける ________
- □ 急ぐ ________
- □ 打つ ________
- □ 聞く ________
- □ 読む ________
- □ 親しい ________
- □ 大きい ________
- □ 固い ________
- □ 近い ________
- □ 冷たい ________

词汇讲解

❶ □ はな②【花】（名）花；樱花；华丽

例　句：花が咲く。/开花。

吉野の花がきれいです。/吉野的樱花很漂亮。

关联词：はなみ③【花見】（名）赏（樱）花

❷ □ やま②【山】（名）山；堆

例　句：この山は日本で二番目に高い山です。/这座山是日本第二高山。

仕事が山ほどある。/工作有一大堆。

关联词：やまのぼり③【山登り】（名・自サ）登山，爬山

さんちょう⓪【山頂】（名）山顶

❸ □ あまい⓪【甘い】（イ形）甜的；淡的；甜美的；天真的

例　句：この柿は甘い。/这柿子很甜。

このスープは甘い。/这汤有点淡。

反义词：にがい②【苦い】（イ形）苦的，苦涩的

❹ □ さむい②【寒い】（イ形）寒冷的；贫寒的

例　句：ここは寒いなあ/这里好冷呀。

ずいぶんお寒い旅館だなあ。/真是个简陋的旅馆啊。

反义词：あつい②【暑い】（イ形）热的

❺ □ スカート②（名）裙子

例　句：この上着はそのスカートと同じくらい価格が高いです。/这件上衣和那条裙子一样贵。

このシャツは、パンツにもスカートにも合います。/这件衬衣和短裤、裙子都很配。

关联词：ワンピース③（名）连衣裙

❻ □ テニス①（名）网球

例　句：明日はテニスの試合があります。/明天有网球比赛。

テニスは簡単だと思います。/我觉得打网球很简单。

⑦ □ ワイシャツ⓪（名）衬衫

例　句：彼は純白のワイシャツを着た。/他穿了一件纯白的衬衫。

ワイシャツを汚した。/弄脏了衬衫。

关联词：シャツ①（名）衬衣

⑧ □ えいご⓪【英語】（名）英语

例　句：私は英語が上手です。/我擅长英语。

英語はよく使われる言語です。/英语是常用语言。

关联词：えいこく⓪【英国】（名）英国

⑨ □ おかね⓪【お金】（名）钱，货币

例　句：お金を工夫する。/设法筹款。

彼女に少しお金を貸した。/我借给她了一点钱。

关联词：かねもち③【金持ち】（名）有钱人，富人，财主

⑩ □ テスト①（名）测验，考试

例　句：テストで100点をとりました。/在考试中得了一百分。

明日テストだから、早めに寝る。/明天考试，早点睡。

⑪ □ にぎやか②【賑やか】（ナ形）热闹，繁华

例　句：九州の人は賑やかなことが本当に好きです。/九州人真是很喜欢热闹。

都内では賑やかです。/东京市内很繁华。

关联词：にぎわい⓪【賑わい】（名）热闹，繁华

⑫ □ ぜんぶ①【全部】（名・副）全部，都

例　句：その検査は全部終わりましたか。/那项检查全都结束了吗?

仕事は全部完了しています。/工作已经全部完成了。

近义词：すべて①【全て】（名・副）一切，全部；都，所有

⑬ □ はんぶん③【半分】（名）一半，半

例　句：紙を半分に切る。/把纸裁成两半。

冗談半分に言う。/半开玩笑地说。

近义词：はん①【半】（名）半，一半；中途

⑭ □ らいげつ①【来月】（名）下个月

例　句：来月中にできる。/在下月内完成。

来月の10日から始まるということを見込む。/预计下月十号开始。

关联词：せんげつ①【先月】（名）上个月

こんげつ⓪【今月】（名）本月

さらいげつ⓪【再来月】（名）下下个月

⑮ □ ごご①【午後】（名）下午，下半天

例　句：午後七時です。/现在是下午七点。

午後六時映画を見に行きます。/我晚上六点去看电影。

关联词：ごぜん①【午前】（名）上午，上半天

⑯ □ こんしゅう⓪【今週】（名）本周

例　句：今週から始める。/从本周开始。

今週の土曜日に出発する。/本周六出发。

关联词：せんしゅう⓪【先週】（名）上周

らいしゅう⓪【来週】（名）下周

さらいしゅう⓪【再来週】（名）下下周

⑰ □ あげる⓪【上げる】（他一）举起；抬起；提高；完成

例　句：手を上げろ。/举起手来。

恥しくて顔が上げられない。/羞得抬不起头。

活　用：上げた・上げて・上げない・上げれば・上げます・上げよう・上げろ

⑱ □ あるく②【歩く】（自五）走，步行

例　句：足の向くままに歩く。/信步而行。

右側を歩くべきではない。/不应该走在右侧。

活　用：歩いた・歩いて・歩かない・歩けば・歩きます・歩こう・歩け

关联词：さんぽ⓪【散步】（名・自サ）散步，随便走走

⑲ □ うめる⓪【埋める】（他一）填埋；掩埋；弥补

例　句：土の中に埋める。/埋在土里。

地下に埋める。/掩埋在地下。

活　用：埋めた・埋めて・埋めない・埋めれば・埋めます・埋めよう・埋めろ

关联词：うまる⓪【埋まる】（自五）（被）埋着；填满；填补

⑳ □ うる⓪【売る】（他五）卖；扬名；出卖，背叛

例　句：土地を売る。/卖土地。

名を売る。/扬名。

活　用：売った・売って・売らない・売れば・売ります・売ろう・売れ

反义词：かう⓪【買う】（他五）买；招致；器重

㉑ □ えらぶ②【選ぶ】（他五）选择；选举；与其……不如……

例　句：吉日を選んで挙式する。/择吉日举办仪式。

皆は私を代表に選んだ。/大家选举我为代表。

活　用：選んだ・選んで・選ばない・選べば・選びます・選ぼう・選べ

近义词：せんたく⓪【選択】（名・他サ）选择

㉒ □ おす⓪【押す】（他五）推，挤；压，按；硬撑

例　句：扉を押してあける。/推开门。

通常の表示に戻す時は、ここを押す。/返回到通常显示的时候，按这里。

活　用：押した・押して・押さない・押せば・押します・押そう・押せ

㉓ □ おわる⓪【終わる】（自他五）完毕，结束；死亡

例　句：授業が終わる。/上课结束。

一生が終わる。/生命终止。

活　用：終わった・終わって・終わらない・終われば・終わります・終わろう・終われ

关联词：おわり⓪【終わり】（名）终了，末尾，结束；末期

㉔ □ かかる②【掛かる】（自五）悬挂，垂挂；覆盖；陷入；着手；架

例　句：凧が電線に掛かる。/风筝挂在电线上。

桜が肩に散り掛かる。/樱花散落在肩上。

活　用：掛かった・掛かって・掛からない・掛かれば・掛かります・掛かろう・掛かれ

近义词：かける②【掛ける】（他一）悬挂；坐；钩，刺；捕捉；处理

㉕ □ かぐ①【家具】（名）家具

例　句：この家具はなかなかよいが、ただ部屋が少し狭い。/这个家具不错，就是屋子有点小。

私は自宅にオーダーメードの家具を注文した。/我为自己的家定制了家具。

㉖ □ かける②【掛ける】（他一）悬挂；坐；钩，刺；捕捉；处理

例　句：すだれを掛ける。/挂门帘。

いすに腰を掛ける。/坐在椅子上。

活　用：掛けた・掛けて・掛けない・掛ければ・掛けます・掛かよう・掛けろ

近义词：かかる②【掛かる】（自五）悬挂，垂挂；覆盖；陷入；着手；架

㉗ □ かぶる②【被る】（他五）戴，盖；浇，冲；承担，蒙受

例　句：帽子を被る。/戴帽子。

水を被る。/浇水。

活　用：被った・被って・被らない・被れば・被ります・被ろう・被れ

㉘ □ きえる⓪【消える】（自一）（光，火）消失；（人、物等）消失；（痛觉，味觉等感觉）失去；遗忘

例　句：火が消える。/火灭了。

虹が消えるまで空を見ていた。/看着天空直到彩虹消失。

活　用：消えた・消えて・消えない・消えれば・消えます・消えよう・消えろ

近义词：けす⓪【消す】（他五）熄灭；消去；消灭；切断

㉙ □ すく⓪【空く】（自五）肚子饿；空闲；（人、物等）数量减少

例　句：腹が空く。/肚子饿。

手が空く。/有空。

活　用：空いた・空いて・空かない・空けば・空きます・空こう・空け

㉚ □ なす①【成す】（他五）形成；完成

例　句：群れを成す。/成群。

業を成す。/立业。

活　用：成した・成して・成さない・成せば・成します・成そう・成せ

关联词：なる①【成る】（自五）做好；组成；变成；到了某个阶段

㉛ □ ならぶ⓪【並ぶ】（自五）排列；比得上，匹敌

例　句：彼は今日出かけて行って映画の切符を手に入れるために並ぶ。/他今天去排队买电影票。

水泳では彼に並ぶ者がない。/论游泳没有比得上他的。

活　用：並んだ・並んで・並ばない・並べば・並びます・並ぼう・並べ

近义词：ならべる⓪【並べる】（他一）排列；陈列；列举

㉜ □ はく①【吐く】（他五）呕吐；说出，吐露；（烟雾等）冒出

例　句：食べすぎて吐く。/吃太多而呕吐。

そばで冷やかしの言葉を吐くな。/不要在一旁说风凉话。

活　用：吐いた・吐いて・吐かない・吐けば・吐きます・吐こう・吐け

近义词：つく①【吐く】（他五）说出；呼吸

㉝ □ はしる②【走る】（自五）跑；行驶

例　句：一生懸命に走る。/拼命地跑。

列車は南に向かって走る。/火车向南行驶。

活　用：走った・走って・走らない・走れば・走ります・走ろう・走れ

近义词：かける②【駆ける】（自一）跑，快跑

㉞ □ ひく⓪【引く】（自他五）牵引，拉；画线；吸入；拔出；引用；退

例　句：綱を引く。/拉绳子。

縦に線を1本引く。/画一条竖线。

活　用：引いた・引いて・引かない・引けば・引きます・引こう・引け

关联词：ひき⓪【引き】（名）提拔，引荐；门路，后台；引力，拉力

㉟□ まちがえる③【間違える】（他一）弄错；认错

例　句：名前を間違えた。/弄错了名字。

その男性を女性と間違えた。/把那个男人错认成了女人。

活　用：間違えた・間違えて・間違えない・間違えれば・間違えます・間違えよう・間違えろ

关联词：ちがう⓪【違う】（自五）不同；错误；不合

近义词：ちがえる⓪【違える】（他一）使不同；弄错；离间

㊱□ やむ⓪【止む】（自五）停止

例　句：雨が止むまで、私たちはずっと図書館にいた。/雨停之前，我们一直待在图书馆。

雨は午後には止む予報です。/天气预报说下午雨会停。

活　用：止んだ・止んで・止まない・止めば・止みます・止もう・止め

近义词：やめる⓪【止める】（他一）停止；放弃

とめる⓪【止める】（他一）停止；阻止，制止

㊲□ よぶ⓪【呼ぶ】（他五）喊，叫；叫来；邀请；叫作

例　句：彼は人が自分のあだ名を呼ぶのを嫌がる。/他讨厌别人叫自己的外号。

彼女はタクシーを呼ぶ必要がある。/她需要叫出租车。

活　用：呼んだ・呼んで・呼ばない・呼べば・呼びます・呼ぼう・呼べ

近义词：よびだす③【呼び出す】（他五）叫来；邀请

㊳□ わかる②【分かる】（自五）知道；明白，理解；通情达理

例　句：テレビのニュースを見て内容が分かる。/看电视新闻就知道内容。

この問題が分かった人は、手を挙げてください。/明白这个问题的人请举手。

活　用：分かった・分かって・分からない・分かれば・分かります・分かろう・分かれ

近义词：しる⓪【知る】（他五）知道；懂得

りかい①【理解】（名・他サ）理解；体谅

㊴ □ わすれる⓪【忘れる】（自他一）忘掉；忘怀；遗忘

例　句：私は先生からお教えを受けた恩を忘れることができない。/我不会忘记老师教授我的恩德。

私はどうしてもこの事を忘れることができない。/我怎么都忘不掉这件事。

活　用：忘れた・忘れて・忘れない・忘れれば・忘れます・忘れよう・忘れろ

关联词：わすれもの⓪【忘れ物】（名）遗忘的东西

㊵ □ あがる⓪【上がる】（自五）上；提高；加快；发出；完成

例　句：演壇に上がって話をする。/上台讲话。

スピードが上がる。/速度加快。

活　用：上がった・上がって・上がらない・上がれば・上がります・上がろう・上がれ

近义词：あげる⓪【上げる】（他一）举起；抬起；提高；完成

㊶ □ あける⓪【開ける】（自他一）打开；张开，睁开；明，亮

例　句：鞄を開けて書類を取り出す。/打开皮包拿出文件。

口を開けてください。/请张嘴。

活　用：開けた・開けて・開けない・開ければ・開けます・開けよう・開けろ

近义词：あく⓪【開く】（自五）打开；开始；开门

㊷ □ いそぐ②【急ぐ】（自他五）快，急，着急

例　句：彼は、成功を急ぐあまり、仕事のことしか考えなかった。/他太急于成功，只考虑工作。

彼は自転車に乗って飛ぶように家に急ぐ。/他骑着自行车飞似的着急往家赶。

活　用：急いだ・急いで・急がない・急げば・急ぎます・急ごう・急げ

关联词：いそぎ③【急ぎ】（名・副）急忙，匆忙，急迫，紧急

㊸ □ うつ①【打つ】（他五）打，击；射击；打动

例　句：君が太鼓をたたけば、おれはどらを打つ。/你打鼓，我（便）敲锣。

心を打つ。/打动人心。

活　用：打った・打って・打たない・打てば・打ちます・打とう・打て

关联词：うちこむ⓪【打ち込む】（自他五）打进；射进；劈；热衷

うちだす⓪【打ち出す】（他五）打出来；提出

㊹ □ きく⓪【聞く】（他五）听到；询问；听从；品尝

例　句：このニュースは、君が聞くと必ず喜ぶよ。/你听了这个消息一定会很高兴哦。

なぜよりによって彼に聞くのか。/为什么偏偏问他呢?

活　用：聞いた・聞いて・聞かない・聞けば・聞きます・聞こう・聞け

关联词：きこえる⓪【聞こえる】（自一）听得见；听起来觉得；闻名，出名

㊺ □ よむ①【読む】（他五）读；数数；揣测

例　句：この漢字は何と読むの。/这个汉字怎么读?

票を読む。/数票数。

活　用：読んだ・読んで・読まない・読めば・読みます・読もう・読め

关联词：どくしょ①【読書】（名・自サ）读书

㊻ □ したしい③【親しい】（イ形）亲近的，亲切的；血缘关系近的；不生疏的

例　句：親しい友人。/亲近的朋友。

君はおじいさんと親しくしているか。/你和你爷爷亲不亲?

反义词：そえん⓪【疎遠】（名）疏远

㊼ □ おおきい③【大きい】（イ形）大的；夸大的；宏伟的

例　句：人が多いと、力も大きい。/人多力量也大。

大きい事を言う。/说大话。

反义词：ちいさい③【小さい】（イ形）小的；微小的；幼小的

㊽ □ かたい②【固い】（イ形）硬的；坚定的；可靠的

例　句：大きくて固いキャンディーがのどに詰まった。/喉咙被又大又硬的糖果塞住了。

彼らの決心は本当に固い。/他们的决心很坚定。

反义词：やわらかい④【柔らかい】（イ形）柔软的；轻柔的；温柔的

㊾ □ ちかい②【近い】（イ形）（距离、时间）近的；（关系）近的，亲密

例　句：イタリアはあなたの国から近い。/意大利离你的国家近。

ごく近い間柄です。/关系很亲密。

反义词：とおい⓪【遠い】（イ形）远的；久远的；疏远的

㊿ □ つめたい③【冷たい】（イ形）冷的，凉的；冷淡的

例　句：冷たい風。/冷风。

最近あなたにちょっと冷たい。/最近对你有点冷淡。

反义词：あつい②【暑い】（イ形）热的

巩固练习

1. 读音考查

(1)花________ (2)山________ (3)甘い________

(4)寒い________ (5)英語________ (6)お金________

(7)賑やか________ (8)全部________ (9)半分________

(10)来月________ (11)午後________ (12)今週________

(13)上げる________ (14)歩く________ (15)埋める________

(16)売る________ (17)選ぶ________ (18)押す________

(19)終わる________ (20)掛かる________ (21)家具________

(22)掛ける________ (23)被る________ (24)消える________

(25)空く________ (26)成す________ (27)並ぶ________

(28)吐く________ (29)走る________ (30)引く________

(31)間違える________ (32)止む________ (33)呼ぶ________

(34)分かる________ (35)忘れる________ (36)上がる________

(37)開ける________ (38)急ぐ________ (39)打つ________

(40)聞く________ (41)読む________ (42)親しい________

(43)大きい________ (44)固い________ (45)近い________

(46)冷たい________

2. 汉字检验

(1)はな________ (2)やま________ (3)あまい________

(4)さむい________ (5)えいご________ (6)おかね________

(7)にぎやか________ (8)ぜんぶ________ (9)はんぶん________

(10)らいげつ________ (11)ごご________ (12)こんしゅう________

(13) あげる__________ (14) あるく__________ (15) うめる__________

(16) うる__________ (17) えらぶ__________ (18) おす__________

(19) おわる__________ (20) かかる__________ (21) かぐ__________

(22) かける__________ (23) かぶる__________ (24) きえる__________

(25) すく__________ (26) なす__________ (27) ならぶ__________

(28) はく__________ (29) はしる__________ (30) ひく__________

(31) まちがえる______ (32) やむ__________ (33) よぶ__________

(34) わかる__________ (35) わすれる_______ (36) あがる__________

(37) あける__________ (38) いそぐ__________ (39) うつ__________

(40) きく__________ (41) よむ__________ (42) したしい________

(43) おおきい________ (44) かたい__________ (45) ちかい__________

(46) つめたい________

3. 提高训练

(1) さっきまでここで小説を(　　)のに、もうどこかへ行ってしまった。
A. 読む　B. 読もう　C. 読んできた　D. 読んでいた

(2) この靴、ちょっとぼくには(　　)過ぎる。
A. 大きい　B. 大き　C. 大きく　D. 大きさ

(3) 経済不振で、今年の輸出成長はほとんどゼロに(　　)。
A. 近い　B. 遠い　C. 多い　D. 少ない

(4) 彼は文房具を(　　)6階でエレベーターに降りた。
A. 読む　B. 売る　C. 書く　D. 見る

(5) この曲を(　　)たびに、ふるさとを思い出す。
A. する　B. 聞く　C. 見る　D. 買う

(6) 早く(　　)人も、他の人が終わるまで教室に残っていてください。
A. 終わる　B. 終わった
C. 終わらない　D. 終わらなかった

(7) 風がとても(　　)から、セーターを着て行きなさい。

A. 新しい　B. 暑い　C. 冷たい　D. 暖かい

(8) 先生、(　　)ところを教えていただきませんか。

A. 分からない　B. 分かる　C. 分かって　D. 分かった

(9) (　　)必要はない。落ち着いて。

A. 急ぐ　B. 歩く　C. 止む　D. なる

(10) 人がたくさんいましたから、パーティーはとても(　　)でした。

A. 大切　B. 簡単　C. 賑やか　D. 丈夫

(11) どっちを(　　)か決められない。

A. 歩く　B. 終わる　C. 選ぶ　D. 空く

(12) 彼は帽子を(　　)のが嫌いです。

A. 被る　B. 選ぶ　C. 呼ぶ　D. 引く

(13) 私はどうしてもこの事を(　　)ことができない。

A. 開ける　B. 埋める　C. 忘れる　D. 入る

(14) 私たちはその犬をジョンと(　　)。

A. 分かっている　B. 呼んでいる

C. 見ている　D. している

(15) 家が狭くて、こんな大きな(　　)は入れられない。

A. 山　B. 部屋　C. 本　D. 家具

(16) 左側を(　　)べきではない。

A. 歩く　B. 上げる　C. 消える　D. 引く

(17) その映画は心を(　　)作品である。

A. 打つ　B. 引く　C. 分かる　D. 忘れる

(18) そのデータは(　　)可能性があります。

A. 止む　B. 上げる　C. 分かる　D. 消える

(19) そばで冷やかしの言葉を(　　)な。

A. 吐く　B. 洗う　C. 習う　D. 分かる

(20) このスイカは(　　)こと保証つきだ。

A. 甘い　B. 重い　C. 多い　D. 冷たい

N4必考词

Day 04 小试牛刀

请从以下今天要学习的单词中，选出你已经认识的单词，并在横线上写出对应的词性和释义。

- □ 子供 ________
- □ 友達 ________
- □ 訳す ________
- □ 揺る ________
- □ 店 ________
- □ 釣る ________
- □ 出来る ________
- □ 教える ________
- □ 壊れる ________
- □ 臭い ________
- □ 覚える ________
- □ 育てる ________
- □ 始まる ________
- □ 始める ________
- □ 吹く ________
- □ 生きる ________
- □ 遅れる ________
- □ 返る ________
- □ 講じる ________
- □ 包む ________
- □ 太る ________
- □ 忙しい ________
- □ 遠い ________
- □ 狭い ________
- □ 悪い ________
- □ 浅い ________
- □ 暗い ________
- □ 暖かい ________
- □ 美味しい ________
- □ 深い ________
- □ 危ない ________
- □ 薄い ________
- □ 細かい ________
- □ スーパー ________
- □ ビル ________
- □ コピー ________
- □ ホテル ________
- □ 先生 ________
- □ 電車 ________
- □ テーブル ________
- □ プール ________
- □ レポート ________
- □ コート ________
- □ パソコン ________
- □ 古い ________
- □ 大学 ________
- □ 倒れる ________
- □ 挨拶 ________
- □ プレゼント ________
- □ 嬉しい ________

词汇讲解

❶ □ こども⓪【子供】（名）自己的儿女；孩子，儿童

例　句：わたくしの子供は10歳になる。/我的孩子十岁。

子供扱いにする。/当作孩子看待。

关联词：こどものひ⑤【子供の日】（名）儿童节

❷ □ ともだち⓪【友達】（名）朋友，友人

例　句：彼はきのう一日中友達とプールで泳いだ。/他昨天和朋友在游泳池里游了一整天。

友達と映画を見ます。/和朋友看电影。

近义词：なかま③【仲間】（名）伙伴，朋友

ゆうじん⓪【友人】（名）友人，朋友

みかた⓪【味方】（名）我方；伙伴，朋友

❸ □ やくす②【訳す】（他五）翻译；解释

例　句：この文書を訳すのにどのくらい費用がかかるでしょうか。/翻译这份文件需要多少费用？

彼女は訳すべきではない。/她不该解释。

活　用：訳した・訳して・訳さない・訳せば・訳します・訳そう・訳せ

近义词：ほんやく⓪【翻訳】（名・他サ）翻译；译本

❹ □ ゆる⓪【揺る】（他五）摇动，摇晃

例　句：風が木の枝を揺る。/风吹动树枝。

赤ん坊が揺りかごで揺られて眠った。/婴儿在摇篮里被摇睡着了。

活　用：揺った・揺って・揺らない・揺れば・揺ります・揺ろう・揺れ

近义词：ゆらぐ②【揺らぐ】（自五）摇晃；动摇

❺ □ みせ②【店】（名）商店，店铺

例　句：店をたたむ。/关闭店铺。

この店はアリペイ使えますか。/这家店可以用支付宝（支付）吗？

关联词：てんいん⓪【店員】（名）店员

てんちょう①【店長】（名）店长

近义词：てんぽ①【店舗】（名）店铺

❻ □ つる⓪【釣る】（他五）钓鱼；勾引，引诱

例　句：木陰に座って魚を釣る。/坐在树荫下钓鱼。

彼はこれらの農村の女性を利益で釣る。/他利诱这些农村妇女。

活　用：釣った・釣って・釣らない・釣れば・釣ります・釣ろう・釣れ

关联词：つり⓪【釣り】（名）钓鱼；找零

❼ □ できる②【出来る】（自一）做完；会，能；形成；产生

例　句：最近仕事が良く出来る。/最近工作做得好。

僕はまだまだ走ることが出来る。/我还能跑。

活　用：出来た・出来て・出来ない・出来れば・出来ます・出来よう・出来ろ

❽ □ おしえる⓪【教える】（他一）教授；指点，告知；教训

例　句：学校でスポーツを教える必要があると思う。/我觉得有必要在学校教体育。

駅へ行く道を教える。/告知去车站的路。

活　用：教えた・教えて・教えない・教えれば・教えます・教えよう・教えろ

关联词：きょういく⓪【教育】（名・他サ）教育；教养；文化程度

❾ □ こわれる③【壊れる】（自一）坏，出故障；破裂

例　句：壊れるまでこの自転車を使いたい。/只要没坏，我想一直用这辆自行车。

交渉が壊れる。/谈判破裂。

活　用：壊れた・壊れて・壊れない・壊れれば・壊れます・壊れよう・壊れろ

关联词：こわす②【壊す】（他五）弄坏；损害

⑩ □ くさい②【臭い】（イ形）臭的；可疑的

例　句：キツネの通った所には臭いにおいが残る。/狐狸经过的地方留有臭味。

彼のそぶりが臭いぞ。/他的举止可疑。

关联词：におい②【臭い】（名）臭味；做坏事的迹象

⑪ □ おぼえる③【覚える】（他一）感觉；记住；学会

例　句：心からの喜びを覚える。/感到由衷的开心。

新しい単語を覚えることは簡単ではありません。/记住新单词不容易。

活　用：覚えた・覚えて・覚えない・覚えれば・覚えます・覚えよう・覚えろ

关联词：おぼえ③【覚え】（名）记性；信任；自信

⑫ □ そだてる③【育てる】（他一）培育；养育

例　句：優れた人材を育てる。/培育优秀人才。

子どもを育てる。/养育孩子。

活　用：育てた・育てて・育てない・育てれば・育てます・育てよう・育てろ

关联词：そだつ②【育つ】（自五）发育；成长；成长壮大

⑬ □ はじまる⓪【始まる】（自五）开始，发生

例　句：パーティーは12時に始まると思います。/我觉得晚会会在十二点开始。

試合が始まる。/比赛开始。

活　用：始まった・始まって・始まらない・始まれば・始まります・始まろう・始まれ

近义词：はじめる⓪【始める】（他一）开始；开办，开创

⑭ □ はじめる⓪【始める】（他一）开始；开办，开创

例　句：当市ではテレビ番組の制作を始める。/本市开始制作电视节目。

店を始める。/开办商店。

活　用：始めた・始めて・始めない・始めれば・始めます・始めよう・始めろ

近义词：はじまる⓪【始まる】（自五）开始，发生

⑮ □ ふく②【吹く】（自他五）（风）吹；刮；吹牛

例　句：ここは冬には風が吹くこともあり、また雪が降ることもある。/这里的冬天有时刮风，有时也下雪。

サックスを吹くことが好きです。/我喜欢吹萨克斯。

活　用：吹いた・吹いて・吹かない・吹けば・吹きます・吹こう・吹け

关联词：ふかす②【吹かす】（他五）抽烟；显摆

⑯ □ いきる②【生きる】（自一）生存；生活；有价值；有效

例　句：私が働いているのは生きるためだ。/我工作是为了生存。

生きることにおいて水は必ず必要なものです。/想要生存，水是必不可少的东西。

活　用：生きた・生きて・生きない・生きれば・生きます・生きよう・生きろ

关联词：いかす②【生かす】（他五）使其发挥作用；使其继续生存

⑰ □ おくれる⓪【遅れる】（自一）慢；迟，迟到；落后

例　句：当初の予定より2ヶ月遅れることになった。/比当初的计划迟了两个月。

やむをえず到着が遅れる場合にはお早めにご連絡ください。/如因不可抗因素迟到，请尽早联系我。

活　用：遅れた・遅れて・遅れない・遅れれば・遅れます・遅れよう・遅れろ

近义词：ちこく⓪【遅刻】（名・自サ）迟到，误点

⑱ □かえる①【返る】（自五）归还；恢复，还原；返回

例　句：もとに返る。/恢复原样。

　　　　貸した本が返ってきた。/借出去的书还回来了。

活　用：返った・返って・返らない・返れば・返ります・返ろう・返れ

⑲ □こうじる⓪【講じる】（他一）讲授；谋求；想（办法）；朗诵

例　句：文学史について講じる。/讲授文学史。

　　　　彼らはこぼさないようにあらゆる手段を講じた。/他们想尽办法不让它泄露出去。

活　用：講じた・講じて・講じない・講じれば・講じます・講じよう・講じろ

⑳ □つつむ②【包む】（他五）包上；笼罩；隐藏

例　句：彼はタオルで頭を包む。/他用毛巾包头。

　　　　霧が市街を包む。/雾笼罩大街。

活　用：包んだ・包んで・包まない・包めば・包みます・包もう・包め

关联词：つつみ③【包み】（名）包，包袱，包裹

㉑ □ふとる②【太る】（自五）长胖；发财

例　句：俳優は太るのを心配して、食べるのを控える。/演员担心长胖而控制饮食。

　　　　戦後のどさくさで太る。/在战后的混乱中发财。

活　用：太った・太って・太らない・太れば・太ります・太ろう・太れ

反义词：やせる⓪【痩せる】（自一）变瘦；贫瘠

㉒ □いそがしい④【忙しい】（イ形）忙碌的；急急忙忙的

例　句：最近、仕事が忙しい。/最近工作忙。

　　　　彼は忙しい男だ。/他是个忙碌的男人。

㉓ □とおい⓪【遠い】（イ形）远的；久远的；疏远的

例　句：そのスーパーはあなたの家から遠いですか。/那个超市离你家远吗？

远い昔のことを思い出した。/我想起了很久以前的事。

反义词：ちかい②【近い】（イ形）（距离、时间）近的；（关系）近的，亲密

㉔ □ せまい②【狭い】（イ形）狭窄的；狭隘的；肚量小的

例　句：スペースが狭いため、小さいエアコンにしてください。/因为空间小，所以请用小的空调。

なぜこんなに心が狭いのか自分でもわからない。/自己也不明白为什么（自己的）心胸这么狭隘。

反义词：ひろい②【広い】（イ形）宽广的；广泛的；宽宏的

㉕ □ わるい②【悪い】（イ形）坏的；有害的

例　句：悪い癖が身につく。/养成坏习惯。

この気候は作物に悪い。/这种气候对庄稼有害。

反义词：よい①【良い】（イ形）好的；美丽的；贵重的

㉖ □ あさい⓪【浅い】（イ形）浅的；（颜色、香味）浅的；肤浅的，短浅的

例　句：椅子に浅くかける。/坐在椅子边上。

この絵は描き方は申し分ないが、色合いが少し浅い。/这幅画画得不错，就是颜色有点浅。

反义词：ふかい②【深い】（イ形）深的；（颜色、香味）深的，浓厚的；关系密切的

㉗ □ くらい⓪【暗い】（イ形）暗的；发黑的；阴沉的

例　句：彼女は部屋の最も暗いところに座っている。/她坐在房间最暗的地方。

空はまだ暗いのに、彼はもう出かけて行った。/天还黑着，他就已经出门了。

反义词：あかるい⓪【明るい】（イ形）明亮的；开朗的；鲜明的

㉘ □ **あたたかい④【暖かい】（イ形）暖和的；温暖的，热情的**

例　句：今年の冬は暖かい。/今年的冬天暖和。

あの人は暖かい人だ。/那个人是个热情的人。

反义词：つめたい③【冷たい】（イ形）冷的，凉的；冷淡的

㉙ □ **おいしい③【美味しい】（イ形）美味的，好吃的**

例　句：そのレストランのパスタは美味しいです。/那家餐厅的意大利面好吃。

チョコレートはとても美味しいです。/巧克力很好吃。

近义词：うまい②【旨い】（イ形）美味的；巧妙的；顺利的

反义词：まずい②【不味い】（イ形）难吃的；笨拙的；不恰当的

㉚ □ **ふかい②【深い】（イ形）深的；（颜色、香味）深的，浓厚的；关系密切的**

例　句：夜が深い。/夜深。

早朝、霧がたいへん深い。/清晨，雾浓厚。

反义词：あさい⓪【浅い】（イ形）浅的；（颜色、香味）浅的；肤浅的，短浅的

㉛ □ **あぶない③【危ない】（イ形）危险的；靠不住的**

例　句：全く危ない！もう少しで車にひかれるところだった。/太危险了！差点被车撞了。

彼の言うことはどうも危ない。/他说的话总觉得靠不住。

近义词：きけん⓪【危険】（名・ナ形）危险的；危险性

反义词：あんぜん⓪【安全】（名・ナ形）安全；平安

㉜ □ **うすい②【薄い】（イ形）薄的；淡的；冷漠的**

例　句：空気が薄いので、呼吸するのが困難である。/因为空气稀薄，所以呼吸困难。

隣の男性は薄い灰色のスーツを着ている。/旁边的男人穿着淡灰色的成套西装。

反义词：あつい⓪【厚い】（イ形）厚的；深厚的

㉝ □ こまかい③【細かい】（イ形）小的；详细的；精密的

例　句：細かい商品を選んで買う。/选购小商品。

細かいルールを制定する。/制订详细的规则。

反义词：あらい⓪【粗い】（イ形）粗的；粗糙的

㉞ □ スーパー①（名）超级；超市

例　句：スーパーはスーパーマーケットの略です。/超市是超级市场的简称。

スーパーで買いたいものがあれば、紙に書いておいてください。/如果有想在超市买的东西，请提前写在纸上。

关联词：スーパーマーケット⑤（名）超级市场，自选商场

㉟ □ ビル①（名）高楼，大厦

例　句：エレベーターでビルの最上階に上がる。/乘电梯上大厦的最顶层。

このビルは上から下まで24階ある。/这栋大厦从上到下共有24层。

关联词：マンション①（名）公寓；居民大楼

㊱ □ コピー①（名・他サ）复印，抄写；模仿，仿照

例　句：会議に出席する人数よりも2部多くコピーしておいてください。/请比出席会议的人数提前多复印两份。

人様の様式をコピーして文章を書く。/模仿别人的样式写文章。

活　用：コピーした·コピーして·コピーしない·コピーすれば·コピーします·コピーしよう·コピーしろ

近义词：ふくしゃ⓪【複写】（名・他サ）复制，复印；誊写；复写

㊲ □ ホテル①（名）宾馆，饭店

例　句：ホテルはシーサイドに建設された。/饭店建在海边了。

私はホテルの部屋を予約した。/我预约了宾馆的房间。

近义词：りょかん⓪【旅館】（名）旅馆

㊳ □ せんせい③【先生】（名）老师；医生；律师

例　句：彼は私たちの理系の先生である。/他是我们的理科老师。

彼は外科の先生です。/他是外科医生。

㊴ □ でんしゃ⓪【電車】（名）电车

例　句：電車の事故で授業に遅れる。/因为电车事故上课迟到。

その電車がなかなか来なかった。/那趟电车迟迟不来。

关联词：ちかてつ⓪【地下鉄】（名）地铁

㊵ □ テーブル⓪（名）桌子，餐桌

例　句：いつもリビングのテーブルで食事をする。/我总是在起居室的桌子上吃饭。

彼は自分のカメラをテーブルに置いた。/他把自己的相机放在桌子上了。

近义词：つくえ⓪【机】（名）桌子，书桌

关联词：デスク①（名）办公桌

㊶ □ プール①（名）游泳池

例　句：私たちはプールの中で遊ぶ。/我们在游泳池中玩耍。

先週末、プールへ泳ぎに行きました。/我上周末去游泳池游泳了。

关联词：およぐ②【泳ぐ】（自五）游泳；向前栽去；挤过，穿过

すいえい⓪【水泳】（名・自サ）游泳

㊷ □ レポート②（名・他サ）报告，报告书；报道，通讯

例　句：レポートを書きましたか。/写报告了吗?

レポートの締め切りはいつですか。/（提交）报告的截止日期是什么时候?

活　用：レポートした・レポートして・レポートしない・レポートすれば・レポートします・レポートしよう・レポートしろ

近义词：ほうこく⓪【報告】（名・他サ）报告

㊸ □ コート①（名）大衣，外套

例　句：このコートを試着してみていいですか。/可以试穿一下这件大衣吗?

ボールは彼のコートの中にある。/球在他的大衣里。

近义词：オーバーコート⑤（名）大衣，外套

㊹ □ パソコン⓪（名）个人电脑，计算机

例　句：パソコンの調子が悪い。/电脑的（运行）状况不太好。

この新しいパソコンを使います。/用这台新电脑。

近义词：コンピューター③（名）计算机，电脑

㊺ □ ふるい②【古い】（イ形）旧的，过时的；落后的；不新鲜的

例　句：私のカメラはとても古いです。/我的相机很旧。

この統計の数値は古くなって使えない。/统计的这份数据已经过时了，不能用。

反义词：あたらしい④【新しい】（イ形）新的；新鲜的；从未有过的

㊻ □ だいがく⓪【大学】（名）大学

例　句：大学への入学、おめでとうございます。/恭喜你考入大学。

お兄さんは大学で何を教えていますか。/你哥哥在大学教什么?

关联词：しょうがっこう③【小学校】（名）小学

ちゅうがっこう③【中学校】（名）初中

こうこう⓪【高校】（名）高中

㊼ □ たおれる③【倒れる】（自一）倒；垮台；破产

例　句：この建物は長年修理されていないので、倒れる危険がある。/这栋建筑物年久失修，有倒塌的危险。

内閣が倒れる。/内阁倒台。

活　用：倒れた・倒れて・倒れない・倒れれば・倒れます・倒れよう・倒れろ

关联词：たおす②【倒す】（他五）推倒

近义词：とうさん⓪【倒産】（名・自サ）倒闭，破产

㊽ □ あいさつ①【挨拶】（名・自サ）寒暄，打招呼；致辞

例　句：2人は初対面の挨拶を交した。/两个人初次见面互相寒暄问好。
　　　　開会の挨拶をする。/开会致辞。

活　用：挨拶した・挨拶して・挨拶しない・挨拶すれば・挨拶します・挨拶しよう・挨拶しろ

㊾ □ プレゼント②（名・他サ）礼品，礼物；送礼

例　句：クリスマスのプレゼントを買う季節になりました。/到了买圣诞礼物的季节。
　　　　お母さんのためにプレゼントを買いましたか。/你给妈妈买礼物了吗?

活　用：プレゼントした・プレゼントして・プレゼントしない・プレゼントすれば・プレゼントします・プレゼントしよう・プレゼントしろ

近义词：おくりもの⓪【贈り物】（名）礼品，礼物
　　　　おみやげ⓪【お土産】（名）礼物

㊿ □ うれしい③【嬉しい】（イ形）高兴的，喜悦的，开心的

例　句：あなたが嬉しいと思うことが嬉しい。/你觉得开心我就开心。
　　　　メールをもらって嬉しいです。/收到邮件我很高兴。

关联词：たのしい③【楽しい】（イ形）快乐的，愉快的

巩固练习

1. 读音考查

(1)子供 ____________　(2)友達 ____________　(3)訳す ____________

(4)揺る ____________　(5)店 ____________　(6)釣る ____________

(7)出来る ____________　(8)教える ____________　(9)壊れる ____________

(10)臭い ____________ (11)覚える____________ (12)育てる ____________

(13)始まる ____________ (14)始める ____________ (15)吹く ____________

(16)生きる ____________ (17)遅れる____________ (18)返る ____________

(19)講じる ____________ (20)包む ____________ (21)太る ____________

(22)忙しい ____________ (23)遠い ____________ (24)狭い ____________

(25)悪い ____________ (26)浅い ____________ (27)暗い ____________

(28)暖かい ____________ (29)美味しい ____________ (30)深い ____________

(31)危ない ____________ (32)薄い ____________ (33)細かい ____________

(34)先生 ____________ (35)電車____________ (36)古い____________

(37)大学 ____________ (38)倒れる____________ (39)挨拶____________

(40)嬉しい ____________

2. 汉字检验

(1)こども ____________ (2)ともだち ____________ (3)やくす ____________

(4)ゆる ____________ (5)みせ ____________ (6)つる ____________

(7)できる____________ (8)おしえる ____________ (9)こわれる ____________

(10)くさい ____________ (11)おぼえる ____________ (12)そだてる____________

(13)はじまる ____________ (14)はじめる ____________ (15)ふく ____________

(16)いきる ____________ (17)おくれる ____________ (18)かえる ____________

(19)こうじる ____________ (20)つつむ ____________ (21)ふとる ____________

(22)いそがしい____________ (23)とおい ____________ (24)せまい ____________

(25)わるい ____________ (26) あさい ____________ (27)くらい ____________

(28)あたたかい ____________ (29)おいしい ____________ (30)ふかい ____________

(31)あぶない ________ (32)うすい ________ (33)こまかい ________

(34)せんせい ________ (35)でんしゃ ________ (36)ふるい ________

(37)だいがく ________ (38)たおれる ________ (39)あいさつ ________

(40)うれしい ________

3. 提高训练

(1) (　　)は自分の感情を表現できないこともあるので、その時大人が助けてあげましょう。

A. 子供　　B. 大人　　C. お母さん　　D. お爺さん

(2) 道に(　　)人を助けました。

A. 壊れている　　B. 倒れている　　C. 変えている　　D. 立っている

(3) 知らない言葉は人から(　　)くれる。

A. 覚えて　　B. 分かって　　C. 助けて　　D. 教えて

(4) (　　)までこの自転車を使いたい。

A. 壊れる　　B. 売る　　C. 倒れる　　D. 埋める

(5) 約束の時間より2時間も(　　)ので、みんなを心配させました。

A. 覚えた　　B. 教える　　C. 遅れた　　D. 終わた

(6) 父親は平日は(　　)ので、日曜日だけは子どもとゆっくり遊べる。

A. 忙しい　　B. 厳しい　　C. 悪い　　D. 親しい

(7) 人材を(　　)のは鍵です。

A. 釣る　　B. 育てる　　C. 呼ぶ　　D. 売る

(8) (　　)のでこっちへ来るな。

A. 深い　　B. 浅い　　C. 暑い　　D. 危ない

(9) チョコレートはとても(　　)です。

A. 美味しい　　B.暑い　　C. 臭い　　D. 冷たい

(10) この(　　)にはちょうど今、空き部屋があります。

A. パソコン　　B. アパート　　C. スーパー　　D. コート

(11) 知っている人と道で会ったら、(　　)ぐらいしましょう。

A. 挨拶　　B. 呼ぶ　　C. 見る　　D. 待つ

(12) 「(　　)ながらも楽しい我が家」という歌は大好きだ。

A. 狭い　B. 広い　C. 遠い　D. 近い

(13) この(　　)は東京から来ました。

A. 店　B. 部屋　C. 電車　D. 大学

(14) この本はあすの夜6時までに(　　)べきだ。

A. 買う　B. 売る　C. 読む　D. 返す

(15) 食べ過ぎるとあなたは(　　)かもしれない。

A. 痩せる　B. 太る　C. 高まる　D. 倒れる

(16) 一人暮らしを(　　)以来、物価に詳しくなった。

A. 始める　B. 始めて　C. 始めた　D. 始めたい

(17) 単語を100個(　　)ことができたら寝れます。

A. 覚える　B. 引く　C. 返す　D. 忘れる

(18) あの人は本当に心の(　　)人ですね。

A. 暑い　B. 寒い　C. 緩い　D. 暖かい

(19) 地震の時(　　)でさえぐらぐら揺れた。

A. ビル　B. アイスクリーム

C. レポート　D. コート

(20) 日本の(　　)都として、京都は一番歴史が長いです。

A. 甘い　B. 重い　C. 古い　D. 冷たい

N4必考词

Day 05 小试牛刀

请从以下今天要学习的单词中，选出你已经认识的单词，并在横线上写出对应的词性和释义。

- □ 得る ________
- □ 置く ________
- □ 落とす ________
- □ 仕舞う ________
- □ 伝える ________
- □ 使う ________
- □ 付ける ________
- □ 連れる ________
- □ 慣れる ________
- □ 煮る ________
- □ 乗る ________
- □ 晴れる ________
- □ 集まる ________
- □ 浮く ________
- □ 怒る ________
- □ 比べる ________
- □ 立つ ________
- □ 立てる ________
- □ 頼む ________
- □ 治る ________
- □ 願う ________
- □ 運ぶ ________
- □ 引っ越す ________
- □ 褒める ________
- □ 負ける ________
- □ もらう ________
- □ 約 ________
- □ 汚れる ________
- □ 喜ぶ ________
- □ 渡す ________
- □ 笑う ________
- □ 祈る ________
- □ 動く ________
- □ 売れる ________
- □ 追う ________
- □ 行う ________
- □ 落ちる ________
- □ 貸す ________
- □ 片付ける ________
- □ 勝つ ________
- □ 考える ________
- □ 決まる ________
- □ 答える ________
- □ 込める ________
- □ 探す ________
- □ 誘う ________
- □ 叱る ________
- □ 閉める ________
- □ 進む ________
- □ 捨てる ________

词汇讲解

❶ □ える①【得る】（他一）得到；理解

例　句：アシスタントの職を無事に得ることができました。/我顺利得到了助理的工作。

その意を得ない。/不解其意。

活　用：得た・得て・得ない・得れば・得ます・得よう・得ろ

❷ □ おく⓪【置く】（他五）放；设置；留下

例　句：部屋にベッドを3つ置くことができる。/房间里可以放三张床。

東京に大使館を置く。/在东京设立大使馆。

活　用：置いた・置いて・置かない・置けば・置きます・置こう・置け

关联词：おきもの⓪【置物】（名）陈列品；摆设

❸ □ おとす②【落とす】（他五）扔下；遗漏；使落入

例　句：茶碗を落として割ってしまった。/把茶碗摔碎了。

数える時1人落とした。/数的时候漏了一个人。

活　用：落とした・落として・落とさない・落とせば・落とします・落とそう・落とせ

关联词：おとし⓪【落とし】（名）圈套，陷阱；门闩；落下，扔下

おちる②【落ちる】（自一）掉落；脱落；漏掉

❹ □ しまう⓪【仕舞う】（他五）终了，完了；收拾起来；放起来

例　句：もう遅いから仕事を仕舞いなさい。/时间已经晚了，结束工作吧。

おもちゃを仕舞う。/收拾玩具。

活　用：仕舞った・仕舞って・仕舞わない・仕舞えば・仕舞います・仕舞おう・仕舞え

关联词：しまい⓪【仕舞い】（名）结局；售罄

❺ □ つたえる⓪【伝える】（他一）传达；传授；让给；传导

例　句：あなたに感謝を伝えるためにメールを送った。/我为了向你表达感谢而发送了邮件。

後輩に伝統を伝える。/将传统传给下一代。

活　用：伝えた・伝えて・伝えない・伝えれば・伝えます・伝えよう・伝えろ

关联词：つたえ⓪【伝え】（名）传言，口信；传说

近义词：つたわる⓪【伝わる】（自五）传导；传达；流传

❻ □ つかう⓪【使う】（他五）使用；操弄；花费

例　句：彼はよくこのパソコンを使う。/他经常使用这台电脑。

彼はお金を大切に使う。/他花钱很慎重。

活　用：使った・使って・使わない・使えば・使います・使おう・使え

关联词：つかい⓪【使い】（名）使者；使用

❼ □ つける②【付ける】（他一）安上，挂上；穿上，带上

例　句：藍色のボタンを取り付けるのを手伝ってください。/请帮我安装蓝色的按钮。

ブラウスをレースで派手に飾り付ける。/用蕾丝华丽地装饰衬衫。

活　用：付けた・付けて・付けない・付ければ・付けます・付けよう・付けろ

❽ □ つれる⓪【連れる】（自他一）带，领；伴随，跟随

例　句：子供を連れて花見に行く。/带着孩子去赏花。

音楽に連れておどる。/随着音乐跳舞。

活　用：連れた・連れて・連れない・連れれば・連れます・連れよう・連れろ

关联词：つれあい②【連れ合い】（名）配偶，爱人；同伴，伙伴

❾ □ なれる②【慣れる】（自一）习惯；熟悉，熟练

例　句：海外の生活に慣れる。/习惯在国外生活。

車の運転に慣れる。/熟练驾驶汽车。

活　用：慣れた・慣れて・慣れない・慣れれば・慣れます・慣れよう・慣れろ

关联词：かんしゅう⓪【慣習】（名）习惯；习俗；老规矩

⑩ □ にる⓪【煮る】（他一）煮，炖，熬

例　句：鶏肉は柔らかくなるまで煮るとおいしい。/鸡肉煮到变软才好吃。

なべで煮ているのは何ですか。/锅里煮的是什么？

活　用：煮た・煮て・煮ない・煮れば・煮ます・煮よう・煮ろ

关联词：にもの⓪【煮物】（名）煮食，炖菜

⑪ □ のる⓪【乗る】（自五）乘坐；登上；趁势

例　句：汽車に乗るより飛行機に乗るほうが速い。/坐飞机比坐火车快得多。

人は自転車に乗る時左側から乗るが、彼は右側から乗る。/别人骑自行车从左边上，他从右边上。

活　用：乗った・乗って・乗らない・乗れば・乗れます・乗ろう・乗れ

关联词：のりもの⓪【乗り物】（名）交通工具

⑫ □ はれる②【晴れる】（自一）放晴；消散；畅快

例　句：もしあした晴れるならばわたしは外出するつもりです。/如果明天天晴，我打算出门。

盗みの疑いが晴れる。/消除盗窃的嫌疑。

活　用：晴れた・晴れて・晴れない・晴れれば・晴れます・晴れよう・晴れろ

关联词：はればれ③【晴れ晴れ】（副・自サ）天气晴朗；心情愉快

⑬ □ あつまる③【集まる】（自五）聚集，集合，汇集

例　句：子供たちが集まると、少しぐらいのけんかは仕方がない。/孩子们聚在一起，难免有些争吵。

お腹を空かせたたくさんの学生が昼休みに食堂に集まる。/很多饿肚子的学生在午休时聚集到食堂。

活　用：集まった・集まって・集まらない・集まれば・集まります・集まろう・集まれ

近义词：あつめる③【集める】（他一）收集；集中；集合

⑭ □うく⓪【浮く】（自五）漂，浮起；心情动荡

例　句：落葉が池に浮いている。/树叶漂在池水上面。

どうも気分が浮かない。/怎么也打不起精神来。

活　用：浮いた・浮いて・浮かない・浮けば・浮きます・浮こう・浮け

近义词：うかぶ⓪【浮かぶ】（自五）漂，浮；浮现；露出

⑮ □おこる②【怒る】（自五）生气，发怒，发火

例　句：あなたがこんなに怒るとは思わなかった。/没想到你会这么生气。

あいつはちょっとしたことで怒る。/那家伙因为一点小事就生气。

活　用：怒った・怒って・怒らない・怒れば・怒ります・怒ろう・怒れ

关联词：いかり⓪【怒り】（名）愤怒，怒气

⑯ □くらべる⓪【比べる】（他一）比较，对照

例　句：昨年と比べるとすべての会社で売上が落ちている。/与去年相比，所有公司的销售额都有所下降。

彼は以前と比べるとうまくなった。/他比过去好多了。

活　用：比べた・比べて・比べない・比べれば・比べます・比べよう・比べろ

近义词：ひかく⓪【比較】（名・他サ）比较

⑰ □たつ①【立つ】（自五）站起来；离去；站立

例　句：いすから立つ。/从椅子上站起来。

彼は席を立つ。/他离席而去。

活　用：立った・立って・立たない・立てば・立ちます・立とう・立て

关联词：たてる②【立てる】（他一）竖起；派；扎；作为；制订；建立

⑱ □たてる②【立てる】（他一）竖起；派；扎；作为；制订；建立

例　句：座標にするため1本の棒を立てる。/立一根杆子当坐标。

人を立てて交渉する。/派人交涉。

活　用：立てた・立てて・立てない・立てば・立てます・立てよう・立てろ

关联词：たつ①【立つ】（自五）站起来；离去；站立

⑲ □ たのむ②【頼む】（他五）恳求，委托；依仗，依靠

例　句：式典に出席することを彼に頼む。/我拜托他出席典礼。
　　　　権力を頼んで暴行を働く。/依仗权力使用暴力。

活　用：頼んだ・頼んで・頼まない・頼めば・頼みます・頼もう・頼め

近义词：たよる②【頼る】（自他五）借助；依靠

⑳ □ なおる②【治る】（自五）医好，痊愈

例　句：時間どおりに服用してこそ、早く病気が治る。/只有按时服用，病才好得快。
　　　　あなたの風邪が早く治ることを願います。/我希望你的感冒能早点好。

活　用：治った・治って・治らない・治れば・治ります・治ろう・治れ

关联词：なおす②【治す】（他五）医治

㉑ □ ねがう②【願う】（他五）希望，祈望；恳求

例　句：私たちは両国の友情が日増しに発展することを心から願う。/我们衷心祝愿两国友谊日益发展。
　　　　ご勘弁願います。/恳求您原谅。

活　用：願った・願って・願わない・願えば・願います・願おう・願え

近义词：たのむ②【頼む】（他五）恳求，委托；依仗，依靠

㉒ □ はこぶ⓪【運ぶ】（他五）运送；开展；进行

例　句：その荷物を運ぶのに3頭の運搬用の馬が必要だった。/运送那件行李需要三匹马。
　　　　段取りをつけて仕事を運ぶ。/有步骤地开展工作。

活　用：運んだ・運んで・運ばない・運べば・運びます・運ぼう・運べ

关联词：はこび⓪【運び】（名）搬运；进行；移步

㉓ □ ひっこす③【引っ越す】（自五）搬家，迁居

例　句：転勤に伴い一家で静岡に引っ越すことになりました。/随着工作调动，全家搬到了静冈。

太郎は10日に大阪に引っ越す予定です。/太郎计划10号搬去大阪。

活　用：引っ越した・引っ越して・引っ越さない・引っ越せば・引っ越します・引っ越そう・引っ越せ

近义词：てんたく⓪【転宅】（名・自サ）搬家，迁居

㉔ □ほめる②【褒める】（他一）赞扬，称赞，赞美

例　句：人々は彼をよいリーダーだと褒める。/人们称赞他是个好领导。

みんなが彼女のことを褒める。/大家都夸她。

活　用：褒めた・褒めて・褒めない・褒めれば・褒めます・褒めよう・褒めろ

近义词：しょうさん⓪【称賛】（名・他サ）称赞，赞扬

㉕ □まける⓪【負ける】（自一）输，败；禁不住

例　句：彼らは役に立たない敵兵で、ひとたまりもなく負ける。/他们是无用的敌兵，节节败退。

誘惑に負ける。/禁不住诱惑。

活　用：負けた・負けて・負けない・負ければ・負けます・負けよう・負けろ

反义词：かつ①【勝つ】（自五）赢，胜；克制；胜过

㉖ □もらう⓪（他五）得到；受到

例　句：賞状をもらう事は嬉しかった。/我很高兴得到这张奖状。

大目玉をもらう。/受到批评。

活　用：もらった・もらって・もらわない・もらえば・もらいます・もらおう・もらえ

近义词：える①【得る】（他一）得到；理解

㉗ □やく①【約】（名・副）约定；大约；节约；简略

例　句：両国は約を結ぶ。/两国缔结盟约。

約五分の一です。/大约有五分之一。

关联词：だいたい⓪【大体】（名・副）大致，大概

たぶん⓪【多分】（副）大概

ほぼ①【略】（副）大体，大略

近义词：およそ⓪【凡そ】（名・副）大概，大约

㉘ □ よごれる⓪【汚れる】（自一）污染，弄脏；不道德

例　句：この紙の片面が汚れている。/这张纸的一面脏了。

これは汚れた金です。/这是不义之财。

活　用：汚れた・汚れて・汚れない・汚れれば・汚れます・汚れよう・汚れろ

近义词：よごす⓪【汚す】（他五）弄脏；玷污

㉙ □ よろこぶ③【喜ぶ】（自他五）高兴；愉快地接受；乐意

例　句：俺は彼女が喜ぶ顔を想像するだけで満足でした/我光是想象她高兴的样子就满足了。

彼女は私たちの来訪を喜ぶでしょうか。/我们来，她高兴吗？

活　用：喜んだ・喜んで・喜ばない・喜べば・喜びます・喜ぼう・喜べ

关联词：よろこび⓪【喜び】（名）喜悦，愉快；祝贺，道喜；喜事，喜庆

㉚ □ わたす⓪【渡す】（他五）交付；渡过

例　句：彼に、修正した資料を渡すように伝えてくれますか。/能转告他，把修改后的资料交给我吗？

船で人を渡す。/用船渡人过河。

活　用：渡した・渡して・渡さない・渡せば・渡します・渡そう・渡せ

近义词：わたる⓪【渡る】（自五）渡过；度日；转让

㉛ □ わらう⓪【笑う】（自他五）笑；花开

例　句：いつも無邪気に笑う。/总是天真无邪地笑。

私たちにとって笑うことはとても大切です。/对我们来说笑是很重要的。

活　用：笑った・笑って・笑わない・笑えば・笑います・笑おう・笑え

关联词：わらい⓪【笑い】（名）笑；嘲笑

㉜ □いのる②【祈る】（他五）祈祷；祝愿

例　句：一日も早く健康が回復されることを祈る。/祈祷早日恢复健康。
　　　　あなたがいつまでも青春の情熱を保つことを祈る。/祝愿你永远保持青春的热情。
活　用：祈った・祈って・祈らない・祈れば・祈ります・祈ろう・祈れ
关联词：いのり③【祈り】（名）祈祷，祷告

㉝ □うごく②【動く】（自五）移动；变动；摇晃

例　句：私はあまりに驚いて動くことができませんでした。/我吓得不能动弹。
　　　　彼の決心はもう動かないだろう。/他的决心不会再变了吧。
活　用：動いた・動いて・動かない・動けば・動きます・動こう・動け
关联词：うごき③【動き】（名）动，活动；动向，动态

㉞ □うれる⓪【売れる】（自一）畅销；出名

例　句：この車は良く売れると確信している。/我确信这辆车会畅销。
　　　　多少名が売れるようになった。/出了点名。
活　用：売れた・売れて・売れない・売れれば・売れます・売れよう・売れろ
关联词：うる⓪【売る】（他五）卖；扬名；出卖，背叛

㉟ □おう⓪【追う】（他五）追求；遵循，循序；追赶

例　句：個人の名利ばかりを追う。/一心追求个人名利。
　　　　年を追ってふえる。/逐年增加。
活　用：追った・追って・追わない・追えば・追います・追おう・追え
近义词：ついきゅう⓪【追及】（名・他サ）追赶；追究

㊱ □おこなう⓪【行う】（他五）进行，举行，盛行

例　句：命令通りに行う。/按命令进行。
　　　　世に行う。/盛行于世。
活　用：行った・行って・行わない・行えば・行います・行おう・行え
关联词：ぎょうじ⓪【行事】（名）仪式；活动

㊲ □ おちる②【落ちる】（自一）掉落；脱落；漏掉

例　句：パソコンが落ちるのではないかと心配です。/我担心电脑会不会掉下来。

色が落ちる。/褪色。

活　用：落ちた・落ちて・落ちない・落ちれば・落ちます・落ちよう・落ちろ

关联词：おとす②【落とす】（他五）扔下；遗漏；使落入

㊳ □ かす⓪【貸す】（他五）租借；提供帮助

例　句：予約でいっぱいなのでレンタカーを貸すことはできない。/因为预约满了，所以不能租车。

可能な範囲で解決に手を貸す。/尽可能帮助解决。

活　用：貸した・貸して・貸さない・貸せば・貸します・貸そう・貸せ

关联词：かりる⓪【借りる】（他一）借用；得到帮助；代用

㊴ □ かたづける④【片付ける】（他一）整顿，收拾；解决

例　句：彼は帰宅する前に自分のデスクを必ず片付ける。/他回家之前，一定会收拾好自己的桌子。

この仕事を片付けてから出ます。/解决完这件事后再出去。

活　用：片付けた・片付けて・片付けない・片付ければ・片付けます・片付けよう・片付けろ

㊵ □ かつ①【勝つ】（自五）赢，胜；克制；胜过

例　句：試合に勝つには、たくさん練習しなければならない。/要想赢得比赛，必须多练习。

己に勝つのは必要である。/克制自己是必要的。

活　用：勝った・勝って・勝たない・勝てば・勝ちます・勝とう・勝て

反义词：まける⓪【負ける】（自一）输，败；禁不住

㊶ □ かんがえる④【考える】（他一）想，思索，考虑；设计，创造

例　句：私はいつも物事をネガティブに考える。/我总是消极地思考事物。

新しい機械を考える。/设计新机器。

活　用：考えた・考えて・考えない・考えれば・考えます・考えよう・考えろ

㊷ □ きまる⓪【決まる】（自五）规定，决定；固定；一定

例　句：決まりましたら、お呼びください。/如果您决定好了，请叫我。
彼らは決（ま）った顔ぶれです。/他们是固定成员。

活　用：決まった・決まって・決まらない・決まれば・決まります・決まろう・決まれ

近义词：きめる⓪【決める】（他一）决定，规定；断定，认定

㊸ □ こたえる②【答える】（自一）回答；解答

例　句：彼女はあまり物を言わない、誰かが尋ねるとやっと答える。/她不太说话，别人问她才回答。
問題に正しく答える。/正确解答问题。

活　用：答えた・答えて・答えない・答えれば・答えます・答えよう・答えろ

近义词：かいとう⓪【回答】（名・自サ）回答，回复

㊹ □ こめる②【込める】（他一）装填；集中力量

例　句：銃に弾丸を込める。/往枪膛里装子弹。
仕事に力を込める。/把精力集中到工作上。

活　用：込めた・込めて・込めない・込めれば・込めます・込めよう・込めろ

关联词：こむ①【込む】（自五）拥挤；复杂，精巧

㊺ □ さがす⓪【探す】（他五）查找，寻找，搜寻

例　句：シンガポールで新しい職場を探すことも可能だと思います。/我觉得也可以在新加坡找新的工作。
そのカメラを探すことができませんでした。/我没能找到那个相机。

活　用：探した・探して・探さない・探せば・探します・探そう・探せ

近义词：さぐる⓪【探る】（他五）查找，寻找；搜寻

㊻ □ さそう⓪【誘う】（他五）邀请；引诱；引起

例　句：自分からよく友人たちを遊びに誘うほうだ。/我经常邀请朋友们去玩。

敵を深く誘いこんでせんめつする。/诱敌深入并将其歼灭。

活　用：誘った・誘って・誘わない・誘えば・誘います・誘おう・誘え

关联词：さそい⓪【誘い】（名）邀请；引诱

㊼ □ しかる③【叱る】（他五）责备，批评

例　句：必要に応じて激しく叱る。/必要时严厉地训斥。

子供をひどく叱る。/狠狠地批评孩子。

活　用：叱った・叱って・叱らない・叱れば・叱ります・叱ろう・叱れ

近义词：ひはん⓪【批判】（名・他サ）批判，批评

㊽ □ しめる②【閉める】（他一）关闭，掩上

例　句：出かける時、窓を閉める事を忘れないでください。/出门的时候不要忘记关窗户。

後ろ手にドアを閉める。/反手把门关上。

活　用：閉めた・閉めて・閉めない・閉めれば・閉めます・閉めよう・閉めろ

关联词：しまる②【閉まる】（自五）关门，下班

㊾ □ すすむ⓪【進む】（自五）向前；走……道路；进展

例　句：歴史の巨大な車輪はぐんぐん前に突き進む。/历史的车轮滚滚向前。

谷川に沿って進むうちに、道の遠さを忘れてしまった。/沿着溪涧前进，忘记了路途的遥远。

活　用：進んだ・進んで・進まない・進めば・進みます・進もう・進め

关联词：すすめる⓪【進める】（他一）使前进；推进；改善

㊿ □ すてる⓪【捨てる】（他一）扔掉；置之不顾；遗弃

例　句：特に人からもらった物はなかなか捨てることができません。/特别是从别人那里得到的东西，很难扔掉。

家業を捨てて遊び歩く。/置家业不顾而吃喝玩乐。

活　用：捨てた・捨てて・捨てない・捨てれば・捨てます・捨てよう・捨てろ

巩固练习

1. 读音考查

(1)得る ______ (2)置く ______ (3)落とす ______
(4)仕舞う ______ (5)伝える ______ (6)使う ______
(7)付ける ______ (8)連れる ______ (9)慣れる ______
(10)煮る ______ (11)乗る ______ (12)晴れる ______
(13)集まる ______ (14)浮く ______ (15)怒る ______
(16)比べる ______ (17)立つ ______ (18)立てる ______
(19)頼む ______ (20)治る ______ (21)願う ______
(22)運ぶ ______ (23)引っ越す ______ (24)褒める ______
(25)負ける ______ (26)約 ______ (27)汚れる ______
(28)喜ぶ ______ (29)渡す ______ (30)笑う ______
(31)祈る ______ (32)動く ______ (33)売れる ______
(34)追う ______ (35)行う ______ (36)落ちる ______
(37)貸す ______ (38)片付ける ______ (39)勝つ ______
(40)考える ______ (41)決まる ______ (42)答える ______
(43)込める ______ (44)探す ______ (45)誘う ______
(46)叱る ______ (47)閉める ______ (48)進む ______
(49)捨てる ______

2. 汉字检验

(1)える ____________ (2)おく ____________ (3)おとす ____________

(4)しまう ____________ (5)つたえる ____________ (6)つかう ____________

(7)つける ____________ (8)つれる ____________ (9)なれる ____________

(10)にる ____________ (11)のる____________ (12)はれる ____________

(13)あつまる ____________ (14)うく ____________ (15)おこる ____________

(16)くらべる ____________ (17)たつ ____________ (18)たてる ____________

(19) たのむ ____________ (20)なおる ____________ (21)ねがう ____________

(22)はこぶ ____________ (23)ひっこす____________ (24)ほめる ____________

(25)まける ____________ (26)やく ____________ (27)よごれる ____________

(28)よろこぶ ____________ (29)わたす ____________ (30)わらう ____________

(31)いのる ____________ (32)うごく ____________ (33)うれる ____________

(34)おう ____________ (35)おこなう ____________ (36)おちる ____________

(37)かす ____________ (38)かたづける ____________ (39)かつ ____________

(40)かんがえる ____________ (41)きまる ____________ (42)こたえる ____________

(43)こめる ____________ (44)さがす ____________ (45)さそう ____________

(46)しかる ____________ (47)しめる ____________ (48)すすむ ____________

(49)すてる ____________

3. 提高训练

(1) 今年は息子の結婚など、めでたいことが(　　)1年だった。

A. 続く　B. 続ける　C. つなぐ　D. 伝える

(2) 日本では、水を節約するため、(　　)水をきれいにして、もう一度使っている。

A. 使う　B. 使った　C. 使っている　D. 使っていた

(3) それに(　　)まで時間が掛かりそうです。

A. 慣れる　B. 晴れる　C. 負ける　D. 頼む

(4) 女の人の(　　)バスは何時に出発しますか。

A. 使う　B. 立つ　C. 乗る　D. する

(5) こんな間違いだらけのうそでは、父にひどく(　　)だろう。

A. 怒る　B. 怒らせる　C. 怒られる　D. 怒っている

(6) 年の初めに1年の計画を(　　)。

A. 立つ　B. 使う　C. 置く　D. 立てる

(7) 温泉によって、病気が(　　)こともできます。

A. 治る　B. 治す　C. かかる　D. かける

(8) 質問に答えたい生徒を(　　)ことがあった。

A. 立つ　B. 立たせる　C. 立たれる　D. 立ちたい

(9) わたくし、隣に(　　)まいりました山田と申します。

A. 引っ越して　B. 置いて　C. 立って　D. 落ちいて

(10) もしあした(　　)ならば、わたしは外出するつもりです。

A. 曇る　B. 晴れる　C. 行う　D. 怒る

(11) 人々は彼をよいリーダーだと(　　)。

A. 祈る　B. 使う　C. 褒める　D. 追う

(12) 学生である以上、勉強を生活の中心に(　　)のはあたりまえだ。

A. 答える　B. 考える　C. 落ちる　D. 進む

(13) 試合に(　　)には、たくさん練習しなければならない。

A. 勝つ　B. 負ける　C. 進む　D. 立てる

(14) 私にとってこの問題に(　　)のは簡単です。

A. 立てる　B. 負ける　C. 答える　D. 行う

(15) 親は子供を厳しく(　　)かわりに、やさしくほめてあげることも忘れてはいけない。

A. 教える　B. 叱る　C. 笑う　D. 祈る

(16) 行くか行かないかは君によって(　　)。

A. 決まる　B. 決める　C. 行う　D. 立てる

(17) やらなければいけないことを(　　)。

A. 祈る　B. 渡す　C. 教える　D. 片付ける

(18) 試合に(　　)ことが怖い。

A. 負ける　B. 勝つ　C. 立てる　D. 答える

(19) これらの荷物をどこへ(　　)のですか。

A. 行う　B. 運ぶ　C. 追う　D. 頼む

(20) 異文化理解とは、相手の言動を理解し、自分の言動を相手に理解して(　　)ことです。

A. もらう　B. あげる　C. くれる　D. さしあげる

Day 06

小试牛刀

请从以下今天要学习的单词中，选出你已经认识的单词，并在横线上写出对应的词性和释义。

- □ カップ ________
- □ コップ ________
- □ シャツ ________
- □ スポーツ ________
- □ ズボン ________
- □ テキスト ________
- □ レシート ________
- □ レジ ________
- □ 学生 ________
- □ 交通 ________
- □ 最後 ________
- □ 親指 ________
- □ 都合 ________
- □ 日本語 ________
- □ 営業 ________
- □ 音 ________
- □ 鞄 ________
- □ 鍵 ________
- □ 町 ________
- □ 物 ________
- □ 経験 ________
- □ 研究 ________
- □ 出発 ________
- □ 生産 ________
- □ 旅行 ________
- □ 夏 ________
- □ 春 ________
- □ 秋 ________
- □ 冬 ________
- □ シーズン ________
- □ 牛 ________
- □ 嘘 ________
- □ 顔 ________
- □ 形 ________
- □ 塵 ________
- □ 箸 ________
- □ 暇 ________
- □ 瓶 ________
- □ 周り ________
- □ 若い ________
- □ 大人しい ________
- □ 珍しい ________
- □ 辛い ________
- □ 涼しい ________
- □ 眠い ________
- □ 苦い ________
- □ 色々 ________
- □ はっきり ________
- □ 真っ直ぐ ________
- □ 予定 ________

词汇讲解

❶ □ カップ①（名）茶杯，奖杯

例　句：私たちはカップをたくさん準備する必要があります。/我们有必要多准备杯子。

優勝カップを捧げて持つ。/双手捧起冠军杯。

关联词：コップ⓪（名）玻璃杯，杯子

ワイングラス④（名）高脚杯，红酒杯

❷ □ コップ⓪（名）玻璃杯，杯子

例　句：お休みになる前にミルクをコップ一杯お飲みになりませんか。/您在休息之前要喝一杯牛奶吗?

うっかりしてコップを落として割ってしまった。/不小心把杯子摔坏了。

关联词：カップ①（名）茶杯，奖杯

ワイングラス④（名）高脚杯，红酒杯

❸ □ シャツ①（名）衬衣

例　句：その店でたくさんのタイプのシャツを買うことができます。/可以在那家店买很多种衬衣。

ワイングラスが倒れて私のシャツが赤く汚れた。/红酒杯倒了，把我的衬衣染红了。

关联词：ワイシャツ⓪（名）衬衫

❹ □ スポーツ②（名）（体育）运动

例　句：100メートル競走はたいへん激しいスポーツである。/百米赛跑是一项十分激烈的运动。

わが国のスポーツは低いレベルから始まった。/我国体育运动事业始于低水平。

近义词：うんどう⓪【運動】（名・自サ）运动；活动

❺ □ ズボン②（名）裤子

例　句：男は黒いベッチンのズボンをはいていた。/男人穿着一条黑色的棉绒裤子。

このズボンは一時よくもてはやされた。/这条裤子一时间很受欢迎。

关联词：パンツ①（名）短裤；内裤

❻ □ テキスト①（名）文本；教科书

例　句：ある形式から違う形式へテキストを変換する。/从一种形式向另一种形式转换文本。

私たちが使ったテキストは、日本の小学校一年生の教科書だった。/我们使用的教材是日本小学一年级的教科书。

关联词：きょうかしょ③【教科書】教科书，课本

❼ □ レシート②（名）收据，收条

例　句：既にあなたからそのレシートを受け取っていました。/我已经从你那里收到了收据。

私はレシートのコピーをもらいたいです。/我想要收据的复印件。

近义词：りょうしゅうしょ⓪【領収書】（名）收据，发票

❽ □ レジ①（名）收银台；收银员

例　句：このレジでは、クレジットカードはご利用になれません。/这个收银台不能使用信用卡。

このカードを持って、あそこのレジの人に払いなさい。/你拿着这张卡，去收银员那里付款吧。

近义词：レジスター①（名）登记，注册；登记簿；收银台；收银员

❾ □ がくせい⓪【学生】（名）学生

例　句：週末に、現地学生と留学生の交流イベントがある。/周末有当地学生和留学生的交流活动。

学生代表が壇上に上がって受賞した。/学生代表上台领奖。

关联词：しょうがくせい④【小学生】（名）小学生

ちゅうがくせい④【中学生】（名）初中生
こうこうせい③【高校生】（名）高中生
だいがくせい③【大学生】（名）大学生

⑩ □ こうつう⓪【交通】（名）交通；通信，往来

例　句：交通事故のせいで、到着が遅れた。/因为交通事故，所以来迟了。
彼との間では交通がとだえた。/我和他断绝了通信往来。

关联词：こうつうきそく⑤【交通規則】（名）交通规则
こうつうじこ⑤【交通事故】（名）交通事故

近义词：つうしん⓪【通信】（名・自サ）通信；电讯

⑪ □ さいご①【最後】（名）最后

例　句：最後の列に加わる。/加入最后一排。
最後まで戦う。/战斗到底。

近义词：さいしゅう⓪【最終】（名）最终，最后
けっきょく⓪【結局】（名・副）最后，结果；到底，终究

⑫ □ おやゆび⓪【親指】（名）大拇指

例　句：だいたい親指の太さだ。/大概有大拇指那么粗。
親指は手足の指の中で、一番太い指だ。/大拇指是手脚中最粗的手指。

关联词：ひとさしゆび④【人差し指】（名）食指
なかゆび②【中指】（名）中指
くすりゆび③【薬指】（名）无名指
こゆび⓪【小指】（名）小拇指

⑬ □ つごう⓪【都合】（名・他サ）关系，情况；障碍；安排，筹划

例　句：時間の都合であいさつを割愛する。/由于时间关系就不发言了。
都合により本日休業いたします。/因故今日停业。

活　用：都合した・都合して・都合しない・都合すれば・都合します・都合しよう・都合しろ

近义词：じじょう⓪【事情】（名）情形，情况；理由，缘故
ぐあい⓪【具合】（名）情况，状态；方便，合适

⑭ □ にほんご⓪【日本語】（名）日语

例　句：日本語を勉強します。/学习日语。

日本語が難しいと思います。/我觉得日语很难。

关联词：ちゅうごくご⓪【中国語】（名）中文，汉语

えいご⓪【英語】（名）英语

⑮ □ えいぎょう⓪【営業】（名・自他サ）营业，经商

例　句：営業時間は朝10時から夜8時までです。/营业时间为上午十点至晚上八点。

その会社はアジアの様々な国で営業している。/那家公司在亚洲各个国家都有营业。

活　用：営業した・営業して・営業しない・営業すれば・営業します・営業しよう・営業しろ

关联词：えいぎょうか⓪【営業課】（名）营业部门

えいぎょうぶ③【営業部】（名）营业部

⑯ □ おと②【音】（名）音，声音

例　句：公園の中は少しの音も聞こえないほど静寂である。/公园里幽静得听不到一点声音。

この2つの音の区別は、私には聞き分けられない。/我听不出这两个音的区别。

近义词：こえ①【声】（名）（人或动物的）声音，语声；声响

おんせい①【音声】（名）声，声音

⑰ □ かばん⓪【鞄】（名）皮包，提包，公文包

例　句：鞄からノートを取り出す。/从包里拿出本子。

鞄を両手で持つ。/用双手提包。

近义词：バッグ①（名）袋子，皮包

⑱ □ かぎ②【鍵】（名）钥匙，锁；关键

例　句：鍵であける。/用钥匙开锁。

問題解決の鍵。/解决问题的关键。

关联词：ポイント⓪（名）要点

⑲ □ まち②【町】（名）镇，城镇

例　句：私は別の町に引っ越したい。/我想搬到别的城镇去。

この町ではあの本屋が一番よい。/在这个城镇里，那家书店最好。

关联词：とし①【都市】（名）都市，城市

⑳ □ もの②【物】（名）物品；事情

例　句：悪いものを良いものの代わりにすることはできない。/坏的东西不能代替好的东西。

物の数にも入らない。/微不足道。

关联词：ものごと②【物事】（名）事物

㉑ □ けいけん⓪【経験】（名・他サ）经验，经历

例　句：私は日本語を教えた経験がある。/我曾经教过日语。

彼は人生経験に富んだ人だ。/他是生活经验很丰富的人。

活　用：経験した・経験して・経験しない・経験すれば・経験します・経験しよう・経験しろ

近义词：たいけん⓪【体験】（名・他サ）体验，经历

㉒ □ けんきゅう⓪【研究】（名・他サ）研究，钻研

例　句：この研究は前の研究を参照に用いている。/这项研究以之前的研究为参考。

考古学の研究に没頭する。/埋头于考古学研究。

活　用：研究した・研究して・研究しない・研究すれば・研究します・研究しよう・研究しろ

关联词：けんきゅうしつ③【研究室】（名）研究室

けんきゅうかい③【研究会】（名）研究会

㉓ □ しゅっぱつ⓪【出発】（名・自サ）出发，动身；事物的开端

例　句：わたしはあす神戸へ出発する。/我明天动身去神户。

今日から心を入れかえて再出発する。/从今天起，改过自新，重新做人。

活　用：出発した・出発して・出発しない・出発すれば・出発します・出発しよう・出発しろ

关联词：でかける⓪【出かける】（自一）外出

㉔ □せいさん⓪【生産】（名・他サ）生产

例　句：生産コスト。/生产成本。

その会社は家具を生産している。/那家公司生产家具。

活　用：生産した・生産して・生産しない・生産すれば・生産します・生産しよう・生産しろ

关联词：さんしゅつ⓪【産出】（名・他サ）出产

㉕ □りょこう⓪【旅行】（名・自サ）旅行，旅游

例　句：1か月にわたって日本各地を旅行した。/在日本各地旅行了一个月。

私が旅行から帰った後、今度は彼が旅行に出かける予定です。/我旅行归来之后，这次他打算出去旅行。

活　用：旅行した・旅行して・旅行しない・旅行すれば・旅行します・旅行しよう・旅行しろ

关联词：りょこうしゃ②【旅行社】（名）旅行社

㉖ □なつ②【夏】（名）夏天，夏季

例　句：夏から秋へと変わる季節には、風邪を引きやすい。/由夏转秋的季节，容易感冒。

この夏は私の人生で一番素敵な夏になりました。/这个夏天是我人生中最棒的夏天。

关联词：はる①【春】（名）春天；青春期；新春

あき①【秋】（名）秋天，秋季

ふゆ②【冬】（名）冬天，冬季

㉗ □ はる①【春】（名）春天；青春期；新春

例　句：それは夏、冬、秋、春と季節ごとの風景です。/那是夏、冬、秋、春每个季节的风景。

春は私の大好きな季節です。/春天是我最喜爱的季节。

关联词：なつ②【夏】（名）夏天，夏季

あき①【秋】（名）秋天，秋季

ふゆ②【冬】（名）冬天，冬季

㉘ □ あき①【秋】（名）秋天，秋季

例　句：秋になり、森の木々もすっかり落葉した。/秋天，森林里的树叶都落光了。

暑い夏の後は、秋が来る。/炎热的夏天过后，秋天到来。

关联词：はる①【春】（名）春天；青春期；新春

なつ②【夏】（名）夏天，夏季

ふゆ②【冬】（名）冬天，冬季

㉙ □ ふゆ②【冬】（名）冬天，冬季

例　句：たとえ冬が寒い季節だとしても、私は冬が好きです。/即使冬天是寒冷的季节，我也喜欢冬天。

彼女はこの冬、秋田を訪れるつもりだ。/她打算这个冬天去秋田。

关联词：はる①【春】（名）春天；青春期；新春

なつ②【夏】（名）夏天，夏季

あき①【秋】（名）秋天，秋季

㉚ □ シーズン①（名）季节；旺季

例　句：冬はスキーのシーズンです。/冬季是滑雪的季节。

旅行シーズン。/旅行旺季。

近义词：きせつ①【季節】（名）季节

㉛ □ うし⓪【牛】（名）牛

例　句：ここには使える牛が全部で15頭ある。/这里共有十五头可用的牛。

どうして牛を売り払ってしまわないのか。/为什么不把牛卖掉呢?

关联词：ぎゅうにゅう⓪【牛乳】（名）牛奶

ぎゅうにく⓪【牛肉】（名）牛肉

ぎゅうどん⓪【牛丼】（名）牛肉盖浇饭

㉜ □うそ①【嘘】（名）谎言，假话

例　句：彼はうその約束で彼女を欺いた。/他用虚假的承诺欺骗了她。

嘘をつく。/撒谎。

关联词：うそつき②【嘘付き】（名）说谎（的人）

㉝ □かお⓪【顔】（名）脸；面孔；表情；神色

例　句：彼女は顔を列車の窓に近づけた。/她把脸靠近车窗。

あなたの顔が見たいです。/我想看你的脸。

近义词：かおつき⓪【顔付き】（名）相貌；表情

关联词：かおいろ⓪【顔色】（名）脸色

㉞ □かたち⓪【形】（名）形状；形式；姿势

例　句：現在の形を元の形に戻した。/把现在的形状恢复成原来的形状。

ほんの形だけです。/只是一点心意。

关联词：けいせい⓪【形成】（名）形成，组成

近义词：けいしき⓪【形式】（名）方式，手续；形式

㉟ □ごみ②【塵】（名）垃圾，尘土

例　句：ここにごみを落とさないでください。/请不要把垃圾扔在这里。

私たちはごみを減らすことができる。/我们可以减少垃圾。

关联词：ごみばこ③【塵箱】（名）垃圾箱

㊱ □はし①【箸】（名）筷子，箸

例　句：これが日本人の箸の使い方ですか。/这是日本人使用筷子的方法吗?

私の箸がどこにあるか知っていますか。/你知道我的筷子在哪里吗?

37 □ ひま⓪【暇】（名）空闲；休假；工夫，时间

例　句：私たちは暇な時、よくその公園に行きます。/我们空闲的时候经常去那个公园。

彼女は暇な時は、たいてい読書をします。/她空闲的时候基本上都读书。

38 □ びん①【瓶】（名）瓮，缸；花瓶，酒瓶

例　句：瓶に水を張る。/往缸里倒水。

机の上の瓶は誰が割ったのですか。/桌上的花瓶是谁打碎的?

近义词：かびん⓪【花瓶】（名）花瓶

39 □ まわり⓪【周り】（名）周围，四周

例　句：彼女は外で周りの風景を見るのが好きです。/她喜欢在外面看周围的风景。

私の周りで起こっている出来事を書きます。/我会写出周围发生的事情。

近义词：しゅうい①【周囲】（名）周围，四周；环境

40 □ わかい②【若い】（イ形）年轻的；年纪小的；朝气蓬勃的

例　句：若い運転手がツアーバスを運転している。/年轻的司机开着旅游大巴。

ジェーンは3人の中で一番若いです。/简是三个人中年纪最小的。

41 □ おとなしい④【大人しい】（イ形）老实的，温顺的；素净的，淡雅的

例　句：彼女は大人しい人だ。/她是个老实人。

これは大人しい柄の着物です。/这是一件花样素净的衣服。

关联词：おだやか②【穏やか】（ナ形）平稳的；温和的

42 □ めずらしい④【珍しい】（イ形）珍奇的；珍贵的；新颖的

例　句：母はずっとこれらの珍しい物を大事にしまっていた。/母亲一直珍藏着这些珍奇的东西。

珍しい食べ物を頂きまして、ありがとうございました。/感谢您

给了我珍贵的食物。

43 □ からい②【辛い】（イ形）辣的；痛苦的；严格的

例　句：このスパゲッティはとても辛いですよ。/这个意大利面很辣哦。

辛い記憶もたくさんありました。/我也有过许多痛苦的回忆。

关联词：つらい②【辛い】（イ形）辛苦的；难受的；刻薄的

44 □ すずしい③【涼しい】（イ形）凉快的；清澈的，明亮的

例　句：ここはとても涼しい、腰を下ろしてちょっと休もう。/这里很凉快，坐下来休息一下吧。

涼しいひとみで私を見ています。/清澈的眼神望着我。

反义词：あたたかい④【暖かい】（イ形）暖和的；温暖的，热情的

あつい②【暑い】（イ形）热的

45 □ ねむい②【眠い】（イ形）困的，困倦的

例　句：毎晩遅くまでオリンピックを見ているので眠い。/我每天晚上都看奥运会到很晚，所以很困。

一昼夜山道を歩いたので疲れて眠い。/走了一天一夜的山路，又累又困。

关联词：ねむり⓪【眠り】（名）睡觉，睡眠

46 □ にがい②【苦い】（イ形）苦的，苦涩的

例　句：この懐かしさには時にはちょっぴり苦い味がする。/这种怀念有时有一丝苦涩的味道。

それらの出来事は、私のほろ苦い記憶である。/那些事是我苦涩的记忆。

反义词：あまい⓪【甘い】（イ形）甜的；淡的；甜美的；天真的

47 □ いろいろ⓪【色々】（名・ナ形・副）各种各样的；方方面面

例　句：私たちは色々な店を見て周った。/我们逛了各种各样的店。

色々と御面倒おかけしました。/（方方面面都）给您添麻烦了。

关联词：いろんな⓪【いろんな】（连体）各种各样的，形形色色的

㊽ □ はっきり③（副・自サ）清楚；明确；痛快

例　句：アナウンサーの声ははっきりしてよく響く。/播音员的声音清晰响亮。

嫌なことは、はっきりと断りなさい。/讨厌的事情请明确拒绝。

活　用：はっきりした・はっきりして・はっきりしない・はっきりすれば・はっきりします・はっきりしよう・はっきりしろ

关联词：あきらか②【明らか】（ナ形）清楚的，分明的；明亮的

㊾ □ まっすぐ③【真っ直ぐ】（副・ナ形）笔直；正直；直接

例　句：この通りを真っ直ぐに行く。/沿着这条路直走。

彼はとても優しくて真っ直ぐな人だ。/他是非常温柔且正直的人。

近义词：ちょくせつ⓪【直接】（名・副・自サ）直接的

㊿ □ よてい⓪【予定】（名・他サ）预定，安排

例　句：出発は今月の予定だ。/预计本月出发。

明日何か予定がありますか。/明天有什么安排吗?

活　用：予定した・予定して・予定しない・予定すれば・予定します・予定しよう・予定しろ

近义词：よやく⓪【予約】（名・他サ）预约；预定

巩固练习

1. 读音考查

(1)学生 ________	(2)交通 ________	(3)最後 ________
(4)親指 ________	(5)都合 ________	(6)日本語 ________
(7)営業 ________	(8)音 ________	(9)鞄 ________
(10)鍵 ________	(11)町 ________	(12)物 ________
(13)経験 ________	(14)研究 ________	(15)出発 ________
(16)生産 ________	(17)旅行 ________	(18)夏 ________

(19)春 ____________ (20)秋 ____________ (21)冬 ____________

(22)牛 ____________ (23)嘘 ____________ (24)顔 ____________

(25)形 ____________ (26)塵 ____________ (27)箸 ____________

(28)暇 ____________ (29)瓶 ____________ (30)周り ____________

(31)若い ____________ (32)大人しい ____________ (33)珍しい ____________

(34)辛い ____________ (35)涼しい ____________ (36)眠い ____________

(37)苦い ____________ (38) 色々 ____________ (39)真っ直ぐ ____________

(40)予定 ____________

2. 汉字检验

(1)がくせい ____________ (2)こうつう ____________ (3)さいご ____________

(4)おやゆび ____________ (5)つごう ____________ (6)にほんご ____________

(7)えいぎょう ____________ (8)おと ____________ (9)かばん ____________

(10)かぎ ____________ (11)まち ____________ (12)もの ____________

(13)けいけん ____________ (14)けんきゅう ____________ (15)しゅっぱつ ____________

(16)せいさん ____________ (17)りょこう ____________ (18)なつ ____________

(19)はる ____________ (20)あき ____________ (21)ふゆ ____________

(22)うし ____________ (23)うそ ____________ (24)かお ____________

(25)かたち ____________ (26)ごみ ____________ (27)はし ____________

(28)ひま ____________ (29)びん ____________ (30)まわり ____________

(31)わかい ____________ (32)おとなしい ____________ (33)めずらしい ____________

(34)からい ____________ (35)すずしい ____________ (36)ねむい ____________

(37)にがい ____________ (38)いろいろ ____________ (39)まっすぐ ____________

(40)よてい__________

3. 提高训练

(1) (　　)が渋滞して、車両の通行が困難である。

A. 町　B. 交通　C. 旅行　D. 春

(2) (　　)を勉強する時間が長くなるについて、日本のことにいっそう興味を持つようになりました。

A. 日本語　B. 英語　C. 中国語　D. ロシア語

(3) 飛行機は、6時に(　　)だから、もうそろそろ着くころです。

A. 予定したん　B. したん　C. 出発したん　D. 上げたん

(4) (　　)ころほどお酒が飲めなくなりました。

A. 若い　B. 寒い　C. 大人しい　D. 眠い

(5) この場所で(　　)ことは、法律によって禁止されている。

A. 研究する　B. 営業する　C. 出発する　D. 交流する

(6) 彼は(　　)が好きだが、特に水泳が好きだ。

A. テキスト　B. レシート　C. スポーツ　D. プール

(7) あなたの今週の(　　)はいかがですか。

A. 研究　B. 交通　C. 周り　D. 都合

(8) 彼は両親とともに日本各地で生活した(　　)がある。

A. 暇　B. 経験　C. 感覚　D. 都合

(9) 最近、運動する(　　)がないので、ふとってきました。

A. 暇　B. 経験　C. 感覚　D. 都合

(10) 羊は(　　)動物だ。

A. 若い　B. 悪い　C. 大人しい　D. 苦い

(11) 恥ずかしくて(　　)が赤くなった。

A. 目　B. 顔　C. 頭　D. 耳

(12) ここに(　　)を捨てないでください。

A. ごみ　B. うそ　C. おやゆび　D. さかな

(13) (　　)が暗かったのか、写真がうまくとれませんでした。

A. 後　　B. 前　　C. 顔　　D. 周り

(14) (　　)に行きたいところと言えば、温泉でしょう。

A. 春　　B. 夏　　C. 秋　　D. 冬

(15) 四川料理はほとんどが(　　)です。

A. 辛い　　B. 甘い　　C. 苦い　　D. 冷たい

(16) ここであきらめるか、それとも最後まで頑張るか、(　　)言ってください。

A. はっきり　　B. すっかり　　C. しっかり　　D. ゆっくり

(17) 曲がらなくても(　　)行けば見えます。

A. 早く　　B. 直ぐ　　C. 真っ直ぐ　　D. ゆっくり

(18) 昨日遅くまでテレビを見ていたから、本田さんは今日はとても(　　)はずだ。

A. 厳しい　　B. 親しい　　C. 眠い　　D. 楽しい

(19) コーヒーは(　　)ので嫌いだ。

A. 苦い　　B. 辛い　　C. 冷たい　　D. 寒い

(20) (　　)でお金を支払う。

A. スポーツ　　B. レジ　　C. テキスト　　D. レシート

N4低频词

Day 07

小试牛刀

请从以下今天要学习的单词中，选出你已经认识的单词，并在横线上写出对应的词性和释义。

□ 駅員 ________
□ 屋上 ________
□ 会社 ________
□ 休み ________
□ 銀色 ________
□ 後ろ ________
□ 工場 ________
□ 三つ ________
□ 姉さん ________
□ 自転車 ________
□ 住所 ________
□ 女子 ________
□ 女性 ________
□ 食堂 ________
□ 世界 ________
□ 大学生 ________
□ 地理 ________
□ 海 ________
□ 都会 ________
□ 日記 ________
□ 日誌 ________
□ 野菜 ________
□ 用事 ________
□ 幼い ________
□ 皿 ________
□ 糸 ________
□ 声 ________
□ 足 ________
□ 氷 ________
□ 母 ________
□ 気 ________
□ 鳥 ________
□ 安い ________
□ 尚 ________
□ 何故 ________
□ 晩 ________
□ 未だ ________
□ 夢 ________
□ 良く ________
□ 詰まらない ________
□ 憎い ________
□ 酷い ________
□ 細い ________
□ 丸い ________
□ 柔らかい ________
□ 弱い ________
□ 謝る ________
□ 受け付ける ________
□ 写す ________
□ 驚く ________

词汇讲解

❶ □ えきいん②【駅員】（名）车站工作人员

例　句：彼は駅員だ。/他是车站的工作人员。

駅員はその突発事故におろおろするばかりだった。/车站工作人员对这突然发生的事故感到惊慌。

关联词：えきまえ③【駅前】（名）站前，车站附近

❷ □ おくじょう⓪【屋上】（名）屋顶（上），房顶（上）

例　句：屋上から見る景色は、まるで絵画のようだった。/从屋顶看到的景色，简直就像画一般。

屋上にアンテナをたてる。/把天线立在屋顶上。

❸ □ かいしゃ⓪【会社】（名）公司

例　句：私、株式会社下田電機の開発部の吉田と申します。/我是株式会社下田电机开发部的吉田。

兄は本屋に寄ったが、わたしは会社へ直行した。/哥哥到书店去了，而我直接去公司了。

关联词：かいしゃいん③【会社員】（名）公司职员

❹ □ やすみ③【休み】（名）休息，休假；睡觉

例　句：明日は休みなのでゆっくり休みたいです。/因为明天休假，所以想好好休息。

明日会社を休みます。/我明天不上班。

关联词：やすむ②【休む】（自他五）休息；停歇，暂停；睡，就寝；缺席

❺ □ ぎんいろ⓪【銀色】（名）银色

例　句：全部は銀色の世界です。/全都是银色的世界。

銀色の月の光は雪の積もった土地を照らして、とても明るかった。/银色的月光照耀着积雪的土地，很明亮。

关联词：きんいろ⓪【金色】（名）金色

⑥ □ うしろ⓪【後ろ】（名）后面，背面

例　句：彼女はバイクの後ろに乗せてくれた。/她让我坐在了摩托车后面。

彼は自分の椅子を後ろに引いた。/他把自己的椅子往后拉。

近义词：あと①【後】（名）后面；以后，后来

反义词：まえ①【前】（名）前，前面

⑦ □ こうじょう③【工場】（名）工厂

例　句：これは工場から出荷されたばかりの自動車です。/这是刚出厂的汽车。

彼は工場を経営しています。/他经营着一家工厂。

关联词：こうじょうちょう③【工場長】（名）厂长

⑧ □ みっつ③【三つ】（名）三个；三岁

例　句：このデータは三つの重要な点を示している。/这份数据显示了三个要点。

彼女は僕より3つ年下にもかかわらず、とてもしっかりしている。/她虽然比我小三岁，但很沉稳。

关联词：ひとつ②【一つ】（名）一个；一岁

ふたつ③【二つ】（名）两个；两岁

⑨ □ ねえさん①【姉さん】（名）姐姐

例　句：君のお母さんと二人のお姉さんにありがとうと伝えてください。/请你帮我向你的母亲和两位姐姐转达谢意。

あなたのお姉さんの手術が成功することを確信している。/我确信你姐姐的手术会成功。

近义词：あね⓪【姉】（名）姐姐

关联词：にいさん①【兄さん】（名）哥哥

⑩ □ じてんしゃ②【自転車】（名）自行车

例　句：この自転車は修理しようがない。/这辆自行车无法修理。

自転車に乗ることが好きです。/我喜欢骑自行车。

关联词：くるま⓪【車】（名）汽车

⑪ □ じゅうしょ①【住所】（名）住址，住所

例　句：住所は会社から少し離れた場所を選びました。/住所选择了离公司稍远的地方。

私は本籍を父の郷里から現住所に移した。/我把原籍从父亲的老家转移到了现在的住所。

关联词：じゅうきょ①【住居】（名）住所，住宅

⑫ □ じょし①【女子】（名）女孩；女性，女子

例　句：女子が出生した。/生了个女孩。

テレビで女子サッカーの試合も見ました。/我在电视上也看了女子足球的比赛。

近义词：じょせい⓪【女性】（名）女性，女子

⑬ □ じょせい⓪【女性】（名）女性，女子

例　句：上田さんはとても美しい女性だ。/上田是个美丽的女子。

井上さんは女性のタクシー運転手だ。/井上是位女性的士司机。

近义词：じょし①【女子】（名）女孩；女性，女子

⑭ □ しょくどう⓪【食堂】（名）食堂，餐厅

例　句：この職場の食堂は上手に運営している。/这个单位的食堂经营得很好。

食堂には中国語の看板が出ていた。/餐厅里挂着中文招牌。

近义词：レストラン①（名）餐厅

⑮ □ せかい①【世界】（名）世界

例　句：誰も僕の世界を変えられない。/谁也改变不了我的世界。

これは世界共通の知識です。/这是世界共通的知识。

关联词：せかいじゅう⓪【世界中】（名）全世界

⑯ □ だいがくせい③【大学生】（名）大学生

例　句：日本の大学生も就職活動は大変です。/日本的大学生找工作也很艰难。

最近大学生はサービス業を重く見る。/最近大学生把服务业看得很重。

关联词：しょうがくせい④【小学生】（名）小学生

ちゅうがくせい④【中学生】（名）初中生

こうこうせい③【高校生】（名）高中生

⑰ □ちり①【地理】（名）地理，地理情况

例　句：私たちは地理の授業で、各国の首都を覚えなければならなかった。/我们在地理课上必须记住各国的首都。

しかし、地理が全く分かりません。/但是，我完全不懂地理。

关联词：ちりがく②【地理学】（名）地理学

⑱ □うみ①【海】（名）海，海洋

例　句：そこはとても綺麗な海だったと思います。/我觉得那片海非常美丽。

ヒラメは海の深い所に住んでいる。/比目鱼住在海洋的深处。

关联词：かいがい①【海外】（名）海外，国外

⑲ □とかい⓪【都会】（名）都市，城市

例　句：大阪は東京に次ぐ大都会だ。/大阪是仅次于东京的大城市。

ずっと都会に住んでおります。/一直住在城市里。

近义词：とし①【都市】（名）都市，城市

⑳ □にっき⓪【日記】（名）日记

例　句：最近忙しくて日記を書く時間がありませんでした。/我最近很忙，没时间写日记。

今日から英語で日記をつけようと思います。/我想从今天开始用英文写日记。

关联词：にっし⓪【日誌】（名）日志

㉑ □にっし⓪【日誌】（名）日志

例　句：航海日誌を書く。/写航海日志。

観察日誌がとても大切だ。/观察日志很重要。

关联词：にっき⓪【日記】（名）日记

㉒ □ やさい⓪【野菜】（名）蔬菜

例　句：たくさんの珍しい果物と野菜が八百屋に並んでいる。/果蔬店里摆放着很多新奇的水果和蔬菜。

野菜は洗ってから切りましたか。/洗完蔬菜之后切了吗?

关联词：くだもの②【果物】（名）水果，鲜果

㉓ □ ようじ⓪【用事】（名）（应该办的）事

例　句：用事を済ませる。/把事办完。

母は急ぎの用事で出掛けました。/母亲因急事出门了。

关联词：こと②【事】（名）事情；事物；事件

㉔ □ おさない③【幼い】（イ形）年幼的；幼稚的

例　句：彼はこんなに幼いのに、もう英語をマスターした。/他这么小却已经学会了英语。

考え方が幼い。/想法幼稚。

关联词：ちいさい③【小さい】（イ形）小的；微小的；幼小的

みじゅく⓪【未熟】（名・ナ形）未熟的；不熟练的

㉕ □ さら⓪【皿】（名）碟子，盘子

例　句：皿に入れて出す。/盛在盘子里端出来。

母が掃除をしていたとき、私は皿を洗っていました。/妈妈打扫的时候，我正在洗盘子。

关联词：わん⓪【碗】（名）盛东西用的碗

㉖ □ いと①【糸】（名）线，纱

例　句：針に糸を通す。/穿针引线。

糸が解けなくなった。/线解不开了。

近义词：せん①【線】（名）线；方向，方针；（交通）线路

㉗ □ こえ①【声】（名）（人或动物的）声音，语声；声响

例　句：声をかける。/打招呼。

先生はとてもいい声をしている。/老师的声音很好听。

近义词：おんせい①【音声】（名）声音

おと②【音】（名）声，声音

㉘ □ あし②【足】（名）腿，脚；来往；移动；步伐

例　句：彼女は足が速い。/她步伐迅速。

一時客の足がとだえた。/顾客有一阵不上门了。

近义词：あし②【脚】（名）脚，腿

㉙ □ こおり⓪【氷】（名）冰

例　句：冬になれば、この湖の一面に氷が張る。/到了冬天，这个湖就会结一层冰。

川にうっすらと氷が張った。/河上结了薄薄的冰。

关联词：みず⓪【水】（名）水

㉚ □ はは①【母】（名）母亲

例　句：母は台所で夕食を料理しているところです。/母亲正在厨房做晚饭。

母はよく私にお菓子を作ってくれた。/母亲经常给我做点心。

近义词：ははおや⓪【母親】（名）母亲

㉛ □ き⓪【気】（名）气氛；心情；精神；性情；空气

例　句：気がをつける。/注意。

今は気が乗らないな。/现在没心情啊。

关联词：ふんいき③【雰囲気】（名）气氛

㉜ □ とり⓪【鳥】（名）鸟，禽

例　句：あなたたちは空にたくさんの鳥を見ることができます。/你们可以在天上看到很多鸟。

鳥が羽をばたつかせて、飛び立った。/鸟扑腾着翅膀，飞了起来。

关联词：とり⓪【鶏】（名）鸡

33 □ やすい②【安い】（イ形）便宜的；安静的

例　句：美味しくて安いレストランを教えてください。/请告诉我又便宜又好吃的餐厅。

安い心もなく。/心神不定。

反义词：たかい②【高い】（イ形）高的；贵的；声音大的

34 □ なお①【尚】（副・接）仍，尚，依然；更，再；而且

例　句：5000元引き出して、あとなお8000元残る。/提款五千元，仍剩八千元。

しかし、桜は散ってもなお美しい。/但是，樱花谢了依然美丽。

近义词：まだ①【未だ】（副・名）尚，还；才，仅；还（没到时候）

35 □ なぜ①【何故】（副）为何，为什么

例　句：なぜバレーボールを始めたのですか。/你为什么开始打排球了?

なぜ、日本に来たのですか。/你为什么来日本?

近义词：どうして①（副・感）为什么；哪里哪里

36 □ ばん⓪【晩】（名）晚上

例　句：朝から晩まで読書しています。/从早到晚都在读书。

彼は毎晩11時半に寝る。/他每晚十一点半睡觉。

关联词：あさ①【朝】（名）早上

37 □ まだ①【未だ】（副・名）尚，还；才，仅；还（没到时候）

例　句：彼は気力がまだとても盛んだ。/他的精力还很旺盛。

私はまだこれから頑張りたい。/我今后还想努力。

近义词：なお①【尚】（副・接）仍，尚，依然；更，再；而且

38 □ ゆめ②【夢】（名）梦；梦想；理想

例　句：夢遊病者はどのような夢を見るのだろう。/梦游症患者会做怎样的梦呢?

夢だけが原動力だ。/只有梦想才是原动力。

近义词：りそう⓪【理想】（名）理想

㊴ □ よく①【良く】（副）常常地；好好地；难为，竟能

例　句：彼はよく遅刻する。/他经常迟到。

彼はよく食べてよく寝ます。/他吃得饱睡得香。

㊵ □ つまらない③【詰まらない】（イ形）无聊的；无用的；没有价值的

例　句：つまらない本を読むことで時間をつぶす。/读些无聊的书来打发时间。

つまらないものを買ってしまった。/买了没用的东西。

反义词：おもしろい④【面白い】（イ形）有趣的

㊶ □ にくい②【憎い】（イ形）可恶的，可恨的；令人钦佩的

例　句：私はあいつが憎い。/我恨他。

なかなか憎いふるまいだ。/令人钦佩的举动。

反义词：かわいい③【可愛い】（イ形）可爱的；招人喜欢的

㊷ □ ひどい②【酷い】（イ形）残酷的，恶劣的；严重的

例　句：労働条件はとりわけひどい。/劳动条件特别恶劣。

この2、3日暑さがとてもひどい。/这两三天太热了。

近义词：きびしい③【厳しい】（イ形）严格的；严肃的；残酷的

㊸ □ ほそい②【細い】（イ形）纤细的，瘦削的；微弱的；狭窄的

例　句：私は細いので、小さいサイズでも大丈夫だ。/我瘦，小号的也可以。

消え入りそうな細い声。/几乎听不见的微弱的声音。

反义词：ふとい②【太い】（イ形）粗的；胖的

㊹ □ まるい⓪【丸い】（イ形）圆的；圆满的

例　句：私に必要なのは四角のもので、丸いものではない。/我要的是方的东西，不是圆的东西。

地球が丸いのは疑う余地のない事実だ。/地球是圆的，这是毋庸置疑的事实。

关联词：まる⓪【丸】（名）圆形；句号；圆圈

㊺ □ やわらかい④【柔らかい】（イ形）柔软的；轻柔的；温柔的

例　句：彼の身のこなし、声、ふるまいはすべて軽やかで柔らかい。/他的身段、声音、举止都很轻柔。

手ざわりが柔らかい。/手感柔软。

反义词：かたい②【固い】（イ形）硬的；坚定的；可靠的

㊻ □ よわい②【弱い】（イ形）脆弱的；软弱的；不结实的

例　句：精神的に弱いところがある。/精神上有脆弱之处。

体が弱い。/身体虚弱。

反义词：つよい②【強い】（イ形）强壮的；坚强的；强有力的

㊼ □ あやまる③【謝る】（自他五）赔礼，道歉；谢绝

例　句：もし私が誤っていたら、必ず彼に謝る。/如果我错了，我一定向他道歉。

そんな面倒な事はこちらが謝るよ。/那种麻烦事，我会谢绝哦。

活　用：謝った・謝って・謝らない・謝れば・謝ります・謝ろう・謝れ

关联词：あやまり⓪【謝り】（名）谢罪，道歉

㊽ □ うけつける④【受け付ける】（他一）受理；容纳

例　句：申し込みは明日から受け付ける。/申请从明天开始受理。

病人は薬も受け付けなくなった。/病人连药都不吃了。

活　用：受け付けた・受け付けて・受け付けない・受け付ければ・受け付けます・受け付けよう・受け付けろ

近义词：じゅり①【受理】（名・他サ）受理

㊾ □ うつす②【写す】（他五）抄，临摹；拍照

例　句：名簿を写すのに、彼の名前を書き落とした。/本应抄名册，却把他的名字落下了。

写真を写す時は目をぱちぱちさせてはいけない。/拍照时不能眨眼。

活　用：写した・写して・写さない・写せば・写します・写そう・写せ

近义词：とる①【撮る】（他五）摄影，拍照

㊿ □おどろく③【驚く】（自五）惊恐；吃惊，惊讶

例　句：この話は驚くべきものであり、また感動的です。/这个故事令人震惊，也令人感动。

ここで毎日浪費する食糧は驚くべきである。/这里每天浪费的粮食的数量是惊人的。

活　用：驚いた・驚いて・驚かない・驚けば・驚きます・驚こう・驚け

关联词：おどろき⓪【驚き】（名）惊恐，惊讶，吃惊

巩固练习

1. 读音考查

(1)駅員 ________　(2)屋上 ________　(3)会社 ________

(4)休み ________　(5)銀色 ________　(6)後ろ ________

(7)工場 ________　(8)三つ ________　(9)姉さん ________

(10)自転車 ________　(11)住所 ________　(12)女子 ________

(13)女性 ________　(14)食堂 ________　(15)世界 ________

(16)大学生 ________　(17)地理 ________　(18)海 ________

(19)都会 ________　(20)日記 ________　(21)日誌 ________

(22)野菜 ________　(23)用事 ________　(24)幼い ________

(25)皿 ________　(26)糸 ________　(27)声 ________

(28)足 ________　(29)氷 ________　(30)母 ________

(31)気 ________　(32)鳥 ________　(33)安い ________

(34)尚 ________　(35)何故 ________　(36)晩 ________

(37)未だ ________　(38)夢 ________　(39)良く ________

(40)詰まらない ________　(41)憎い ________　(42)酷い ________

(43)細い ________ (44)丸い ________ (45)柔らかい ________

(46)弱い ________ (47)謝る ________ (48)受け付ける ________

(49)写す ________ (50)驚く ________

2. 汉字检验

(1)えきいん ________ (2)おくじょう ________ (3)かいしゃ ________

(4)やすみ ________ (5)ぎんいろ ________ (6)うしろ ________

(7)こうじょう ________ (8)みっつ ________ (9)ねえさん ________

(10)じてんしゃ ________ (11)じゅうしょ ________ (12)じょし ________

(13)じょせい ________ (14)しょくどう ________ (15)せかい ________

(16)だいがくせい ________ (17)ちり ________ (18)うみ ________

(19)とかい ________ (20)にっき ________ (21)にっし ________

(22)やさい ________ (23)ようじ ________ (24)おさない ________

(25)さら ________ (26)いと ________ (27)こえ ________

(28)あし ________ (29)こおり ________ (30)はは ________

(31)き ________ (32)とり ________ (33)やすい ________

(34)なお ________ (35)なぜ ________ (36)ばん ________

(37)まだ ________ (38)ゆめ ________ (39)よく ________

(40)つまらない ________ (41)にくい ________ (42)ひどい ________

(43)ほそい ________ (44)まるい ________ (45)やわらかい ________

(46)よわい ________ (47)あやまる ________ (48)うけつける ________

(49)うつす ________ (50)おどろく ________

3. 提高训练

(1) この人は本当にくどい、(　　)話ばかりして。

A. 詰まらない　B. 酷い　C. 良い　D. 珍しい

(2) 体の(　　)者にとっては、医療費が安いほどありがたいことはない。

A. 高い　B. 弱い　C. 安い　D. 強い

(3) 彼の方が悪いんだから、何もきみが(　　)ことはない。

A. 感謝する　B. 言う　C. 考える　D. 謝る

(4) これは別に大したことではない。何も(　　)ことはない。

A. 驚く　B. 悲しむ　C. 懐かしむ　D. 変える

(5) (　　)多くの会社員が時間をかけて通勤していますか。

A. どこ　B. なぜ　C. なぜなら　D. なに

(6) あの店は値段も(　　)し、人も親切だし、それにいいものがたくさんある。

A. 高い　B. 安い　C. 弱い　D. 強い

(7) その程度の(　　)なら、わざわざ行くまでもない。電話で十分だ。

A. 夢　B. 都会　C. 日記　D. 用事

(8) 梅雨の時期は、食べ物が腐りやすいですから、(　　)をつけてください。

A. 暇　B. 氷　C. 気　D. 声

(9) だめだと思っていた試験に合格して、まるで(　　)のようです。

A. 暇　B. 夢　C. 気　D. 都合

(10) 主人公ジョンは(　　)ころに両親を亡くした。

A. 幼い　B. 丸い　C. 弱い　D. 安い

(11) 両親とは父と(　　)のことです

A. 兄　B. 母　C. 姉　D. 妹

(12) 男性だけでなく、(　　)の利用も大切だ。

A. 子供　B. 学生　C. 高齢者　D. 女性

(13) 近いので、王さんは毎日(　　)で学校に行きます。

A. 飛行機　B. 汽車　C. 船　D. 自転車

(14) 川はやがて(　　)に流れます。

A. 海　　B. 湖　　C. 泉　　D. 井

(15) 日本の(　　)はみんなアルバイトをするそうです。

A. 子供　　B. 大学生　　C. 高齢者　　D. 女性

(16) わたしはこの(　　)を誰にも見せるつもりはありません。

A. 日記　　B. 自転車　　C. 用事　　D. 海

(17) このタオルはとても(　　)です。

A. 早い　　B. 柔らかい　　C. 低い　　D. 眠い

(18) 温度がマイナスになると、水が(　　)になります。

A. 氷　　B. 雨　　C. 雪　　D. 海

(19) 地球が(　　)のは疑う余地のない事実だ。

A. 丸い　　B. 暑い　　C. 冷たい　　D. 寒い

(20) この店の前に立っていると、後ろから後輩に(　　)をかけられた。

A. 声　　B. 音　　C. 気　　D. 夢

N3必考词

Day 08

小试牛刀

请从以下今天要学习的单词中，选出你已经认识的单词，并在横线上写出对应的词性和释义。

- ☐ 部屋 ________
- ☐ 友人 ________
- ☐ 効果 ________
- ☐ 大会 ________
- ☐ 技術 ________
- ☐ 内容 ________
- ☐ 風邪 ________
- ☐ 本当 ________
- ☐ 海外 ________
- ☐ 資源 ________
- ☐ 締め切り ________
- ☐ 病院 ________
- ☐ 会場 ________
- ☐ 期限 ________
- ☐ 規則 ________
- ☐ 距離 ________
- ☐ 原因 ________
- ☐ 資料 ________
- ☐ 自分 ________
- ☐ 性格 ________
- ☐ 中古 ________
- ☐ 駅前 ________
- ☐ 荷物 ________
- ☐ 銀行 ________
- ☐ 兄弟 ________
- ☐ 使い方 ________
- ☐ 順番 ________
- ☐ 成績 ________
- ☐ 選手 ________
- ☐ 道路 ________
- ☐ ケーキ ________
- ☐ 料理 ________
- ☐ 進歩 ________
- ☐ 勉強 ________
- ☐ 活動 ________
- ☐ 区別 ________
- ☐ 渋滞 ________
- ☐ 出張 ________
- ☐ 移動 ________
- ☐ 生活 ________
- ☐ 修理 ________
- ☐ 建設 ________
- ☐ 減少 ________
- ☐ 消費 ________
- ☐ 制限 ________
- ☐ 滞在 ________
- ☐ 直ぐ ________
- ☐ とても ________
- ☐ 新鮮 ________
- ☐ 清潔 ________

词汇讲解

❶ □ へや②【部屋】（名）房间，屋子

例　句：この部屋はあの部屋と同じ大きさですか。/这个房间和那个房间一样大吗?

この部屋は南向きである。/这个房间朝南。

❷ □ ゆうじん⓪【友人】（名）友人，朋友

例　句：友人に自分の心境を打ち明ける。/对友人吐露自己的心境。

友は墓の下に眠っている。/友人在墓中安息。

近义词：なかま③【仲間】（名）伙伴，朋友

ともだち⓪【友達】（名）朋友，友人

みかた⓪【味方】（名）我方；伙伴，朋友

❸ □ こうか①【効果】（名）效果，功效

例　句：照明が悪いと、上演効果に影響する。/灯光不好会影响演出效果。

新計画実施の効果はとてもよい。/新计划的实施效果很好。

关联词：えいきょう⓪【影響】（名・自サ）影响

❹ □ たいかい⓪【大会】（名）大会

例　句：大会の規模はどれくらいですか。/大会的规模有多大?

大会で優勝する。/在大会中取胜。

关联词：はなびたいかい④【花火大会】（名）烟火晚会

❺ □ ぎじゅつ①【技術】（名）技术；工艺

例　句：先進技術を導入する。/引进先进技术。

工場内で従業員の技術について考査する。/考核厂内员工的技术。

关联词：かがく①【科学】（名）科学

❻ □ ないよう⓪【内容】（名）内容

例　句：分かりづらい内容でごめんなさい。/抱歉，内容不太好理解。

内容を確認した後、返信してください。/确认内容后请回信。

近义词：なかみ②【中身】（名）内容

❼ □ かぜ⓪【風邪】（名）感冒，伤风

例　句：彼は体がとても弱いので、よく風邪を引く。/他身体很弱，经常感冒。

先週は風邪を引いて来れませんでした。/我上周感冒了，没能来。

❽ □ ほんとう⓪【本当】（名・ナ形）真，真正；真正的

例　句：他人が思う自分は本当の私ではない。/别人认为的我不是真正的我。

彼の話はどこまで本当なのかわからない。/不知道他的话有几分是真的。

关联词：じっさい⓪【実際】（名・副）实际；的确，真的

❾ □ かいがい①【海外】（名）海外，国外

例　句：その商品は海外発送の準備中です。/ 那个商品正准备向国外发货。

彼は海外旅行が好きで、何回も外国に行ったことがあります。/他喜欢出国旅行，去过国外多次。

近义词：がいこく⓪【外国】（名）外国，国外

❿ □ しげん①【資源】（名）资源

例　句：このままだと地球の資源が無くなるのは確実である。/这样下去地球的资源无疑是会消失的。

わが国の豊かな資源はまだ十分利用されていない。/我国丰富的资源还没有被充分利用。

⓫ □ しめきり⓪【締め切り】（名）截止日期；封闭，关闭

例　句：入学の締め切りは本月末日です。/入学的截止日期是本月的最后一天。

戸を締め切りにしておく。/把门关着。

关联词：きげん①【期限】（名）期限，时效

⑫ □ びょういん⓪【病院】（名）医院

例　句：病気を治すために病院へ行った。/为治病去了医院。

病院に行かなくてもよいのですか。/可以不去医院吗?

关联词：いしゃ⓪【医者】（名）医生，大夫

⑬ □ かいじょう⓪【会場】（名）会场，会议地点

例　句：あなたたちはその会場にお集まりください。/请你们在那个会场集合。

今日の試合会場はどこですか。/今天的赛场在哪里?

关联词：てんらんかい③【展覧会】（名）展览会

⑭ □ きげん①【期限】（名）期限，时效

例　句：申請期限が切れるまで残り10日間だ。/到申请期限结束为止还有10天。

定められた期限内に納税する必要がある。/必须在规定的期限内纳税。

关联词：しめきり⓪【締め切り】（名）截止日期；封闭，关闭

⑮ □ きそく①【規則】（名）规则，规章

例　句：その規則はその国の中でしか通用しない。/那项规则只在那个国家适用。

彼はそのルールを守っていないのかもしれない。/他可能没有遵守那项规则。

关联词：せいど①【制度】（名）制度，规定

⑯ □ きょり①【距離】（名）距离，间隔

例　句：家から歩いて15分ほどの距離に駅がある。/离家步行十五分钟左右的距离有车站。

この航空会社は短距離便専門だ。/这家航空公司专门经营短距离航班。

⑰ □ げんいん⓪【原因】（名）原因

例　句：私たちはそれらが原因で眠ることができません。/我们因为那些原因睡不着觉。

私たちは原因をほぼ究明した。/我们大致查明了原因。

关联词：りゆう⓪【理由】（名）理由，借口

⑱ □ しりょう①【資料】（名）资料

例　句：あくまでもこの資料は参考です。/这份资料仅供参考。

資料をメールで送付してください。/请用邮件发送资料。

关联词：ざいりょう③【材料】（名）材料，原料；研究资料；文艺题材

⑲ □ じぶん⓪【自分】（名・代）自己，自身；我

例　句：自分のことは自分でする。/自己的事情自己做。

自分は兵士です。/我是士兵。

近义词：じこ①【自己】（名）自己，自我

⑳ □ せいかく⓪【性格】（名）性格

例　句：彼は性格がどうも弱くて頼りない。/他性情软弱，靠不住。

性格が悪い。/性格不好。

近义词：せいしつ⓪【性質】（名）性格，性情；性质，特性

㉑ □ ちゅうこ①【中古】（名）中古；半新，二手货

例　句：中古文学。/中古文学。

中古テレビを格安で譲る。/特价出让半新的电视机。

关联词：ちゅうこしゃ③【中古車】（名）二手车

㉒ □ えきまえ③【駅前】（名）站前，车站附近

例　句：ハチ公は毎日駅前で、主人を待ち続けた。/八公每天在车站前等着主人。

そして、駅前で少し遊んで帰りました。/然后，在车站附近玩了一会儿就回家了。

关联词：えきいん②【駅員】（名）车站工作人员

㉓ □ にもつ①【荷物】（名）货物，行李；负担，累赘

例　句：人間と荷物が同時に着いた。/人和行李同时到了。

荷物はホテルに届きましたか。/行李被送到酒店了吗?

㉔ □ ぎんこう⓪【銀行】（名）银行

例　句：銀行は来週も通常営業しています。/银行下周也正常营业。

銀行振り込みで支払をしてください。/请用银行汇款支付。

关联词：ぎんこういん③【銀行員】（名）银行职员

㉕ □ きょうだい①【兄弟】（名）兄弟

例　句：彼を自分の兄弟として扱う。/把他当作自己的兄弟看待。

あなたには兄弟がたくさんいて私は羨ましいです。/你有很多兄弟，我很羡慕。

关联词：しまい①【姉妹】（名）姊妹

㉖ □ つかいかた⓪【使い方】（名）用法

例　句：使い方の説明を行います。/说明使用方法。

使い方が分からない時は、ご質問ください。/不明白使用方法时请提问。

近义词：ようほう⓪【用法】（名）用法

㉗ □ じゅんばん⓪【順番】（名）顺序，次序；轮班，轮流

例　句：順番に従って発言し、誰も我先に発言してはならない。/按顺序发言，谁都不能抢先。

このように順番にやっていこう。/就这样按顺序进行下去吧。

近义词：てじゅん①【手順】（名）次序，步骤

㉘ □ せいせき⓪【成績】（名）成绩，成果

例　句：月初の成績はよかったのですが、月末の成績は悪化しました。/月初的成绩很好，但是月末的成绩变差了。

成績がさがる。/成绩下降。

近义词：せいか①【成果】（名）成果，成绩

㉙ □ せんしゅ①【選手】（名）选手，运动员

例　句：中国の選手の活躍がめざましい。/中国选手的表现非常出色。

彼は有名なリレー選手だ。/他是有名的接力选手。

近义词：スポーツマン④（名）运动员

㉚ □ どうろ①【道路】（名）道路，公路

例　句：彼らはとにかく、道路規制が嫌いである。/总之，他们讨厌道路限制。

道路沿いの建物。/沿街的建筑。

近义词：みち⓪【道】（名）道，道路

㉛ □ ケーキ①（名）蛋糕；西点

例　句：私はその時にケーキを作っていました。/我那时在做蛋糕。

ケーキが大好物でいくらでも食べられる。/我很爱吃蛋糕，有多少就能吃多少。

关联词：おかし②【お菓子】（名）点心，糕点

㉜ □ りょうり①【料理】（名・他サ）烹饪；处理，料理

例　句：この店の中華料理はおいしい。/这家店的中餐很好吃。

この問題はひとりではとても料理できない。/一个人很难处理这个问题。

活　用：料理した・料理して・料理しない・料理すれば・料理します・料理しよう・料理しろ

近义词：ちょうり①【調理】（名・他サ）烹饪，烹调

㉝ □ しんぽ①【進歩】（名・自サ）进步

例　句：彼は中国語を学んで進歩が誰よりも速い。/他学中文进步得比谁都快。

今年に入ってから学業は大いに進歩した。/今年以来学业大有进步。

活　用：進歩した・進歩して・進歩しない・進歩すれば・進歩します・進歩しよう・進歩しろ

近义词：じょうたつ⓪【上達】（名・自サ）进步

34 □べんきょう⓪【勉強】（名・自他サ）努力学习，用功；勤奋

例　句：中国語を勉強する。/学习中文。

明日は勉強するつもりです。/明天我打算学习。

活　用：勉強した・勉強して・勉強しない・勉強すれば・勉強します・勉強しよう・勉強しろ

近义词：ならう②【習う】（他五）学习；练习

35 □かつどう⓪【活動】（名・自サ）活动

例　句：彼らはその活動の継続を求めています。/他们要求继续那个活动。

最近はあまり活動していません。/最近没怎么活动。

活　用：活動した・活動して・活動しない・活動すれば・活動します・活動しよう・活動しろ

近义词：ぎょうじ⓪【行事】（名）仪式，活动

イベント⓪（名）仪式，活动；比赛

36 □くべつ①【区別】（名・他サ）区别，差异；辨别，分清

例　句：日本車と中国車の区別は何ですか。/日本车和中国车有什么区别?

素人にはちょっと区別がつかない。/外行人不大容易辨别。

活　用：区別した・区別して・区別しない・区別すれば・区別します・区別しよう・区別しろ

近义词：ちがい⓪【違い】（名）差异，差别，不同

37 □じゅうたい⓪【渋滞】（名・自サ）堵车，拥堵

例　句：渋滞のため、交通警官は忙しくてご飯を食べる時間がない。/因为堵车，交警忙得没时间吃饭。

旅行中、渋滞には遭遇しませんでした。/我在旅行中没有遇到堵车。

活　用：渋滞した・渋滞して・渋滞しない・渋滞すれば・渋滞します・渋滞しよう・渋滞しろ

关联词：たいざい⓪【滞在】（名・自サ）停留，逗留

ていたい⓪【停滞】（名・自サ）停滞；滞销

㊳ □ しゅっちょう⓪【出張】（名・自サ）出差

例　句：次は韓国に出張するかもしれません。/下次可能去韩国出差。

来週出張で北京に行きます。/我下周去北京出差。

活　用：出張した・出張して・出張しない・出張すれば・出張します・出張しよう・出張しろ

㊴ □ いどう⓪【移動】（名・自他サ）移动，转移

例　句：バスが完全に停車するまで移動しないでください。/在巴士完全停车之前请不要移动。

むやみな移動はかえって危険な場合があります。/有时盲目的移动反而会带来危险。

活　用：移動した・移動して・移動しない・移動すれば・移動します・移動しよう・移動しろ

近义词：うつす②【移す】（他五）移，迁；工作变动

㊵ □ せいかつ⓪【生活】（名・自サ）生活

例　句：今の生活は良いものだ。/如今的生活很好。

父は北京で生活している。/父亲在北京生活。

活　用：生活した・生活して・生活しない・生活すれば・生活します・生活しよう・生活しろ

近义词：くらす⓪【暮らす】（自他五）生活，度日；消磨时光

くらし⓪【暮らし】（名）生活，日常生活

㊶ □ しゅうり①【修理】（名・他サ）修理，修缮

例　句：修理を頼むには予約が必要です。/委托修理的话需要预约。

家の修理にはとてもお金がかかります。/修理房子需要很多钱。

活　用：修理した・修理して・修理しない・修理すれば・修理します・修理しよう・修理しろ

近义词：しゅうぜん⓪【修繕】（名・他サ）修理，修缮

㊷ □けんせつ⓪【建設】（名・他サ）建设

例　句：経済建設と国防建設は切り離すことのできないものである。/经济建设和国防建设密不可分。

この問題は建設計画と緊密につながっている。/这个问题与建设计划紧密相连。

活　用：建設した・建設して・建設しない・建設すれば・建設します・建設しよう・建設しろ

关联词：つくりあげる⑤【作り上げる】（他一）做成，完成

㊸ □げんしょう⓪【減少】（名・自他サ）减少

例　句：企業はエネルギーのコストを減少することができる。/企业可以减少能源的成本。

不景気で売上げが減少した。/由于经济不景气，营业额减少了。

活　用：減少した・減少して・減少しない・減少すれば・減少します・減少しよう・減少しろ

近义词：へらす⓪【減らす】（他五）减少；削减

㊹ □しょうひ⓪【消費】（名・他サ）消费；花费

例　句：時間を無駄に消費する。/浪费时间。

生産と消費の関係をうまく処理する。/处理好生产和消费的关系。

活　用：消費した・消費して・消費しない・消費すれば・消費します・消費しよう・消費しろ

关联词：しょうひしゃ③【消費者】（名）消费者

しょうひぜい③【消費税】（名）消费税

㊺ □せいげん③【制限】（名・他サ）限制，限度

例　句：手荷物は2キロ以内に制限される。/随身行李限制在2公斤以内。

この種の薬品の使用は制限を加えねばならない。/这种药品的使用要加以限制。

活　用：制限した・制限して・制限しない・制限すれば・制限します・制限しよう・制限しろ

关联词：せいやく⓪【制約】（名・他サ）条件，规定；限制，制约

46 □ たいざい⓪【滞在】（名・自サ）停留，逗留

例　句：奈良滞在中に彼に会った。/逗留在奈良的时候遇见了他。

三か月ロンドンに滞在する。/在伦敦逗留三个月。

活　用：滞在した・滞在して・滞在しない・滞在すれば・滞在します・滞在しよう・滞在しろ

关联词：ていたい⓪【停滞】（名・自サ）停滞；滞销

じゅうたい⓪【渋滞】（名・自サ）堵车，拥堵

47 □ すぐ①【直ぐ】（副・ナ形）笔直；正直；立刻，马上；容易

例　句：今直ぐ行く。/马上就去。

直ぐ怒る。/易怒。

近义词：まっすぐ③【真っ直ぐ】（副・ナ形）笔直；正直；直接

48 □ とても⓪（副）非常，很

例　句：人がとても多く、待ち時間もとても長かった。/人很多，等待的时间也很长。

英語は私にとって、とても難しい。/于我而言，英语非常难。

近义词：ひじょう⓪【非常】（名・ナ形）非常，特别

ずいぶん①【随分】（副・ナ形）相当，很；太坏，不像话

49 □ しんせん⓪【新鮮】（ナ形）新鲜；清新

例　句：新鮮で美味しかった。/新鲜又美味。

この箱は新鮮なトマトでいっぱいです。/这个箱子里满是新鲜的西红柿。

近义词：あたらしい④【新しい】（イ形）新的；新鲜的；从未有过的

50 □ せいけつ⓪【清潔】（名・ナ形）洁净，干净；清白，廉洁

例　句：部屋を清潔に保つ。/保持房间整洁。

手を清潔にする。/洗干净手。

巩固练习

1. 读音考查

(1)部屋 ______	(2)友人 ______	(3)効果 ______
(4)大会 ______	(5)技術 ______	(6)内容 ______
(7)風邪 ______	(8)本当 ______	(9)海外 ______
(10)資源 ______	(11)締め切り ______	(12)病院 ______
(13)会場 ______	(14)期限 ______	(15)規則 ______
(16)距離 ______	(17)原因 ______	(18)資料 ______
(19)自分 ______	(20)性格 ______	(21)中古 ______
(22)駅前 ______	(23)荷物 ______	(24)銀行 ______
(25)兄弟 ______	(26)使い方 ______	(27)順番 ______
(28)成績 ______	(29)選手 ______	(30)道路 ______
(31)料理 ______	(32)進歩 ______	(33)勉強 ______
(34)活動 ______	(35)区別 ______	(36)渋滞 ______
(37)出張 ______	(38)移動 ______	(39)生活 ______
(40)修理 ______	(41)建設 ______	(42)減少 ______
(43)消費 ______	(44)制限 ______	(45)滞在 ______
(46)直ぐ ______	(47)新鮮 ______	(48)清潔 ______

2. 汉字检验

(1)へや ______	(2)ゆうじん ______	(3)こうか ______
(4)たいかい ______	(5)ぎじゅつ ______	(6)ないよう ______

(7)かぜ ____________ (8)ほんとう ________ (9)かいがい ________

(10)しげん __________ (11)しめきり ________ (12)びょういん ______

(13)かいじょう _______ (14)きげん ________ (15)きそく ________

(16)きょり __________ (17)げんいん _______ (18)しりょう _______

(19)じぶん __________ (20)せいかく _______ (21)ちゅうこ _______

(22)えきまえ ________ (23)にもつ ________ (24)ぎんこう _______

(25)きょうだい ______ (26)つかいかた ______ (27)じゅんばん ______

(28)せいせき ________ (29)せんしゅ _______ (30)どうろ ________

(31)りょうり ________ (32)しんぽ ________ (33)べんきょう ______

(34)かつどう ________ (35)くべつ ________ (36)じゅうたい ______

(37)しゅっちょう ______ (38)いどう ________ (39)せいかつ _______

(40)しゅうり ________ (41)けんせつ _______ (42)げんしょう ______

(43)しょうひ ________ (44)せいげん _______ (45)たいざい _______

(46)すぐ ___________ (47)しんせん _______ (48)せいけつ _______

3. 提高训练

(1) 昨日、傘をささずに雨の中を歩いていたので、(　　)を引いてしまいました。

A. お金　B. 夢　C. 声　D. 風邪

(2) 車を買いたいので、父は(　　)からお金を借りてきてくれました。

A. 銀行　B. 活動　C. 病院　D. 海外

(3) この薬は(　　)がないが、ほかの薬を飲んでもらえませんか。

A. 成績　B. 区別　C. 効果　D. 進歩

(4) 実は来週京都へ(　　)します。

A. 勉強　B. 出張　C. 進歩　D. 消費

(5) 李さんはバレーボールの(　　)としては背が低い。

A. 選手　　B. 学生　　C. 女性　　D. 生活

(6) 交通(　　)に遭って遅れた。

A. 道路　　B. 規則　　C. 建設　　D. 渋滞

(7) 環境汚染が(　　)していることに皆喜んでいます。

A. 増加　　B. 減少　　C. 進歩　　D. 勉強

(8) (　　)な空気が入るように窓が開けてある。

A. 新鮮　　B. 静か　　C. 明らか　　D. 大切

(9) (　　)に話すので、今私の番です。

A. 性格　　B. 病院　　C. 順番　　D. 期限

(10) 双子の違いを(　　)ことができない。

A. 区別する　　B. 勉強する　　C. 減少する　　D. 写す

(11) この階段教室は、一番(　　)の席でもよく見えるように設計されている。

A. 前　　B. 後ろ　　C. 下　　D. 左

(12) 日本の農産物の輸入量が増えた(　　)は何か。

A. 原因　　B. 資料　　C. 子供　　D. 期限

(13) わたしは静かな(　　)の人が好きです。

A. 女性　　B. 男性　　C. 子供　　D. 性格

(14) 形式だけを重んじ、(　　)を重んじない。

A. 内容　　B. 事件　　C. 原因　　D. 現象

(15) いつも(　　)を上手に作る鈴木さんは、昨年、料理学校に入った。

A. 運動　　B. 料理　　C. 勉強　　D. 宿題

(16) (　　)はカロリー高いから、あまり食べません。

A. カップ　　B. ラーメン　　C. ケーキ　　D. コップ

(17) 今度の試合の結果、彼は世界第4位で、前より(　　)が悪くなった。

A. 成績　　B. 進歩　　C. 技術　　D. 力

(18) (　　)までに提出しなければならない。

A. 規則　　B. 締め切り　　C. 順番　　D. 制限

(19) 我が社は現在その施設を(　　)います。

A. 建設して　　B. 勉強して　　C. 活動して　　D. 区別して

(20) 人に信用されるには、まず(　　)がうそをつかないことだ。

A. 他人　　B. 自分　　C. 友人　　D. 兄弟

Day 09

小试牛刀

请从以下今天要学习的单词中，选出你已经认识的单词，并在横线上写出对应的词性和释义。

- □ 早退 ________
- □ 発生 ________
- □ 発展 ________
- □ 分類 ________
- □ 優勝 ________
- □ 何時も ________
- □ 余り ________
- □ やっと ________
- □ ずっと ________
- □ さっき ________
- □ サービス ________
- □ 随分 ________
- □ どきどき ________
- □ なかなか ________
- □ ふらふら ________
- □ ゆっくり ________
- □ かなり ________
- □ きちんと ________
- □ 自然 ________
- □ 注文 ________
- □ 家 ________
- □ 身 ________
- □ 弟 ________
- □ ぐっすり ________
- □ しっかり ________
- □ そっくり ________
- □ 時々 ________
- □ 一杯 ________
- □ スピーチ ________
- □ 故障 ________
- □ 講演 ________
- □ 縮小 ________
- □ 沸騰 ________
- □ 募集 ________
- □ 追い付く ________
- □ 預ける ________
- □ 混ぜる ________
- □ 盛る ________
- □ 断る ________
- □ 離す ________
- □ 慰める ________
- □ 結ぶ ________
- □ 似合う ________
- □ 受け取る ________
- □ 伝わる ________
- □ 疲れる ________
- □ 余る ________
- □ 話し掛ける ________
- □ 向かう ________
- □ 濡れる ________

词汇讲解

❶ □ そうたい⓪【早退】（名・自サ）早退

例　句：今日は仕事を早退して病院に行って来ました。/今天提早结束工作来医院了。

彼は風邪が理由で早退した。/他因为感冒而早退了。

活　用：早退した・早退して・早退しない・早退すれば・早退します・早退しよう・早退しろ

近义词：はやびき⓪【早引き】（名）早退

❷ □ はっせい⓪【発生】（名・自サ）发生

例　句：交通事故が発生した。/发生了交通事故。

災害が頻繁に発生する。/灾害频繁发生。

活　用：発生した・発生して・発生しない・発生すれば・発生します・発生しよう・発生しろ

近义词：おこる②【起こる】（自五）发生；发作

❸ □ はってん⓪【発展】（名・自サ）发展；活跃

例　句：農業の発展は工業の発展に関係している。/农业发展关系到工业发展。

ご発展を祈る。/祝您大显身手。

活　用：発展した・発展して・発展しない・発展すれば・発展します・発展しよう・発展しろ

❹ □ ぶんるい⓪【分類】（名・他サ）分类，分门别类

例　句：私達はこの問題を優先事項として分類した。/我们把这个问题分类为优先事项。

それを4つのカテゴリに分類しなさい。/请把那些分为四个类别。

活　用：分類した・分類して・分類しない・分類すれば・分類します・分類しよう・分類しろ

近义词：るいべつ⓪【類別】（名・他サ）类别；分类

⑤ □ ゆうしょう⓪【優勝】（名・自サ）优胜；夺冠

例　句：彼女は自分のチームを優勝に導いた。/她带领自己的队伍夺得了冠军。

彼は世界卓球選手権試合で連続して優勝した。/他在世界乒乓球锦标赛上蝉联冠军。

活　用：優勝した・優勝して・優勝しない・優勝すれば・優勝します・優勝しよう・優勝しろ

⑥ □ いつも①【何時も】（副）经常，总是

例　句：いつもポジティブでありたい。/所幸我总是心态积极。

彼はいつも公平です。/他总是很公平。

近义词：つねに①【常に】（副）总是，经常地

⑦ □ あまり⓪【余り】（名・副）剩，剩余；（不）怎么；过分，过度

例　句：食事のあまりを犬にやる。/用剩饭喂狗。

カラオケはあまり得意じゃない。/我不怎么擅长卡拉OK。

关联词：のこる②【残る】（自五）留下；剩余

⑧ □ やっと③（副）好不容易，终于；勉勉强强

例　句：やっとでき上がった。/好不容易完成了。

長い梅雨がやっと終わった。/漫长的梅雨季节终于结束了。

近义词：ついに①（副）最终，终于

⑨ □ ずっと⓪（副）……得多；一直；径直

例　句：私はずっとサラリーマンです。/我一直是上班族。

私達はずっとパリにいた。/我们一直在巴黎。

关联词：まっすぐ③【真っ直ぐ】（副・ナ形）笔直；正直；直接

⑩ □ さっき①（副）方才，刚才；先前

例　句：私はさっきシャワーを浴び終えたところです。/我刚刚冲完澡。

さっき店に行ってジュースを飲みました。/刚才去店里喝了果汁。

近义词：さきほど⓪【先程】（副）刚才，方才

⑪ □ サービス①（名・自他サ）招待，服务

例　句：こちらのサービスは個人のお客様向けのサービスとなっています。/这边的服务是面向个人顾客的服务。

このレストランのサービスは非常に行き届いている。/这家餐厅的服务非常周到。

活　用：サービスした・サービスして・サービスしない・サービスすれば・サービスします・サービスしよう・サービスしろ

关联词：サービスセンター⑤（名）服务中心

⑫ □ ずいぶん①【随分】（副・ナ形）相当，很；太坏，不像话

例　句：もうずいぶんと良くなりました。/已经好很多了。

随分な人ね。/这人太不像话了。

近义词：とても⓪（副）非常，很

⑬ □ どきどき①（副・自サ）扑通扑通地跳，忐忑不安

例　句：彼は驚いて心臓がどきどきした。/他吓得心怦怦地跳。

どきどきさせながらそれを見ていた。/忐忑不安地看着那个。

活　用：どきどきした・どきどきして・どきどきしない・どきどきすれば・どきどきします・どきどきしよう・どきどきしろ

近义词：ふあん⓪【不安】（名・ナ形）不安

⑭ □ なかなか⓪（副・感）很，非常；是，诚然

例　句：あの療養所はなかなか静かな所だ。/那个疗养所是个很安静的地方。

この人はなかなか大したものだ。/这个人很了不起。

近义词：とても⓪（副）非常，很

ずいぶん①【随分】（副・ナ形）相当，很；太坏，不像话

⑮ □ ふらふら①（副・ナ形・自サ）摇晃，蹒跚；犹豫不决

例　句：赤ちゃんがふらふらと立ち上がった。/婴儿摇晃着站起来了。

考えがふらふらする。/犹豫不决。

活　用：ふらふらした・ふらふらして・ふらふらしない・ふらふらすれば・ふらふらします・ふらふらしよう・ふらふらしろ

⑯ □ ゆっくり③（副・自サ）悠闲，舒适；慢慢；充裕

例　句：ゆっくりしていってください。/请慢慢来。

田舎でゆっくりすごします。/在农村悠闲地生活。

活　用：ゆっくりした・ゆっくりして・ゆっくりしない・ゆっくりすれば・ゆっくりします・ゆっくりしよう・ゆっくりしろ

关联词：かいてき⓪【快適】（ナ形）舒适，舒服

⑰ □ かなり①（副・ナ形）颇为；相当

例　句：その論文はかなりインパクトがある。/那篇论文相当有冲击力。

満足度にかなり差が出ている。/满足度（方面）出现相当大的差异。

近义词：ずいぶん①【随分】（副・ナ形）相当，很；太坏，不像话

⑱ □ きちんと②（副）准确地，好好地；整整齐齐地

例　句：朝ごはんをきちんと食べました。/我好好地吃了早饭。

箱がきちんと積み重ねられている。/箱子堆得整整齐齐。

关联词：てきかく⓪【的確】（ナ形）正确，准确

⑲ □ しぜん⓪【自然】（名・ナ形・副）自然；自然的；自然而然地

例　句：私たちは自然の美しさを知ることができる。/我们可以领略到大自然的美丽。

そこは自然であふれていた。/那里充满了自然（气息）。

⑳ □ ちゅうもん⓪【注文】（名・他サ）点餐；订购；订货

例　句：ご注文前に必ずお読みください。/请务必在点餐前阅读。

我々はとっくに注文を取り消した。/我们早已取消了订购。

活　用：注文した・注文して・注文しない・注文すれば・注文します・注文しよう・注文しろ

近义词：はっちゅう⓪【発注】（名・他サ）订货

㉑ □ いえ②【家】（名）房屋；家，家庭

例　句：自宅よりあなたの家が好きです。/比起我家，我更喜欢你家。

結婚して家を持つ。/结婚成家。

近义词：かてい⓪【家庭】（名）家庭

㉒ □み⓪【身】（名）身体；自身，自己

例　句：身は死すとも、意欲は不滅だ。/身虽死，志不灭。

身の危険を感じる。/感到自身的危险。

近义词：じこ①【自己】（名）自己，自我

じぶん⓪【自分】（名・代）自己，自身；我

㉓ □おとうと④【弟】（名）弟弟

例　句：弟と妹は小学校に通っています。/弟弟和妹妹在上小学。

弟は興奮のあまり飛びはねた。/弟弟兴奋得跳起来了。

关联词：いもうと④【妹】（名）妹妹

㉔ □ぐっすり③（副）酣然，熟睡状

例　句：車でぐっすり眠る。/在车中熟睡。

ぐっすり眠って、明日も頑張りましょう！/好好睡一觉，明天也加油吧！

关联词：うっとり③（副・自サ）出神，发呆状

㉕ □しっかり③（副・自サ）结实；坚定；充分

09 Day

例　句：書物をしっかりとくくった。/把书捆结实了。

彼の立場はしっかりしている。/他立场坚定。

活　用：しっかりした・しっかりして・しっかりしない・しっかりすれば・しっかりします・しっかりしよう・しっかりしろ

关联词：がっしり③（副・自サ）严整，紧密；健壮；坚实

㉖ □そっくり③（副・ナ形）全部；一模一样

例　句：そっくりそのまま写す。/完全照抄。

君の気性はあいかわらず当時とそっくりそのままだ。/你的脾气还和当年一模一样。

近义词：ぜんぶ①【全部】（名・副）全部，都

㉗ □ときどき⓪【時々】（名・副）每个季节；有时，偶尔

例　句：あまり会わないが、時々の挨拶は欠かさなかった。/不常见面，但逢年过节的问候没有缺过。

あの人は時々かんしゃくを起こす。/那个人有时会发脾气。

近义词：たまに⓪（副）有时，偶尔

㉘ □ いっぱい⓪【一杯】（名・副）一杯；满；全（占满）

例　句：彼は先生にお茶をいっぱい差し上げた。/他给老师端了一杯茶。

ダンボール箱いっぱい分の本です。/满满一纸箱量的书。

近义词：ぎっしり③（副）满满的

㉙ □ スピーチ②（名）讲话，演说

例　句：スピーチのポイントをおさえ、自分の力を100%発揮する。/掌握演讲的要点，100%发挥自己的力量。

入学式では新入生代表で私の息子がスピーチをします。/我的儿子作为新生代表在入学典礼上发言。

近义词：こうえん⓪【講演】（名・自サ）演说，演讲

㉚ □ こしょう⓪【故障】（名・自サ）故障，事故；异议

例　句：故障が最も少ない機械を選びなさい。/请选择故障最少的机器。

故障を申し立てる。/提出异议。

活　用：故障した・故障して・故障しない・故障すれば・故障します・故障しよう・故障しろ

近义词：じこ①【事故】（名）事故

㉛ □ こうえん⓪【講演】（名・自サ）演说，演讲

例　句：彼の講演は簡単で短かかったけれど、とても内容があった。/他的演讲虽然简短，但是很有内容。

ここで講演するとは、すごく名誉な事だ。/在这里演讲是很光荣的事。

活　用：講演した・講演して・講演しない・講演すれば・講演します・講演しよう・講演しろ

近义词：スピーチ②（名）讲话，演说

㉜ □ しゅくしょう⓪【縮小】（名・自他サ）缩小，缩减

例　句：経済発展は次第に都市と農村の格差を縮小する。/经济发展逐步

缩小城乡差距。

物価の上昇幅ははっきりと縮小した。/物价的涨幅明显缩小。

活　用：縮小した・縮小して・縮小しない・縮小すれば・縮小します・縮小しよう・縮小しろ

33 □ ふっとう⓪【沸騰】（名・自サ）沸腾

例　句：お湯が沸騰していたので、コンロの火を消しました。/因为水沸腾了，所以关了炉灶的火。

沸騰したら火力を落としてください。/沸腾后请降低火力。

活　用：沸騰した・沸騰して・沸騰しない・沸騰すれば・沸騰します・沸騰しよう・沸騰しろ

34 □ ぼしゅう⓪【募集】（名・他サ）招募

例　句：募集を再開しましたら改めてご連絡します。/重新开始招募的话会再联系您。

数名の事務員を募集する。/招收几名办事员。

活　用：募集した・募集して・募集しない・募集すれば・募集します・募集しよう・募集しろ

近义词：つのる②【募る】（自他五）激化；招募；征集

35 □ おいつく③【追い付く】（自五）追上，赶上

例　句：今さら後悔しても追い付かない。/如今追悔莫及。

先発の人に追い付いた。/追上了先出发的人。

活　用：追い付いた・追い付いて・追い付かない・追い付けば・追い付きます・追い付こう・追い付け

近义词：おいかける④【追い掛ける】（他一）追赶；紧接着

36 □ あずける③【預ける】（他一）寄存，寄放；委托，托付

例　句：お金を銀行に預ける。/把钱存在银行里。

この問題は山田課長に預けることにした。/这个问题已经决定委托给山田科长了。

活　用：預けた・預けて・預けない・預ければ・預けます・預けよう・

預けろ

关联词：あずかる③【預かる】（他五）暂存；管理；保留

37 □ まぜる②【混ぜる】（他一）混合；搅拌

例　句：よいのと悪いのを混ぜるな。/不要把好的和坏的混在一起。

割った卵をよく混ぜる。/把打好的鸡蛋搅匀。

活　用：混ぜた・混ぜて・混ぜない・混ぜれば・混ぜます・混ぜよう・混ぜろ

关联词：まじる②【混じる】（自五）夹杂，混

38 □ もる⓪【盛る】（他五）盛，装满；堆高

例　句：ご飯を茶わんいっぱいに盛る。/把茶碗里盛满饭。

サラダを皿に盛る。/把沙拉盛在碟子里。

活　用：盛った・盛って・盛らない・盛れば・盛ります・盛ろう・盛れ

关联词：さかる⓪【盛る】（自五）旺盛

39 □ ことわる③【断る】（他五）拒绝，谢绝；预先通知

例　句：寄付を断る。/拒绝捐赠。

一言も断らずに勝手な事をする。/也不事先说一声，就随便胡来。

活　用：断った・断って・断らない・断れば・断ります・断ろう・断れ

近义词：きょひ①【拒否】（名・他サ）拒绝；否决

40 □ はなす②【離す】（他五）离开，放开；隔开，拉开

例　句：すっかり魅了されて、彼女から目を離すことができなかった。/我完全被她迷住了，无法将目光从她身上移开。

取っ組み合いの両者を引き離す。/将扭打在一起的两个人拉开。

活　用：離した・離して・離さない・離せば・離します・離そう・離せ

近义词：はなれる③【離れる】（自一）脱离；离开；距离，相距

41 □ なぐさめる④【慰める】（他一）宽慰，使放松；安慰

例　句：音楽が心を慰めてくれる。/音乐让我放松下来。

君は本当に自分を慰めるのが上手だ。/你真会安慰自己。

活　用：慰めた・慰めて・慰めない・慰めれば・慰めます・慰めよう・慰めろ

关联词：なぐさめ⓪【慰め】（名）安慰，抚慰

⑫ □むすぶ⓪【結ぶ】（自他五）系，结；缔结；连结

例　句：兄は妹のために靴ひもを結んでやる。/哥哥为妹妹系鞋带。

二人の信頼関係を元に契約を結ぶ。/以两人的信赖关系为基础签订合同。

活　用：結んだ・結んで・結ばない・結べば・結びます・結ぼう・結べ

关联词：むすび⓪【結び】（名）打结；结束

⑬ □にあう②【似合う】（自五）合适，匹配

例　句：それがあなたに似合うと思います。/我觉得那个适合你。

私に似合うように髪を切ってください。/请剪适合我的发型。

活　用：似合った・似合って・似合わない・似合えば・似合います・似合おう・似合え

关联词：ふさわしい④【相応しい】（イ形）适合的，相称的

⑭ □うけとる③【受け取る】（他五）收，接；理解，领会

例　句：いつ、最終報告を受け取ることができますか。/什么时候能收到最终报告?

彼はこの沈黙を同意と受け取った。/他把这沉默视为同意。

活　用：受け取った・受け取って・受け取らない・受け取れば・受け取ります・受け取ろう・受け取れ

⑮ □つたわる⓪【伝わる】（自五）传导；传达；流传

例　句：銅線を熱が伝わる。/热量通过铜丝传导。

彼女はすべての事が以心伝心で伝わると信じている。/她相信所有的事情都能以心传心。

活　用：伝わった・伝わって・伝わらない・伝われば・伝わります・伝わろう・伝われ

近义词：つたえる⓪【伝える】（他一）传达；传授；让给；传导

⑯ □つかれる③【疲れる】（自一）疲劳，累；用旧

例　句：今日はなんだかとっても疲れる一日だった。/不知为什么，今天是相当疲惫的一天。

疲れた服がおおいです。/穿旧的衣服很多。

活　用：疲れた・疲れて・疲れない・疲れれば・疲れます・疲れよう・疲れろ

⑰ □あまる②【余る】（自五）残余，多余；过度，超过

例　句：部屋が一つ余っている。/还剩一间房。

身の丈は6尺に余る。/身高六尺有余。

活　用：余った・余って・余らない・余れば・余ります・余ろう・余れ

关联词：のこる②【残る】（自五）留下；剩余

⑱ □はなしかける⑤【話し掛ける】（自一）跟人说话，搭话；开始说

例　句：見知らぬ人に話し掛けられた。/被不认识的人搭话了。

話し掛けてやめてしまった。/刚要开始说又不说了。

活　用：話し掛けた・話し掛けて・話し掛けない・話し掛ければ・話し掛けます・話し掛けよう・話し掛けろ

⑲ □むかう⓪【向かう】（自五）相对；朝着，对着；去；接近；倾向

例　句：親に向かって口答えをする。/和父母顶嘴。

会社に向かう途中、母親から携帯に連絡が入りました。/在去公司的路上，母亲给我打来了电话。

活　用：向かった・向かって・向かわない・向かえば・向かいます・向かおう・向かえ

近义词：むく⓪【向く】（自他五）向，朝；倾向，趋向；合适

⑳ □ぬれる⓪【濡れる】（自一）淋湿；沾湿

例　句：どしゃぶりで、靴が濡れました。/大雨倾盆，我的鞋子湿了。

雨に濡れた。/被雨淋湿了。

活　用：濡れた・濡れて・濡れない・濡れれば・濡れます・濡れよう・濡れろ

近义词：ぬらす⓪【濡らす】（他五）浸湿，淋湿

巩固练习

1. 读音考查

(1)早退________ (2)発生________ (3)発展________

(4)分類________ (5)優勝________ (6)何時も________

(7)余り________ (8)随分________ (9)自然________

(10)注文________ (11)家________ (12)身________

(13)弟________ (14)時々________ (15)一杯________

(16)故障________ (17)講演________ (18)縮小________

(19)沸騰________ (20)募集________ (21)追い付く________

(22)預ける________ (23)混ぜる________ (24)盛る________

(25)断る________ (26)離す________ (27)慰める________

(28)結ぶ________ (29)似合う________ (30)受け取る________

(31)伝わる________ (32)疲れる________ (33)余る________

(34)話し掛ける________ (35)向かう________ (36)濡れる________

2. 汉字检验

(1)そうたい________ (2)はっせい________ (3)はってん________

(4)ぶんるい________ (5)ゆうしょう________ (6)いつも________

(7)あまり________ (8)ずいぶん________ (9)しぜん________

(10)ちゅうもん________ (11)いえ________ (12)み________

(13)おとうと ________ (14)ときどき ________ (15)いっぱい ________

(16)こしょう ________ (17)こうえん ________ (18)しゅくしょう ____

(19)ふっとう ________ (20)ぼしゅう ________ (21)おいつく ________

(22)あずける ________ (23)まぜる ________ (24)もる ________

(25)ことわる ________ (26)はなす ________ (27)なぐさめる ______

(28)むすぶ ________ (29)にあう ________ (30)うけとる ________

(31)つたわる ________ (32)つかれる ________ (33)あまる ________

(34)はなしかける ____ (35)むかう ________ (36)ぬれる ________

3. 提高训练

(1) 車社会が(　　)すればするほど石油が少なくなる。

A. 発展　B. 勉強　C. 活動　D. 縮小

(2) ラーメンを(　　)する。

A. 注意　B. 注文　C. 勉強　D. 講演

(3) どしゃぶりで、靴が(　　)ました。

A. 濡れ　B. 疲れ　C. 倒れ　D. 忘れ

(4) 昨日大変(　　)ので、大好きなドラマを見る気もなくなってしまった。

A. 濡れた　B. 勉強した　C. 疲れた　D. 忘れた

(5) ジョンさんの(　　)は素晴らしかったです。

A. スピーチ　B. ストーブ　C. スピード　D. スケッチ

(6) パソコンから変な音がします。(　　)でしょうか。

A. 故障　B. 発生　C. 沸騰　D. 渋滞

(7) あのホテルはお客さんへの(　　)が悪いと言われています。

A. スピーチ　B. サービス　C. スピード　D. スケッチ

(8) 彼はわたしの兄で、わたしは彼の(　　)です。

A. 姉　B. 母　C. 弟　D. 学生

(9) 本を読み終わったら、(　　)元へ戻してください。

A. かなり　B. なかなか　C. きちんと　D. ゆっくり

(10) 文明の野蛮が(　　)を破壊した。

A. 発展　　B. 自然　　C. 都市　　D. 田舎

(11) 小林さんは日本で(　　)働いていて、日本にとても詳しいのです。

A. さっき　　B. やっと　　C. ぐっすり　　D. ずっと

(12) 今度の計画はよいかどうか最初から(　　)と検討しましょう。

A. さっぱり　　B. しっかり　　C. がっかり　　D. ゆっくり

(13) おそらく彼女の誘いを(　　)だろう。

A. 追い付く　　B. 話し掛ける　　C. 断る　　D. 謝る

(14) コンクールで(　　)ので、全員興奮した。

A. 優勝した　　B. 負けた　　C. 死んだ　　D. 疲れた

(15) 契約を(　　)ときは、ちゃんと読むべきだ。

A. 結ぶ　　B. 書く　　C. 断る　　D. 伝わる

(16) この曲はイギリスの古くから(　　)歌だった。

A. 伝わる　　B. 謝る　　C. 伝える　　D. 向かう

(17) 彼の(　　)は簡単で短かかったけれど、とても内容があった。

A. 原因　　B. 講演　　C. 技術　　D. 運動

(18) 私は彼にこの荷物を(　　)ように頼まれた。

A. 預ける　　B. 謝る　　C. 伝える　　D. 話し掛ける

(19) その帽子はあなたに良く(　　)。

A. 応える　　B. 盛る　　C. 伝わる　　D. 似合う

(20) (　　)料理を作るのでこの作り方が分からない。

A. 時々　　B. よく　　C. ずっと　　D. ゆっくり

N3必考词

Day 10

小试牛刀

请从以下今天要学习的单词中，选出你已经认识的单词，并在横线上写出对应的词性和释义。

- □ 印象 ________
- □ 栄養 ________
- □ 漢字 ________
- □ ドア ________
- □ 家族 ________
- □ 利用 ________
- □ 留学 ________
- □ ゲーム ________
- □ サイズ ________
- □ ヒント ________
- □ ボール ________
- □ 機械 ________
- □ 気温 ________
- □ 気分 ________
- □ うっかり ________
- □ 噂 ________
- □ 牛乳 ________
- □ 興味 ________
- □ メール ________
- □ リサイクル ________
- □ 位置 ________
- □ 意見 ________
- □ 引き出し ________
- □ 会議 ________
- □ 完成 ________
- □ 観察 ________
- □ 希望 ________
- □ 共通 ________
- □ 禁止 ________
- □ 小説 ________
- □ 人々 ________
- □ 積極的 ________
- □ 体力 ________
- □ 値段 ________
- □ 調子 ________
- □ 電気 ________
- □ 検査 ________
- □ 交換 ________
- □ 工事 ________
- □ 広告 ________
- □ 受付 ________
- □ 集中 ________
- □ 紹介 ________
- □ 心配 ________
- □ 貯金 ________
- □ 名前 ________
- □ 平均 ________
- □ 輸出 ________
- □ 予約 ________
- □ 練習 ________

词汇讲解

❶ □ いんしょう⓪【印象】（名）印象

例　句：印象がうすい。/印象不深。

アメリカの食べ物はサイズがとても大きい印象があります。/美国食物给人的印象是尺寸很大。

近义词：イメージ②（名）形象，印象

❷ □ えいよう⓪【栄養】（名）营养，滋养

例　句：治療するため、栄養療法が必要です。/为了治疗，营养疗法是必要的。

彼女は妊娠中なので、特に栄養に注意を払わねばならない。/因为她正处在孕期，所以要特别注意（补充）营养。

关联词：ようぶん①【養分】（名）养分

❸ □ かんじ⓪【漢字】（名）汉字

例　句：氏名の記入はローマ字ですか、漢字ですか。/姓名的填写是用罗马字还是汉字?

漢字が読めるなら、恥をかかなくて済んだのに。/要是会读汉字，就不会丢脸了。

关联词：かんご⓪【漢語】（名）汉语词

❹ □ ドア①（名）门

例　句：そのトイレにドアはなかった。/那间厕所没有门。

ドアをバタンと閉めた。/把门砰的一声关上了。

关联词：もん①【門】（名）大门，出入口

❺ □ かぞく①【家族】（名）家人，家属，家族

例　句：家族と花火大会に行きました。/我和家人去了烟花大会。

家族は私にいつも元気を与えてくれる。/家人总是给予我力量。

关联词：いえ②【家】（名）房屋；家，家庭

❻ □りよう⓪【利用】（名・他サ）利用，使其发挥作用

例　句：豊富な水を利用して発電する。/利用丰富的水（资源）发电。
通勤には地下鉄を利用している。/乘坐地铁上下班。

活　用：利用した・利用して・利用しない・利用すれば・利用します・利用しよう・利用しろ

关联词：つかう⓪【使う】（他五）使用；操弄；花费

❼ □りゅうがく⓪【留学】（名・自サ）留学

例　句：彼女はデンマークで留学した経験がある。/她有丹麦留学的经历。
妻は現在アメリカで留学しています。/我妻子现在在美国留学。

活　用：留学した・留学して・留学しない・留学すれば・留学します・留学しよう・留学しろ

关联词：りゅうがくせい③【留学生】（名）留学生

❽ □ゲーム①（名）比赛；游戏

例　句：ゲームがうまい。/擅长（打）游戏。
彼はそのゲームをプレイできないだろう。/他不会玩那个游戏吧。

关联词：ゲームセンター④（名）游戏厅

❾ □サイズ①（名）大小，尺寸

例　句：私が注文したのは、Mサイズです。Sサイズではありません。/我订购的是M码，不是S码。
サイズが合わない。/尺寸不合。

❿ □ヒント①（名）提示，暗示，启发

例　句：私はあなたが見つけやすいよう、ヒントを少し残しておきました。/为了让你容易找到，我留了一点提示。
どの文章にも読解のためのヒントがつけられている。/每篇文章都有阅读提示。

近义词：あんじ⓪【暗示】（名・他サ）暗示

⓫ □ボール⓪（名）球

例　句：ボールを投げる。/投球。

ボールを持つ。/控球。

关联词：バスケットボール⑥（名）篮球

⑫ □ きかい②【機械】（名）机器，机械

例　句：この機械は正常に使えます。/这台机器可以正常使用。

これはスピードを調整する機械です。/这是调节速度的机器。

近义词：きき①【機器】（名）机械和器具

⑬ □ きおん⓪【気温】（名）气温

例　句：本日、東京は気温が30度を超えました。/今天，东京的气温超过了30摄氏度。

気温の急激な変化によって風邪を引いた。/因气温的剧烈变化而感冒了。

关联词：おんど①【温度】（名）温度

⑭ □ きぶん①【気分】（名）心情，气氛

例　句：気分が晴れる。/心情变好。

愉快な気分が満ちている。/充满欢乐的气氛。

近义词：きもち⓪【気持ち】（名）感受；心情；（身体）舒服

ふんいき③【雰囲気】（名）气氛

⑮ □ うっかり③（副・自サ）马虎，不留神

例　句：うっかりしてかぎを忘れた。/一不留神把钥匙忘了。

うっかりミスをする。/马虎出错。

活　用：うっかりした・うっかりして・うっかりしない・うっかりすれば・うっかりします・うっかりしよう・うっかりしろ

关联词：ふちゅうい②【不注意】（名・ナ形）马虎，不留神

⑯ □ うわさ⓪【噂】（名・他サ）传说，谣传，传闻；谈论，闲谈

例　句：噂だとばかり思っていたがほんとうだったとはね。/一直以为是谣传，没想到是真的呀。

彼の不幸な境遇については、私はとっくにうわさを聞いていた。/他的不幸遭遇，我早有耳闻。

活　用：噂した・噂して・噂しない・噂すれば・噂します・噂しよう・噂しろ

关联词：デマ①（名）谣言，流言

⑰ □ ぎゅうにゅう⓪【牛乳】（名）牛奶

例　句：牛乳が好きで、卵も好きです。/我喜欢（喝）牛奶，也喜欢（吃）鸡蛋。

牛乳はバターやチーズに加工されます。/牛奶被加工成黄油或者奶酪。

近义词：ミルク①（名）牛奶

⑱ □ きょうみ①【興味】（名）兴趣

例　句：私は歴史に興味をもっている。/我对历史感兴趣。

興味があったら見てみてください。/感兴趣的话请看看。

关联词：しゅみ①【趣味】（名）趣味，爱好

⑲ □ メール①（名）邮件；邮政

例　句：パソコンのメールと携帯メールのどちらでも構いません。/电脑邮件和手机短信都可以。

彼女からメールが来た。/收到了她的邮件。

近义词：ゆうびん⓪【郵便】（名）邮政；邮件

⑳ □ リサイクル②（名・他サ）回收，再利用

例　句：瓶や缶はリサイクルできる。/玻璃瓶和金属罐可以回收利用。

牛乳パックをリサイクルするべきだと思う。/我觉得应该循环使用牛奶袋。

活　用：リサイクルした・リサイクルして・リサイクルしない・リサイクルすれば・リサイクルします・リサイクルしよう・リサイクルしろ

近义词：かいしゅう⓪【回収】（名・他サ）回收，收回

㉑ □ いち①【位置】（名・自サ）位置；立场，地位

例　句：位置が悪い。/位置不佳。

社の重要な位置にいる。/处于公司的重要位置。

活　用：位置した・位置して・位置しない・位置すれば・位置します・位置しよう・位置しろ

近义词：たちば③【立場】（名）处境；立场

㉒ □いけん①【意見】（名・自他サ）意见；劝告，规劝

例　句：我々の意見は彼らの意見と全く食い違っている。/我们的意见和他们的意见完全不同。

いわゆる多数意見というものに盲従してはならない。/不要盲从所谓的多数意见。

活　用：意見した・意見して・意見しない・意見すれば・意見します・意見しよう・意見しろ

近义词：アドバイス①（名・他サ）劝告；建议

㉓ □ひきだし⓪【引き出し】（名）抽出；提取；抽屉

例　句：預金の引き出し。/提取存款。

あの資料は机の上ではなく、引き出しの中にあります。/那份资料不在桌子上，在抽屉里。

关联词：ひきだす③【引き出す】（他五）抽出；提取

㉔ □かいぎ①【会議】（名・自サ）会议

例　句：会議を開く。/开会。

その会議はテレビ会議によって行われる。/那个会议是通过视频会议进行的。

活　用：会議した・会議して・会議しない・会議すれば・会議します・会議しよう・会議しろ

关联词：かいぎしつ③【会議室】（名）会议室

㉕ □かんせい⓪【完成】（名・自他サ）完成

例　句：来週完成する予定です。/预计下周完成。

それが完成するのがとても楽しみです。/我很期待那个完成。

活　用：完成した・完成して・完成しない・完成すれば・完成します・完成しよう・完成しろ

近义词：かんりょう⓪【完了】（名・自他サ）完结，完成，完毕

㉖ □かんさつ⓪【観察】（名・他サ）观察，仔细察看

例　句：自然現象を観察する。/观察自然现象。

彼らは入念な観察と研究をした。/他们进行了细致的观察和研究。

活　用：観察した・観察して・観察しない・観察すれば・観察します・観察しよう・観察しろ

㉗ □きぼう⓪【希望】（名・他サ）希望，期望

例　句：これが私たちの希望です。/这是我们的希望。

彼らは裁判所が仲裁することを希望している。/他们希望法院仲裁。

活　用：希望した・希望して・希望しない・希望すれば・希望します・希望しよう・希望しろ

近义词：きたい⓪【期待】（名・他サ）期待，期望，希望

㉘ □きょうつう⓪【共通】（名・ナ形・自サ）共同，共通

例　句：この思想はあなた方と共通する。/这个思想和你们是共通的。

それは、世界共通の基準です。/那是世界通用标准。

活　用：共通した・共通して・共通しない・共通すれば・共通します・共通しよう・共通しろ

近义词：きょうどう⓪【共同】（名・自サ）共同

㉙ □きんし⓪【禁止】（名・他サ）禁止

例　句：9時以後の外出を禁止する。/九点以后禁止外出。

作品に触れる事を禁止する。/禁止触摸作品。

活　用：禁止した・禁止して・禁止しない・禁止すれば・禁止します・禁止しよう・禁止しろ

反义词：ゆるす②【許す】（他五）容许；允许；饶恕

㉚ □ しょうせつ⓪【小説】（名）小说

例　句：編集者がこの小説に手を入れる手伝いをしてくれた。/编辑帮我修改了这本小说。

この小説は再版することが既に決定している。/这部小说已经决定再版。

关联词：しょうせつか⓪【小説家】（名）小说家

㉛ □ ひとびと②【人々】（名）人们；每个人

例　句：洪水は人々に災難をもたらす。/洪水给人们带来灾难。

人々は続々と広場に集まって来た。/人们纷纷涌向了广场。

㉜ □ せっきょくてき⓪【積極的】（ナ形）积极的

例　句：彼らは積極的な貢献を果たした。/他们做出了积极的贡献。

勇気をもって積極的に行動しよう。/拿出勇气来积极行动吧。

反义词：しょうきょくてき⓪【消極的】（ナ形）消极的

㉝ □ たいりょく①【体力】（名）体力

例　句：体力維持のためにジムに通う決心をしました。/为保持体力，我下定决心去健身房。

長時間もがいたので私の体力はすっかり消耗した。/长时间的挣扎使我的体力消耗殆尽。

㉞ □ ねだん⓪【値段】（名）价格，价钱

例　句：提示された値段はあなたの要求した値段と合わない。/提示的价格和你要求的价格不相符。

他店の最新の値段が分かれば、価格を変更します。/如果知道了其他店的最新价格，就更改（本店的）价格。

近义词：かかく⓪【価格】（名）价格，价钱

㉟ □ ちょうし⓪【調子】（名）音调，声调；状态，情况

例　句：緩やかな調子を使って、自分を学生に紹介した。/用和缓的声调把自己介绍给了学生。

誰とでもうまく調子を合わせていける。/跟谁都能相处得很好。

㊱ □ でんき①【電気】（名）电；电灯；电力

例　句：今となっては電気は欠かせないものとなっています。/现在电已经成为不可缺少的东西。

電気をつけてください。/请把灯打开。

近义词：でんりょく①【電力】（名）电，电力

㊲ □ けんさ①【検査】（名・他サ）检查，检验

例　句：お腹の検査を行います。/进行腹部检查。

この帳簿は検査しなければならない。/必须检查这本账簿。

活　用：検査した・検査して・検査しない・検査すれば・検査します・検査しよう・検査しろ

近义词：チェック①（名・他サ）检查，核对

㊳ □ こうかん⓪【交換】（名・他サ）交换；交易

例　句：良ければ連絡先を交換しませんか。/可以和您交换联系方式吗?

私たちはお互いにメールアドレスを交換した。/我们互相交换了邮箱地址。

活　用：交換した・交換して・交換しない・交換すれば・交換します・交換しよう・交換しろ

近义词：かわす③【交わす】（他五）交换；交叉

㊴ □ こうじ①【工事】（名・自サ）工程；施工

例　句：敵の防御工事は堅固である。/敌人的防御工事是坚固的。

私の家の前で、毎晩道路工事が行われます。/我家门前每天晚上都有道路施工。

活　用：工事した・工事して・工事しない・工事すれば・工事します・工事しよう・工事しろ

近义词：しこう⓪【施工】（名・他サ）施工

㊵ □ こうこく⓪【広告】（名・他サ）广告

例　句：電通は日本最大の広告企業である。/电通是日本最大的广告企业。

私は広告とマーケティングに従事している。/我从事广告和市场营销。

活　用：広告した・広告して・広告しない・広告すれば・広告します・広告しよう・広告しろ

41 □ うけつけ⓪【受付】（名）受理，接受；接待员，传达室

例　句：今後、受付は24時間365日対応可能となります。/今后，可以全年24小时受理。

受付にわんさと人が詰めかける。/人们拥到传达室。

近义词：じゅり①【受理】（名・他サ）受理

42 □ しゅうちゅう⓪【集中】（名・自他サ）集中

例　句：わが国の工業は過去に海沿いに集中していた。/我国的工业过去集中在沿海。

前線は双方の主要兵力を集中している。/前线集中着双方的主要兵力。

活　用：集中した・集中して・集中しない・集中すれば・集中します・集中しよう・集中しろ

近义词：あつめる③【集める】（他一）集中；收集；集合

43 □ しょうかい⓪【紹介】（名・他サ）介绍

例　句：中国の歌を紹介します。/介绍中国的歌曲。

あなたを家族に紹介したいです。/我想把你介绍给家人。

活　用：紹介した・紹介して・紹介しない・紹介すれば・紹介します・紹介しよう・紹介しろ

44 □ しんぱい⓪【心配】（名・自他サ）担心，忧虑；操心，关照

例　句：彼は君の健康を心配している。/他担心你的健康状况。

彼は帰りの旅費まで心配してくれた。/他连回去的路费都给我张罗了。

活　用：心配した・心配して・心配しない・心配すれば・心配します・心配しよう・心配しろ

关联词：せわ②【世話】（名・他サ）照顾，照料

はいりょ①【配慮】（名・他サ）关怀，照顾

㊺ □ ちょきん⓪【貯金】（名・自他サ）存钱，储蓄

例　句：今までにずっと貯金をしてきませんでした。/至今为止一直没有存钱。

将来のために貯金を頑張っています。/为了将来而努力存钱。

活　用：貯金した・貯金して・貯金しない・貯金すれば・貯金します・貯金しよう・貯金しろ

近义词：よきん⓪【預金】（名・自他サ）存钱

㊻ □ なまえ⓪【名前】（名）名字，姓名

例　句：私の名前の横にあなたの名前を書いてください。/请在我的名字旁边写上你的名字。

名前を呼ばなければなりません。/必须叫名字。

近义词：しめい①【氏名】（名）姓名

せいめい①【姓名】（名）姓名

㊼ □ へいきん⓪【平均】（名・自他サ）平衡，均衡；平均

例　句：平均して1日6時間勉強している。/平均一天学习六小时。

品質が平均している。/质量均匀。

活　用：平均した・平均して・平均しない・平均すれば・平均します・平均しよう・平均しろ

㊽ □ ゆしゅつ⓪【輸出】（名・他サ）出口

例　句：今まで日本に輸出したことは無い。/至今没有向日本出口过。

わが国の輸出する工芸品はいずれもたいへん精巧である。/我国出口的工艺品都很精美。

活　用：輸出した・輸出して・輸出しない・輸出すれば・輸出します・輸出しよう・輸出しろ

关联词：ゆにゅう⓪【輸入】（名・他サ）进口

㊾ □ よやく⓪【予約】（名・他サ）预约；预定

例　句：雑誌の購読を予約する。/订阅杂志。

このレストランは予約する必要がある。/这家餐厅需要预约。

活　用：予約した・予約して・予約しない・予約すれば・予約します・予約しよう・予約しろ

近义词：よてい⓪【予定】（名・他サ）预定，安排

㊿ □れんしゅう⓪【練習】（名・他サ）练习；反复学习

例　句：私はバスケットボールを練習するのが好きです。/我喜欢练习（打）篮球。

英語を練習しなければいけません。/必须练习英语。

活　用：練習した・練習して・練習しない・練習すれば・練習します・練習しよう・練習しろ

近义词：べんきょう⓪【勉強】（名・自他サ）努力学习，用功；勤奋

ならう②【習う】（他五）学习；练习

巩固练习

1. 读音考查

(1)印象______ (2)栄養______ (3)漢字______

(4)家族______ (5)利用______ (6)留学______

(7)機械______ (8)気温______ (9)気分______

(10)噂______ (11)牛乳______ (12)興味______

(13)位置______ (14)意見______ (15)引き出し______

(16)会議______ (17)完成______ (18)観察______

(19)希望______ (20)共通______ (21)禁止______

(22)小説______ (23)人々______ (24)積極的______

(25)体力______ (26)値段______ (27)調子______

(28)電気__________ (29)検査__________ (30)交換__________

(31)工事__________ (32)広告__________ (33)受付__________

(34)集中__________ (35)紹介__________ (36)心配__________

(37)貯金__________ (38)名前__________ (39)平均__________

(40)輸出__________ (41)予約__________ (42)練習__________

2. 汉字检验

(1)いんしょう__________ (2)えいよう__________ (3)かんじ__________

(4)かぞく__________ (5)りよう__________ (6)りゅうがく__________

(7)きかい__________ (8)きおん__________ (9)きぶん__________

(10)うわさ__________ (11)ぎゅうにゅう__________ (12)きょうみ__________

(13)いち__________ (14)いけん__________ (15)ひきだし__________

(16)かいぎ__________ (17)かんせい__________ (18)かんさつ__________

(19)きぼう__________ (20)きょうつう__________ (21)きんし__________

(22)しょうせつ__________ (23)ひとびと__________ (24)せっきょくてき__________

(25)たいりょく__________ (26)ねだん__________ (27)ちょうし__________

(28)でんき__________ (29)けんさ__________ (30)こうかん__________

(31)こうじ__________ (32)こうこく__________ (33)うけつけ__________

(34)しゅうちゅう__________ (35)しょうかい__________ (36)しんぱい__________

(37)ちょきん__________ (38)なまえ__________ (39)へいきん__________

(40)ゆしゅつ__________ (41)よやく__________ (42)れんしゅう__________

3. 提高训练

(1) (　　)が音も意味も表わすのにたいしてひらがなとカタカナは音しか表わさない。

A. 漢語　　B. 気分　　C. 漢字　　D. 調子

(2) 1人で家にいるより、やっぱり(　　)と一緒にいるほうがじっと楽しい。

A. 兄　　B. 家族　　C. 母　　D. 父

(3) 富士山は美しいので合理的に(　　)すべきだ。

A. 利用　　B. 破壊　　C. 消える　　D. 売れる

(4) (　　)が晴れる。

A. 気候　　B. 気配　　C. 気分　　D. 気温

(5) 年内解散の(　　)が流れる。

A. 言葉　　B. 話　　C. 嘘　　D. 噂

(6) (　　)してコップを落として割ってしまった。

A. さっぱり　　B. しっかり　　C. うっかり　　D. ゆっくり

(7) (　　)はバターやチーズに加工されます。

A. 牛乳　　B. 栄養　　C. 印象　　D. 電気

(8) あの作家の本を読んで、さらに(　　)が湧いてくるでしょう。

A. 味　　B. 調子　　C. 興味　　D. 印象

(9) 私は彼の(　　)には反対だが、彼の考えていることが分からないわけではない。

A. 意見　　B. 印象　　C. 調子　　D. 講演

(10) この(　　)の第1巻は、主人公が東京を離れるところで終わっている。

A. 作文　　B. 小説　　C. 散文　　D. 日記

(11) 農産物は(　　)が安いため輸入量が急に増える。

A. 広告　　B. 調子　　C. 値段　　D. 発展

(12) この地名に鳥の(　　)がついているから、なんとなくかわいいなあと思った。

A. 名前　　B. 希望　　C. 調子　　D. 小説

(13) 電池が切れそうになったら、(　　)してください。

A. 輸出　　B. 完成　　C. 観察　　D. 交換

(14) 体の(　　)がよかったので、私は自分で起きられるようになった。

A. 名前　　B. 値段　　C. 調子　　D. 興味

(15) 目標を設定することで私は(　　)できる。

A. 禁止　　B. 検査　　C. 集中　　D. 観察

(16) 雨の日も風の日も一日も(　　)を休まずに頑張った自分はすごいと思います。

A. 練習　　B. 予約　　C. 検査　　D. 希望

(17) 彼がなかなか来なくて(　　)した。

A. 利用　　B. 予約　　C. 心配　　D. 運動

(18) 家を失った長い避難生活は我慢できないと思いますが、(　　)を失ってはいけません。

A. 検査　　B. 紹介　　C. 交換　　D. 希望

(19) 銀行に(　　)があれば、手にはお金がなくても、買いものができます。

A. 貯金　　B. 予約　　C. 紹介　　D. 受付

(20) 夜も遅いので、教室の(　　)がもう消えている。

A. 電気　　B. 気温　　C. 気分　　D. 体力

Day 11

小试牛刀

请从以下今天要学习的单词中，选出你已经认识的单词，并在横线上写出对应的词性和释义。

- ☐ 商品 ________
- ☐ 欠点 ________
- ☐ 溜まる ________
- ☐ 減る ________
- ☐ 枯れる ________
- ☐ 零す ________
- ☐ 握る ________
- ☐ 組む ________
- ☐ 小声 ________
- ☐ 溺れる ________
- ☐ 叶う ________
- ☐ 食う ________
- ☐ 畳む ________
- ☐ 情報 ________
- ☐ 曲げる ________
- ☐ 慌てる ________
- ☐ 疑う ________
- ☐ 折れる ________
- ☐ 数学 ________
- ☐ 嫌う ________
- ☐ 転ぶ ________
- ☐ 怖がる ________
- ☐ 閉じる ________
- ☐ 逃げる ________
- ☐ 伸ばす ________
- ☐ 欠席 ________
- ☐ 結婚 ________
- ☐ 見物 ________
- ☐ 残業 ________
- ☐ 就職 ________
- ☐ 洗濯 ________
- ☐ 宣伝 ________
- ☐ 想像 ________
- ☐ 卒業 ________
- ☐ 中止 ________
- ☐ 駐車 ________
- ☐ 反対 ________
- ☐ 変化 ________
- ☐ 貿易 ________
- ☐ 満足 ________
- ☐ 命令 ________
- ☐ 面接 ________
- ☐ 輸入 ________
- ☐ 紅茶 ________
- ☐ 材料 ________
- ☐ 事故 ________
- ☐ 事情 ________
- ☐ 時代 ________
- ☐ 実力 ________
- ☐ 書類 ________

词汇讲解

❶ □ しょうひん①【商品】（名）商品

例　句：その商品はカタログに載っていません。/那个商品没有记载在商品目录上。

在庫切れの商品。/没有库存的商品。

近义词：うりもの⓪【売り物】（名）商品；幌子，招牌

❷ □ けってん③【欠点】（名）缺点；短处，毛病

例　句：我々はぜひとも誤りを暴露し、欠点を批判しなければならない。/我们一定要揭露错误，批评缺点。

この文章の最大の欠点は語句によどみがあることである。/这篇文章的最大缺点是语句不通顺。

近义词：たんしょ①【短所】（名）短处，缺点

❸ □ たまる⓪【溜まる】（自五）积存，积攒，积压

例　句：5万円が溜まった。/攒了五万元。

多分ストレスが溜まっているのだと思います。/我觉得大概是压力太大。

活　用：溜まった・溜まって・溜まらない・溜まれば・溜まります・溜まろう・溜まれ

关联词：よきん⓪【預金】（名・自他サ）存钱

❹ □ へる⓪【減る】（自五）减少；磨损；饥饿

例　句：収入がどっかりと減る。/收入突然减少。

靴の底がすり減る。/鞋底磨损。

活　用：減った・減って・減らない・減れば・減ります・減ろう・減れ

近义词：げんしょう⓪【減少】（名・自他サ）减少

⑤□かれる⓪【枯れる】（自一）枯萎；老练

例　句：花は水をやらないと枯れる。/花不浇水就会枯萎。
　　　　彼は人間が枯れている。/他为人老练。

活　用：枯れた・枯れて・枯れない・枯れれば・枯れます・枯れよう・枯れろ

近义词：からす⓪【枯らす】（他五）使枯干，枯萎

⑥□こぼす②【零す】（他五）弄洒；发牢骚

例　句：お茶を零した。/把茶水弄洒了。
　　　　いくら零してもすんだことは仕方がない。/已经过去的事，怎样发牢骚都无济于事。

活　用：零した・零して・零さない・零せば・零します・零そう・零せ

关联词：もんく①【文句】（名）词句；不满，牢骚

⑦□にぎる⓪【握る】（他五）握，攥；掌握；抓住

例　句：私は彼の骨張った手を握った。/我握住了他骨瘦如柴的手。
　　　　権力を握ることができない。/无法掌握权力。

活　用：握った・握って・握らない・握れば・握ります・握ろう・握れ

关联词：あくしゅ①【握手】（名・自サ）握手

⑧□くむ①【組む】（自他五）扭打；结成伙伴；编，织；组织

11 Day

例　句：二人が四つに組んだ。/两个人扭打成一团。
　　　　皆と組んで事業をする。/和大家结成伙伴搞事业。

活　用：組んだ・組んで・組まない・組めば・組みます・組もう・組め

关联词：くみあわせ⓪【組合せ】（名）组合

⑨□こごえ⓪【小声】（名）小声，低声

例　句：この質問にある人が小声で一言答えた。/有人小声回答了一句这个问题。
　　　　彼は小声で二言三言ささやいた。/他小声嘀咕了几句。

反义词：おおごえ③【大声】（名）大声，高声

⑩ □おぼれる⓪【溺れる】（自一）溺水，淹没；沉溺，沉迷

例　句：溺れている子を救う。/救溺水的孩子。
情に溺れて判断を誤る。/为情所惑，判断失误。

活　用：溺れた・溺れて・溺れない・溺れれば・溺れます・溺れよう・溺れろ

⑪ □かなう②【叶う】（自五）能实现，能达到

例　句：私たちはあなたの夢が叶えることを祈っている。/我们祝愿你能实现梦想。
諦めなければ夢はいつか叶う。/不放弃的话梦想总有一天会实现。

活　用：叶った・叶って・叶わない・叶えば・叶います・叶おう・叶え

关联词：じつげん⓪【実現】（名・自他サ）实现

⑫ □くう①【食う】（他五）吃；咬住；叮咬；生活

例　句：酒を飲み終わってからご飯を食う。/喝完酒再吃饭。
魚がよく食う。/鱼儿经常咬钩。

活　用：食った・食って・食わない・食えば・食います・食おう・食え

近义词：たべる②【食べる】（他一）吃；生活

⑬ □たたむ⓪【畳む】（他五）折叠；合上

例　句：紙を2つに折り畳む。/把纸对折。
雨がやんだから、かさを畳もう。/雨停了，把雨伞合上吧。

活　用：畳んだ・畳んで・畳まない・畳めば・畳みます・畳もう・畳め

近义词：おれる②【折れる】（自一）折，折断；拐弯；让步

⑭ □じょうほう⓪【情報】（名）信息，情报

例　句：皆が情報を集めて状況判断をする。/大家收集情报判断情况。
ネット上に間違った情報や不適切な情報も溢れている。/网上错误的信息和不确切的信息也大量出现。

近义词：メッセージ①（名）消息；口信；贺词

⑮ □ まげる⓪【曲げる】（他一）弯曲；歪斜；歪曲

例　句：針金は一度曲げると元に戻りにくい。/铁丝弯曲一次就很难复原。
帽子を曲げてかぶる。/歪戴帽子。

活　用：曲げた・曲げて・曲げない・曲げれば・曲げます・曲げよう・曲げろ

近义词：まがる⓪【曲がる】（自五）弯曲；倾斜

⑯ □ あわてる⓪【慌てる】（自一）慌张；匆忙

例　句：彼は火がついたように慌てる。/他慌得像着火了一样。
小さい地震だから、慌てることはない。/只是小地震，不要慌。

活　用：慌てた・慌てて・慌てない・慌てれば・慌てます・慌てよう・慌てろ

近义词：あたふた①（副・自サ）急忙，匆忙

⑰ □ うたがう⓪【疑う】（他五）怀疑，疑惑；猜疑

例　句：彼らは、他に問題がないかどうか疑います。/他们怀疑有没有其他问题。
この事は近所の人々の疑いを引き起こした。/这件事引起了街坊的猜疑。

活　用：疑った・疑って・疑わない・疑えば・疑います・疑おう・疑え

关联词：うたがい⓪【疑い】（名）疑问；猜疑

⑱ □ おれる②【折れる】（自一）折，折断；拐弯；让步

例　句：ページの端が折れる。/书页折角。
あなたの細い腕が折れそうです。/你纤细的手臂好像要折断了。

活　用：折れた・折れて・折れない・折れれば・折れます・折れよう・折れろ

近义词：たたむ⓪【畳む】（他五）折叠；合上

⑲ □ すうがく⓪【数学】（名）数学

例　句：学生たちは皆懸命に数学を勉強する。/学生们都努力学习数学。
私は学生の時、数学が苦手でした。/我上学的时候，不擅长数学。

关联词：さんすう③【算数】（名）算数；计数

⑳ □ きらう⓪【嫌う】（他五）讨厌，厌恶；忌讳

例　句：彼女は皆に嫌われている。/大家都讨厌她。

病院では「四」の字を嫌う。/医院忌讳“四”字。

活　用：嫌った・嫌って・嫌わない・嫌えば・嫌います・嫌おう・嫌え

㉑ □ ころぶ⓪【転ぶ】（自五）跌倒；滚动

例　句：道はたいへん滑りやすくて、ちょっと油断すると転ぶ。/路很滑，一不小心就会摔倒。

石につまずいて転んだ。/被石头绊倒了。

活　用：転んだ・転んで・転ばない・転べば・転びます・転ぼう・転べ

近义词：ころがる⓪【転がる】（自五）滚动；倒下，躺下

㉒ □ こわがる③【怖がる】（自五）害怕

例　句：何も怖がる事はない。/没什么可怕的。

あなたたちは間違いを怖がるべきではありません。/你们不应该害怕犯错。

活　用：怖がった・怖がって・怖がらない・怖がれば・怖がります・怖がろう・怖がれ

近义词：おそれる③【恐れる】（自一）害怕；担心

㉓ □ とじる②【閉じる】（自他一）关闭；结束

例　句：店を閉じる。/关闭店铺。

はなやかなフィナーレで幕を閉じる。/以华丽的最后一场闭幕。

活　用：閉じた・閉じて・閉じない・閉じれば・閉じます・閉じよう・閉じろ

近义词：とざす②【閉ざす】（他五）关闭，封闭

㉔ □ にげる②【逃げる】（自一）逃走；逃避

例　句：ここから逃げる。/从这里逃走。

困難から逃げてはいけない。/不应逃避困难。

活　用：逃げた・逃げて・逃げない・逃げれば・逃げます・逃げよう・逃げろ

近义词：のがれる③【逃れる】（自一）逃跑，逃走

㉕ □ のばす②【伸ばす】（他五）伸长；伸展；发展

例　句：三日間伸ばす。/延长三天。

成熟市場において売り上げを伸ばすことは困難である。/在成熟市场中很难提高销售额。

活　用：伸ばした・伸ばして・伸ばさない・伸ばせば・伸ばします・伸ばそう・伸ばせ

近义词：のびる②【伸びる】（自一）伸长；舒展；扩大，发展

㉖ □ けっせき⓪【欠席】（名・自サ）缺席

例　句：お返事がなかったため欠席として扱われております。/因为没有回复，所以视作缺席。

来週は予定があるので欠席します。/ 我下周有安排，所以缺席。

活　用：欠席した・欠席して・欠席しない・欠席すれば・欠席します・欠席しよう・欠席しろ

㉗ □ けっこん⓪【結婚】（名・自サ）结婚

例　句：あなた方はなるべく早く結婚すべきだ。/你们应该尽早结婚。

私は彼と結婚することになりました。/我决定和他结婚了。

活　用：結婚した・結婚して・結婚しない・結婚すれば・結婚します・結婚しよう・結婚しろ

关联词：りこん⓪【離婚】（名・自サ）离婚

㉘ □ けんぶつ⓪【見物】（名・他サ）参观，游览

例　句：花火の見物に行く。/去看烟花。

高見の見物を決め込む。/袖手旁观。

活　用：見物した・見物して・見物しない・見物すれば・見物します・見物しよう・見物しろ

近义词：あそぶ⓪【遊ぶ】（自五）玩；游荡，不务正业；游历，游学

㉙ □ ざんぎょう⓪【残業】（名・自サ）加班

例　句：今日は残業がなかったので楽でした。/今天没加班，很轻松。

彼らはしばしば遅くまで残業しなければならない。/他们常常被迫加班到很晚。

活　用：残業した・残業して・残業しない・残業すれば・残業します・残業しよう・残業しろ

㉚ □ しゅうしょく⓪【就職】（名・自サ）就职，就业

例　句：何年何月に就職したかをはっきりお書きください。/请写清楚是哪年哪月就业的。

就職は卒業生にとって大きな悩みだ。/就业是毕业生的一大烦恼。

活　用：就職した・就職して・就職しない・就職すれば・就職します・就職しよう・就職しろ

㉛ □ せんたく⓪【洗濯】（名・他サ）洗涤

例　句：この服は洗濯が必要です。/这件衣服需要洗。

日曜日には家で洗濯します。/星期天在家洗衣服。

活　用：洗濯した・洗濯して・洗濯しない・洗濯すれば・洗濯します・洗濯しよう・洗濯しろ

近义词：あらう⓪【洗う】（他五）洗涤；查清

㉜ □ せんでん⓪【宣伝】（名・自他サ）宣传

例　句：宣伝の重要任務は人心を獲得することである。/宣传的重要任务是争取人心。

一般の人々に法律的知識を宣伝しなければならない。　/要向群众宣传法律知识。

活　用：宣伝した・宣伝して・宣伝しない・宣伝すれば・宣伝します・宣伝しよう・宣伝しろ

关联词：つたえる⓪【伝える】（他一）传达；传授；让给；传导

㉝ □ そうぞう⓪【想像】（名・他サ）想象

例　句：私の想像以上に彼らは積極的だった。/他们比我想象得还要积极。

それを想像するだけでとても怖いです。/光是想象那个就很恐怖。

活　用：想像した・想像して・想像しない・想像すれば・想像します・想像しよう・想像しろ

㉞ □そつぎょう⓪【卒業】（名・自サ）毕业

例　句：卒業論文を書かないと卒業できない。/不写毕业论文就无法毕业。

小学校を卒業する。/小学毕业。

活　用：卒業した・卒業して・卒業しない・卒業すれば・卒業します・卒業しよう・卒業しろ

关联词：そつぎょうしき③【卒業式】（名）毕业典礼

㉟ □ちゅうし⓪【中止】（名・他サ）中止

例　句：卓球の試合を中止する。/中止乒乓球比赛。

彼は旅行をやむなく中止した。/他不得已中止了旅行。

活　用：中止した・中止して・中止しない・中止すれば・中止します・中止しよう・中止しろ

关联词：おわる⓪【終わる】（自他五）完毕，结束；死亡

㊱ □ちゅうしゃ⓪【駐車】（名・自サ）停车

例　句：北側駐車場を駐車禁止としますので、ご協力ください。/北侧停车场禁止停车，请配合。

ここには駐車できません。/此处禁止停车。

活　用：駐車した・駐車して・駐車しない・駐車すれば・駐車します・駐車しよう・駐車しろ

关联词：ちゅうしゃじょう⓪【駐車場】（名）停车场

㊲ □はんたい⓪【反対】（名・ナ形・自サ）相反；颠倒；反对

例　句：上下が反対になっている。/上下颠倒。

彼ははっきりとこの提案に反対を表明した。/他明确表示反对这个建议。

活　用：反対した・反対して・反対しない・反対すれば・反対します・反対しよう・反対しろ

反义词：さんせい⓪【賛成】（名・自サ）赞成，同意

㊳ □ へんか①【変化】（名・自サ）变化，变更

例　句：計画は状況の変化に伴って変化しなければならない。/计划要随着情况的变化而变更。

私たちはその変化を無視することができない。/我们不能无视那个变化。

活　用：変化した・変化して・変化しない・変化すれば・変化します・変化しよう・変化しろ

近义词：かわる⓪【変わる】（自五）变化；改变

㊴ □ ぼうえき⓪【貿易】（名・自サ）贸易

例　句：双方が民間団体の名義で貿易の相談をする。/双方以民间团体的名义商谈贸易。

両国の代表は北京で貿易交渉を行なった。/两国代表在北京进行了贸易谈判。

活　用：貿易した・貿易して・貿易しない・貿易すれば・貿易します・貿易しよう・貿易しろ

㊵ □ まんぞく①【満足】（名・ナ形・自他サ）圆满，完美；满足，满意；解，符合

例　句：これは満足な答えです。/这是个圆满的答复。

その結果を見て、満足した。/看到结果，我很满意。

活　用：満足した・満足して・満足しない・満足すれば・満足します・満足しよう・満足しろ

近义词：みたす②【満たす】（他五）满足；填满，充满

㊶ □ めいれい⓪【命令】（名・他サ）命令

例　句：兵士たちは列車に乗るよう命令を受けた。/战士们接到了乘火车的命令。

隊長は彼に帽子をとるよう命令した。/队长命令他摘下帽子。

活　用：命令した・命令して・命令しない・命令すれば・命令します・

命令しよう・命令しろ

近义词：めいじる⓪【命じる】（他一）命令，任命

㊷ □ めんせつ⓪【面接】（名・自サ）面试，接见

例　句：会社で人を採用するときは面接をする。/公司录用人的时候要进行面试。

ひとりの男が社長に面接をもとめた。/一位男士要求面见经理。

活　用：面接した・面接して・面接しない・面接すれば・面接します・面接しよう・面接しろ

关联词：めんかい⓪【面会】（名・自サ）会见，会面

㊸ □ ゆにゅう⓪【輸入】（名・他サ）进口

例　句：私たちは外国からの石油の輸入を減らすべきである。/我们应该减少从外国进口石油。

中国から茶葉や茶器を日本に輸入し販売する。/从中国进口茶叶和茶具到日本销售。

活　用：輸入した・輸入して・輸入しない・輸入すれば・輸入します・輸入しよう・輸入しろ

关联词：ゆしゅつ⓪【輸出】（名・他サ）出口

㊹ □ こうちゃ⓪【紅茶】（名）红茶

例　句：紅茶は熱すぎて飲めません。/红茶太热了，喝不了。

飲み物では紅茶が一番好きです。/我最喜欢的饮品是红茶。

关联词：りょくちゃ⓪【緑茶】（名）绿茶

㊺ □ ざいりょう③【材料】（名）材料，原料；研究资料；文艺题材

例　句：よりよい材料を選ぶ。/选择更好的材料。

材料を集めて、論文を書く。/收集材料写论文。

近义词：しりょう①【資料】（名）资料

㊻ □ じこ①【事故】（名）事故

例　句：この度の事故の損失を低く評価してはいけない。/不能低估这次

事故的损失。

事故を未然に防ぐ。/防患于未然。

近义词：アクシデント①（名）（意外）事件，事故

㊼ □ じじょう⓪【事情】（名）情形，情况；理由，缘故

例　句：国内では事情が違う。/国内的情形不同。

事情があって欠席する。/因故缺席。

近义词：つごう⓪【都合】（名・他サ）关系，情况；障碍；安排，筹划

ぐあい⓪【具合】（名）情况，状态；方便，合适

㊽ □ じだい⓪【時代】（名）时代

例　句：時代のトップを切る。/走在时代的前头。

技術は時代の流れによって新しくなる。/技术随着时代的发展而更新。

关联词：じだいげき②【時代劇】（名）历史剧

じき①【時期】（名）时期，时候；季节

㊾ □ じつりょく⓪【実力】（名）实力；武力

例　句：彼らは実力の格差が激しいため試合に負けた。/他们因为实力悬殊而输掉了比赛。

実力を発揮する。/发挥实力。

近义词：ぶりょく①【武力】（名）武力

㊿ □ しょるい⓪【書類】（名）文件

例　句：この書類とその書類が合っているか確認したい。/我想确认这个文件和那个文件是否相符。

あなたに送る書類の封筒の中に、彼宛ての書類を同封しました。/我在给你文件的信封里附了给他的文件。

关联词：しりょう①【資料】（名）资料

巩固练习

1. 读音考查

(1)商品________ (2)欠点________ (3)溜まる________

(4)減る________ (5)枯れる________ (6)零す________

(7)握る________ (8)組む________ (9)小声________

(10)溺れる________ (11)叶う________ (12)食う________

(13)畳む________ (14)情報________ (15)曲げる________

(16)慌てる________ (17)疑う________ (18)折れる________

(19)数学________ (20)嫌う________ (21)転ぶ________

(22)怖がる________ (23)閉じる________ (24)逃げる________

(25)伸ばす________ (26)欠席________ (27)結婚________

(28)見物________ (29)残業________ (30)就職________

(31)洗濯________ (32)宣伝________ (33)想像________

(34)卒業________ (35)中止________ (36)駐車________

(37)反対________ (38)変化________ (39)貿易________

(40)満足________ (41)命令________ (42)面接________

(43)輸入________ (44)紅茶________ (45)材料________

(46)事故________ (47)事情________ (48)時代________

(49)実力________ (50)書類________

2. 汉字检验

(1)しょうひん________ (2)けってん________ (3)たまる________

(4)へる________ (5)かれる________ (6)こぼす________

(7)にぎる________ (8)くむ________ (9)こごえ________

(10)おぼれる________ (11)かなう________ (12)くう________

(13)たたむ________ (14)じょうほう ________ (15)まげる________

(16)あわてる________ (17)うたがう ________ (18)おれる________

(19)すうがく________ (20)きらう________ (21)ころぶ ________

(22)こわがる ________ (23)とじる________ (24)にげる________

(25)のばす ________ (26)けっせき ________ (27)けっこん________

(28)けんぶつ________ (29)ざんぎょう ________ (30)しゅうしょく________

(31)せんたく________ (32)せんでん________ (33)そうぞう________

(34)そつぎょう________ (35)ちゅうし________ (36)ちゅうしゃ________

(37)はんたい ________ (38)へんか ________ (39)ぼうえき ________

(40)まんぞく ________ (41)めいれい ________ (42)めんせつ ________

(43)ゆにゅう ________ (44)こうちゃ________ (45)ざいりょう________

(46)じこ________ (47)じじょう________ (48)じだい________

(49)じつりょく________ (50)しょるい________

3. 提高训练

(1) 人の長所を学び、わが身の(　　)を克服する。

A. 欠点　B. 実力　C. 性格　D. 利点

(2) 花は水をやらないと(　　)。

A. 曲げる　B. 溺れる　C. 枯れる　D. 折れる

(3) 地球が丸いのは(　　)余地のない事実だ。

A. 転ぶ　B. 疑う　C. 消える　D. 減る

(4) 夢が(　　)。

A. 疑う　B. 溺れる　C. 叶う　D. 食う

(5) 皆が出席したのに、彼だけが(　　)した。

A. 結婚　B. 欠席　C. 残業　D. 中止

(6) 太郎が大学を(　　)したことは母から父に伝えられた。

A. 欠席　B. 宣伝　C. 想像　D. 卒業

(7) たとえ(　　)人が多くても、正しいと信じることは、はっきりと主張しよう。

A. 反対する　B. 変化する　C. 満足する　D. 欠席する

(8) (　　)では、話し方はもちろん、服装にも気をつける必要がある。

A. 面接　B. 中止　C. 材料　D. 貿易

(9) 運転に気をつけて、(　　)を起こさないように。

A. 事件　B. 事情　C. 故障　D. 事故

(10) 今の時代はとても(　　)が大きい。

A. 残業　B. 変化　C. 輸入　D. 宣伝

(11) 平らな道を歩いているのにどうして(　　)ことができるのか。

A. 転ぶ　B. 折れる　C. 曲げる　D. 慌てる

(12) 未来の科学がどれほど発達するか、(　　)もできません。

A. 想像　B. 希望　C. 就職　D. 宣伝

(13) いま(　　)したら、午後には乾くでしょう。

A. 輸出　B. 完成　C. 洗濯　D. 交換

(14) これは(　　)であって、冗談ではない。

A. 事情　B. 情報　C. 命令　D. 興味

(15) 政府はこれらの(　　)を制限するたびに関税をかけます。

A. 輸入　B. 検査　C. 時代　D. 事故

(16) ジョンさんはA社に(　　)が決まったそうです。

A. 残業　B. 予約　C. 検査　D. 就職

(17) 今度の選挙では、(　　)も人気もある若い候補者が勝つに決まっている。

A. 情報　B. 実力　C. 命令　D. 運命

(18) 津波が心配なのでより高いところに(　　)。

A. 逃げる　B. 閉じる　C. 組む　D. 溺れる

(19) (　　)で話しなさい！彼らは皆昼寝している。

A. 喉　B. 口　C. 大声　D. 小声

(20) 台風の影響により発表会は(　　)となりました。

A. 反対　B. 変化　C. 宣伝　D. 中止

Day 12

小试牛刀

请从以下今天要学习的单词中，选出你已经认识的单词，并在横线上写出对应的词性和释义。

- ☐ 石油 ________
- ☐ 先輩 ________
- ☐ 専門 ________
- ☐ 相手 ________
- ☐ 代金 ________
- ☐ 台所 ________
- ☐ 大勢 ________
- ☐ 大声 ________
- ☐ 中身 ________
- ☐ 電子 ________
- ☐ 電池 ________
- ☐ 同級生 ________
- ☐ 農業 ________
- ☐ 番号 ________
- ☐ 部長 ________
- ☐ 物価 ________
- ☐ 文句 ________
- ☐ 辺り ________
- ☐ 歩道 ________
- ☐ 方向 ________
- ☐ 目標 ________
- ☐ 容器 ________
- ☐ 様子 ________
- ☐ 料金 ________
- ☐ 冷蔵庫 ________
- ☐ 列車 ________
- ☐ 手伝う ________
- ☐ 騒ぐ ________
- ☐ 足りる ________
- ☐ 当たる ________
- ☐ 割れる ________
- ☐ 回す ________
- ☐ 加える ________
- ☐ 燃える ________
- ☐ 破れる ________
- ☐ 捕まえる ________
- ☐ 話し合う ________
- ☐ 家賃 ________
- ☐ 絵画 ________
- ☐ 楽器 ________
- ☐ 血液 ________
- ☐ 原料 ________
- ☐ 玄関 ________
- ☐ アクセス ________
- ☐ アドレス ________
- ☐ アナウンス ________
- ☐ イメージ ________
- ☐ ストップ ________
- ☐ チェンジ ________
- ☐ プログラム ________

词汇讲解

❶ □ せきゆ⓪【石油】（名）石油

例　句：この会社は同国の石油市場を独占した。/这家公司垄断了该国的石油市场。

わが国の石油工業は空前の速度で発展しつつある。/我国的石油工业正以空前的速度持续发展。

❷ □ せんぱい⓪【先輩】（名）先辈，前辈

例　句：そして、先輩達とたくさん話せるようになりました。/然后，我和前辈们说了很多话。

先輩の方々のご指導のおかげです。/多亏了前辈们的指导。

近义词：せんだつ①【先達】（名）前辈；先导，向导

❸ □ せんもん⓪【専門】（名）专门，专业，专长

例　句：私は遺伝工学を専門に研究する。/我专门研究遗传工程学。

輸入食料品を専門に売る店。/专门卖进口食品的店。

关联词：せんもんか⓪【専門家】（名）专家

❹ □ あいて③【相手】（名）伙伴；对象；对手，对方

例　句：私には相談相手がいない。/我没有可以商量的对象。

彼女の言う言葉は相手を安心させる。/她的话让对方安心。

近义词：なかま③【仲間】（名）伙伴，朋友

みかた⓪【味方】（名）我方；伙伴，朋友

❺ □ だいきん⓪【代金】（名）货款

例　句：商品代金の支払いを行う。/支付商品的货款。

ご満足いただけない場合には代金をお戻し致します。/如果不满意，将退还货款。

关联词：かもつ①【貨物】（名）货物，行李

⑥ □ だいどころ⓪【台所】（名）厨房；家计

例　句：彼女は台所からとても熱いコーヒーを一杯持って出て来た。/她端着一杯热咖啡从厨房出来了。

台所を預かるのは簡単ではない。/掌管家计不容易。

近义词：キッチン①（名）厨房

かけい⓪【家計】（名）家计

⑦ □ おおぜい③【大勢】（名）许多人，很多人

例　句：大勢の友達。/许多朋友。

大勢の前に立つ。/站在众人面前。

⑧ □ おおごえ③【大声】（名）大声，高声

例　句：大声でケンカしている人を街で見かける。/在街上看到大声吵架的人。

大声と騒音を止めてください。/请停止大声喧哗和发出噪声。

反义词：こごえ⓪【小声】（名）小声，低声

⑨ □ なかみ②【中身】（名）内容

例　句：トランクの中身を調べる。/检查皮箱里面的东西。

彼の演説には、全く中身がない。/他的演说全无内容。

近义词：ないよう⓪【内容】（名）内容

⑩ □ でんし①【電子】（名）电子

例　句：ある程度の電子伝導と関わっている。/与某种程度的电子传导有关。

彼はその本を電子書籍にしたい。/他想把那本书做成电子书。

关联词：でんしレンジ④【電子レンジ】（名）微波炉

⑪ □ でんち⓪【電池】（名）电池

例　句：電池は、私たちの生活で広く利用されている。/电池在我们的生活中被广泛使用。

この電池がいつ生産されたかを教えてください。/请告诉我这个电池是什么时候生产的。

近义词：バッテリー①（名）电池；蓄电池

⑫ □ どうきゅうせい③【同級生】（名）同级生，同学

例　句：同級生たちは明日のピクニックのことについて相談しています。/同学们正在讨论关于明天野餐的事。

同級生たちは時間どおりに学校に到着できる。/同学们可以准时到校。

近义词：クラスメート④（名）同班生，同学

⑬ □ のうぎょう①【農業】（名）农业

例　句：土壌の大量流失は農業の減産を招いた。/土壤的大量流失导致农业减产。

彼らは農業の技術改造を強調する。/他们强调农业的技术改造。

关联词：のうか①【農家】（名）农户，农民

⑭ □ ばんごう③【番号】（名）号码

例　句：この番号は当店専用の管理番号となります。/这个号码是本店专用的管理号码。

番号はくれぐれもお間違えのないようにご注意ください。/请注意千万不要弄错号码。

关联词：でんわばんごう④【電話番号】（名）电话号码

⑮ □ ぶちょう⓪【部長】（名）部长

例　句：部長は来週我々に会見することを約束した。/部长约好了下周会见我们。

この度、鈴木さんの後任として部長に就任いたしました田中です。/我是这次接替铃木先生担任部长的田中。

关联词：かちょう⓪【課長】（名）科长

⑯ □ ぶっか⓪【物価】（名）物价

例　句：物価の高騰はとどまるところを知らない。/物价飞涨，无休无止。

石油危機は世界中で物価の高騰をもたらした。/石油危机导致世界物价高涨。

关联词：ねだん⓪【値段】（名）价格，价钱

かかく⓪【価格】（名）价格，价钱

⑰ □ もんく①【文句】（名）词句；不满，牢骚

例　句：歌の文句を覚える。/记住歌词。

文句を言う。/发牢骚。

关联词：こぼす②【零す】（他五）弄洒；发牢骚

⑱ □ あたり①【辺り】（名）附近；周围

例　句：この辺りの気温が高いのはヒートアイランド現象のせいだ。/这附近的气温高是因为热岛现象。

この辺りでは平均的な住宅は5000万円はする。/这附近的房子均价5000万日元。

近义词：まわり⓪【周り】（名）周围，四周

しゅうい①【周囲】（名）周围，四周；环境

⑲ □ ほどう⓪【歩道】（名）人行道

例　句：歩道に自転車を止めておいてはいけない。/不能在人行道上停自行车。

私はゆっくり歩道を歩きます。/我慢慢地走在人行道上。

近义词：じんどう⓪【人道】（名）人行道

⑳ □ ほうこう⓪【方向】（名）方向

例　句：彼に人生の方向を示す。/为他指明人生的方向。

この方向に沿って考えなければならない。/必须沿着这个方向思考。

近义词：むき①【向き】（名）方向；适合；倾向

㉑ □ もくひょう⓪【目標】（名）目标

例　句：彼が私に目標を変更したほうがいいと言った。/他对我说，最好改变目标。

早起きを毎日の目標にする。/把早起作为每天的目标。

近义词：ゴール①（名）终点，目标

㉒ □ようき①【容器】（名）容器

例　句：製品は指定の容器に入れられます。/产品被放入指定的容器。

容器には勝手に開封のできないふたがついていた。/容器上有无法随便打开的盖子。

近义词：いれもの⓪【入れ物】（名）容器

㉓ □ようす⓪【様子】（名）情况，样子；神态；迹象

例　句：カーテンの透き間から中の様子をうかがう。/从窗帘缝里窥视里头的动静。

この部屋は様子がすっかり変わった。/这个房间的样子完全变了。

近义词：じょうせい⓪【情勢】（名）情势，形势

㉔ □りょうきん①【料金】（名）费用

例　句：この料金に朝食は含まれますか。/这个费用包含早餐吗？

料金を払う。/支付费用。

近义词：ひよう①【費用】（名）费用

㉕ □れいぞうこ③【冷蔵庫】（名）冰箱

例　句：我が家の冷蔵庫と洗濯機が同時に壊れた。/我家的冰箱和洗衣机同时坏了。

冷蔵庫の中の食べ物は自由に食べて構わないです。/冰箱里的食物可以随便吃。

㉖ □れっしゃ⓪【列車】（名）列车，火车

例　句：私は遠ざかり行く列車を頭を上げて眺めていた。/我抬头望向远去的火车。

列車に乗る。/乘火车。

近义词：きしゃ②【汽車】（名）火车

㉗ □ てつだう③【手伝う】（自他五）由于，再加上；帮助，帮忙

例　句：家事を手伝う。/帮忙做家务。

手伝ってもらいませんか。/可以帮下忙吗?

活　用：手伝った・手伝って・手伝わない・手伝えば・手伝います・手伝おう・手伝え

近义词：たすける③【助ける】（他一）帮助；救助

㉘ □ さわぐ②【騒ぐ】（自五）吵嚷；慌张；吹捧

例　句：酒を飲んで大いに騒ぐ。/喝了酒胡闹。

今になって騒いでも始まらない。/到现在慌张也没用了。

活　用：騒いだ・騒いで・騒がない・騒げば・騒ぎます・騒ごう・騒げ

关联词：さわぎ①【騒ぎ】（名）吵闹；轰动一时的事件；骚乱

㉙ □ たりる⓪【足りる】（自一）足，够；值得

例　句：2つの板を継ぎ合わせると、大きさは足りる。/接合两块板子，大小就够了。

五万円あれば足りる。/有五万日元的话就够了。

活　用：足りた・足りて・足りない・足りれば・足ります・足りよう・足りろ

近义词：たる⓪【足る】（自五）足，够；值得；满足

㉚ □ あたる⓪【当たる】（自他五）碰上，撞上；命中；抵挡；适值，正当；刮；磨

例　句：ボールが顔に当たった。/被球打中了脸。

今日の天気予報は当たらなかった。/今天的天气预报不准。

活　用：当たった・当たって・当たらない・当たれば・当たります・当たろう・当たれ

近义词：めいちゅう⓪【命中】（名・自サ）命中

㉛ □ われる⓪【割れる】（自一）破碎；裂开；分散

例　句：皿がガチャンと床に落ちて割れてしまった。/盘子哐当一声掉在地上摔碎了。

日照り続きで地面が割れた。/久旱不雨，地面干裂了。

活　用：割れた・割れて・割れない・割れれば・割れます・割れよう・割れろ

近义词：わる⓪【割る】（自他五）切开；打碎；分配；低于

㉜ □ まわす⓪【回す】（他五）转动；传递；调职

例　句：万華鏡の模様は回すと変わっていきます。/万花筒的花纹一转动就会改变。

この荷物を小売り部門に回す。/把这件货物转到零售部门。

活　用：回した・回して・回さない・回せば・回します・回そう・回せ

近义词：まわる⓪【回る】（自五）旋转；传递；绕弯

㉝ □ くわえる③【加える】（他一）添加；施加，给予

例　句：2に3を加えると5になる。/二加三等于五。

敵に手痛い打撃を加える。/给予敌人沉重的打击。

活　用：加えた・加えて・加えない・加えれば・加えます・加えよう・加えろ

近义词：くわわる⓪【加わる】（自五）加上，添加；参加，加入

㉞ □ もえる⓪【燃える】（自一）燃烧，着火；鲜明，耀眼

例　句：燃えるごみの中に缶を入れてはいけません。/不能把金属罐放在可燃垃圾里。

私の車は燃えるような色をしている。/我的车是火红的颜色。

活　用：燃えた・燃えて・燃えない・燃えれば・燃えます・燃えよう・燃えろ

近义词：もやす⓪【燃やす】（他五）燃烧

㉟ □ やぶれる③【破れる】（自一）破损；破坏；败北

例　句：物価と賃金の均衡が破れる。/物价和工资的平衡被破坏。

交渉が破れる。/谈判破裂。

活　用：破れた・破れて・破れない・破れれば・破れます・破れよう・破れろ

近义词：やぶる②【破る】（他五）破坏；打败

㊱ □つかまえる⓪【捕まえる】（他一）捉，拿

例　句：犯人を捕まえる。/捉拿犯人。

動物を捕まえるために落とし穴を掘る。/为了捕捉动物而挖陷阱。

活　用：捕まえた・捕まえて・捕まえない・捕まえれば・捕まえます・捕まえよう・捕まえろ

近义词：とらえる③【捉える】（他一）捉，拿；抓牢，抓紧；掌握

㊲ □はなしあう④【話し合う】（自五）交谈；商量

例　句：将来の夢を話し合う。/谈谈将来的理想。

仕事の計画について話し合う。/就工作计划进行商议。

活　用：話し合った・話し合って・話し合わない・話し合えば・話し合います・話し合おう・話し合え

近义词：そうだん⓪【相談】（名・他サ）商量；商谈

㊳ □やちん①【家賃】（名）房租

例　句：家賃と保証金を支払わなくて良い。/可以不支付房租和保证金。

今月の家賃を支払いました。/我支付了本月的房租。

近义词：へやだい⓪【部屋代】（名）房租

㊴ □かいが①【絵画】（名）绘画

例　句：この博物館は主として絵画を展覧している。/这个博物馆主要展览绘画（作品）。

彼は絵画理論を詳しく研究する。/他精研绘画理论。

关联词：えがく②【描く】（他五）想象；描绘

㊵ □がっき⓪【楽器】（名）乐器

例　句：残念ながら、私はどの楽器も演奏できません。/很遗憾，我不会演奏任何乐器。

私はこの楽器がどうしても欲しいです。/我无论如何都想要这个乐器。

近义词：なりもの⓪【鳴り物】（名）乐器

㊶ □ けつえき②【血液】（名）血液

例　句：午前中だけでは血液検査を終えられない。/只是一上午的话，血液检查没法结束。

これは血液の流れを良くする薬です。/这个是改善血液循环的药。

近义词：ち⓪【血】（名）血液；血统

㊷ □ げんりょう③【原料】（名）原料

例　句：原料はお湯で温めて溶かしてから、使用する。/原料用热水加热溶解后再使用。

原料検査の内容と結果を教えてください。/请告诉我原料检查的内容和结果。

近义词：ざいりょう③【材料】（名）材料，原料；研究资料；文艺题材

㊸ □ げんかん①【玄関】（名）正门，大门

例　句：まず、玄関に入るとすぐ左手にバスルームがあります。/首先，一进门左手边就有浴室。

その花は私の家の玄関の前に咲いています。/那朵花开在我家门前。

近义词：せいもん⓪【正門】（名）正门，前门

㊹ □ アクセス①（名・自サ）利用；存取，访问；检索方法

例　句：データベースにアクセスする。/访问数据库。

半年ぶりにこのサイトにアクセスしました。/时隔半年访问了这个网站。

活　用：アクセスした・アクセスして・アクセスしない・アクセスすれば・アクセスします・アクセスしよう・アクセスしろ

近义词：りよう⓪【利用】（名・他サ）利用，使其发挥作用

㊺ □ アドレス①（名）住址；地址

例　句：アドレスが書かれたカードを失くしました。/弄丢了写有地址的卡片。

サービスに関するご質問は下記アドレスへお寄せください。/服务相关的问题请发送到以下地址。

近义词：じゅうしょ①【住所】（名）住址，住所

㊻ □アナウンス②（名・他サ）广播；报告；通知

例　句：飛行機の到着がアナウンスされた。/广播通知了飞机到达的消息。

ニュースをアナウンスする。/播报新闻。

活　用：アナウンスした・アナウンスして・アナウンスしない・アナウンスすれば・アナウンスします・アナウンスしよう・アナウンスしろ

㊼ □イメージ②（名）形象，印象

例　句：イメージが具体的であればあるほど、強いパワーが生まれる。/形象越具体，越能产生强大的力量。

もう少し華やかなイメージを追加できればと考えています。/希望能再添加一些华丽的形象。

近义词：いんしょう⓪【印象】（名）印象

㊽ □ストップ②（名・自サ）停止，中止

例　句：緊急メンテナンスのため現在稼動はストップしています。/因紧急维护，现在停止运转。

話はそこでストップした。/话说到那里就停下了。

活　用：ストップした・ストップして・ストップしない・ストップすれば・ストップします・ストップしよう・ストップしろ

近义词：ちゅうし⓪【中止】（名・他サ）中止

㊾ □チェンジ①（名・自他サ）兑换；交换，更换

例　句：10元札を小銭にチェンジする。/把十元纸币换成零钱。

我々は主力商品のモデルチェンジを来年に予定している。/我们计划明年更换主力商品。

活　用：チェンジした・チェンジして・チェンジしない・チェンジすれば・チェンジします・チェンジしよう・チェンジしろ

50 □ プログラム③（名）程序；项目；节目

例　句：いつからプログラムを書き換え始めることができますか。/什么时候可以开始重写程序?

あるクライアントから新規プログラムの相談を受けました。/我从某个客户那里接受了新项目的咨询。

近义词：ばんぐみ⓪【番組】（名）节目

巩固练习

1. 读音考查

(1)石油＿＿＿＿	(2)先輩＿＿＿＿	(3)専門＿＿＿＿
(4)相手＿＿＿＿	(5)代金＿＿＿＿	(6)台所＿＿＿＿
(7)大勢＿＿＿＿	(8)大声＿＿＿＿	(9)中身＿＿＿＿
(10)電子＿＿＿＿	(11)電池＿＿＿＿	(12)同級生＿＿＿＿
(13)農業＿＿＿＿	(14)番号＿＿＿＿	(15)部長＿＿＿＿
(16)物価＿＿＿＿	(17)文句＿＿＿＿	(18)辺り＿＿＿＿
(19)歩道＿＿＿＿	(20)方向＿＿＿＿	(21)目標＿＿＿＿
(22)容器＿＿＿＿	(23)様子＿＿＿＿	(24)料金＿＿＿＿
(25)冷蔵庫＿＿＿＿	(26)列車＿＿＿＿	(27)手伝う＿＿＿＿
(28)騒ぐ＿＿＿＿	(29)足りる＿＿＿＿	(30)当たる＿＿＿＿
(31)割れる＿＿＿＿	(32)回す＿＿＿＿	(33)加える＿＿＿＿
(34)燃える＿＿＿＿	(35)破れる＿＿＿＿	(36)捕まえる＿＿＿＿
(37)話し合う＿＿＿＿	(38)家賃＿＿＿＿	(39)絵画＿＿＿＿
(40)楽器＿＿＿＿	(41)血液＿＿＿＿	(42)原料＿＿＿＿

(43)玄関 ____________

2. 汉字检验

(1)せきゆ____________ (2)せんぱい__________ (3)せんもん _________

(4)あいて___________ (5)だいきん__________ (6)だいどころ________

(7)おおぜい_________ (8)おおごえ__________ (9)なかみ____________

(10)でんし__________ (11)でんち___________ (12)どうきゅうせい__

(13)のうぎょう______ (14)ばんごう_________ (15)ぶちょう_________

(16)ぶっか__________ (17)もんく___________ (18)あたり___________

(19)ほどう__________ (20)ほうこう_________ (21)もくひょう_______

(22)ようき__________ (23)ようす___________ (24)りょうきん_______

(25)れいぞうこ ______ (26)れっしゃ _________ (27)てつだう_________

(28)さわぐ__________ (29)たりる ___________ (30)あたる___________

(31)われる__________ (32)まわす___________ (33)くわえる_________

(34)もえる__________ (35)やぶれる_________ (36)つかまえる_______

(37)はなしあう_______ (38)やちん ___________ (39)かいが __________

(40)がっき__________ (41)けつえき _________ (42)げんりょう ______

(43)げんかん ________

12
Day

3. 提高训练

(1) 若い教授と比較すれば、彼はやはり(　　)である。

A. 同級生　　B. 先輩　　C. 学生　　D. 医者

(2) 私は遺伝工学を(　　)に研究する。

A. 専門　　B. 大勢　　C. 様子　　D. 血液

(3) 礼儀としてではなく、(　　)の気持ちを考えて物を贈ると、その心は伝わります。

A. 相手　　B. 自分　　C. 自身　　D. 自己

(4) トランクの(　　)を調べるのは必要だ。

A. 様子　　B. 中身　　C. 番号　　D. 辺り

(5) 私が(　　)ことができることがあれば、何でもします。

A. 足りる　　B. 話し合う　　C. 手伝う　　D. 当たる

(6) 地下から地上へ出ようとした時、(　　)が分からなくなる。

A. 様子　　B. 方向　　C. 物価　　D. 番号

(7) 今は、明確な将来の(　　)もできて、充実しています。

A. 番号　　B. 目標　　C. 様子　　D. 専門

(8) このお金は君が一学期間使うのに(　　)。

A. 足りる　　B. 当たる　　C. 燃える　　D. 手伝う

(9) 山田はみんなが(　　)ほど優秀ではない。

A. 話し合う　　B. 捕まえる　　C. 回す　　D. 騒ぐ

(10) アパートの(　　)が不当に高いと思う。

A. 家賃　　B. 代金　　C. 貯金　　D. 借金

(11) 石油危機は世界中で(　　)の高騰をもたらした。

A. 値段　　B. 借金　　C. 物価　　D. 家賃

(12) 訳文を原文に照らし合わせて修正を(　　)。

A. 燃える　　B. 回す　　C. 加える　　D. 捕まえる

(13) 石油は工業の重要な(　　)である。

A. 血液　　B. 楽器　　C. 大勢　　D. 台所

(14) ガソリンは火に触れるとすぐに(　　)。

A. 足りる　　B. 当たる　　C. 燃える　　D. 手伝う

(15) 作者の潤色により、人物の(　　)が一際鮮明となった。

A. アドレス　　B. イメージ　　C. アクセス　　D. アナウンス

(16) 米は日本の(　　)の中で最も重要な作物です。

A. 残業　　B. 農業　　C. 商業　　D. 工業

(17) 我々はこの問題についてすぐに(　　)べきです。

A. 燃える　　B. 回す　　C. 加える　　D. 話し合う

(18) 食べ物を(　　)の中に入れるのは悪くならないようにするためだ。

A. 冷蔵庫　　B. 洗濯機　　C. 玄関　　D. 台所

(19) 友達が携帯電話を落としてしまい、画面が(　　)しまいました。

A. 捕まえて　　B. 燃えて　　C. 加えて　　D. 割れて

(20) この(　　)は夜になると暗いから、いつも道を間違えてしまいます。

A. 辺り　　B. 容器　　C. 様子　　D. 台所

N3必考词

Day 13

小试牛刀

请从以下今天要学习的单词中，选出你已经认识的单词，并在横线上写出对应的词性和释义。

- □ 冷える ________
- □ 囲む ________
- □ 諦める ________
- □ 隠す ________
- □ 越える ________
- □ 汚す ________
- □ 下がる ________
- □ 下げる ________
- □ 歌う ________
- □ 過ぎる ________
- □ 開く ________
- □ 勧める ________
- □ 干す ________
- □ 頑張る ________
- □ 駆ける ________
- □ 建てる ________
- □ 見詰める ________
- □ 呼び掛ける ________
- □ 延期 ________
- □ 演奏 ________
- □ 遠慮 ________
- □ 応援 ________
- □ 応用 ________
- □ 仮定 ________
- □ 我慢 ________
- □ 会計 ________
- □ 意識 ________
- □ アイデア ________
- □ アウト ________
- □ インターネット ________
- □ エレベーター ________
- □ オリンピック ________
- □ オレンジ ________
- □ カラオケ ________
- □ キッチン ________
- □ ガス ________
- □ クイズ ________
- □ グラフ ________
- □ コマーシャル ________
- □ サラダ ________
- □ 交差点 ________
- □ 姿勢 ________
- □ 商業 ________
- □ 冗談 ________
- □ 果然 ________
- □ 壁 ________
- □ 首 ________
- □ 窓 ________
- □ 畑 ________
- □ 横 ________

词汇讲解

❶ □ ひえる②【冷える】（自一）变冷，变凉；觉得冷，觉得凉；冷淡下来

例　句：当日は冷えることが予想されます。/预计当天会冷。

夜はかなり冷える。/夜里很凉。

活　用：冷えた・冷えて・冷えない・冷えれば・冷えます・冷えよう・冷えろ

关联词：つめたい③【冷たい】（イ形）冷的，凉的；冷淡的

❷ □ かこむ⓪【囲む】（他五）包围，围绕

例　句：皆はストーブを囲んでしばらく暖をとった。/大家围着火炉取了一会儿暖。

祖母の家は自然に囲まれている。/祖母的家被大自然环绕。

活　用：囲んだ・囲んで・囲まない・囲めば・囲みます・囲もう・囲め

❸ □ あきらめる④【諦める】（他一）断念，死心，放弃

例　句：いつしか諦めることを覚えてしまった。/不知不觉学会了放弃。

夢を諦めるべきではありません。/不应该放弃梦想。

活　用：諦めた・諦めて・諦めない・諦めれば・諦めます・諦めよう・諦めろ

近义词：ほうき①【放棄】（名・他サ）放弃

❹ □ かくす②【隠す】（他五）隐藏；隐瞒；掩盖

例　句：彼女は銀行通帳を誰にも知られないように隠す。/她把银行存折藏起来，不让任何人知道。

うそは厳然たる事実を隠すことはできない。/谎言掩盖不了无可争辩的事实。

活　用：隠した・隠して・隠さない・隠せば・隠します・隠そう・隠せ

近义词：かくれる③【隠れる】（自一）隐藏；躲藏；逝世

❺ □ こえる⓪【越える】（自一）越过；超过；胜过

例　句：その壁を越えることができますか。/你能越过那堵墙吗？

議会の選挙において半数を越える議席を獲得した。/在议会选举中获得了超过半数的议席。

活　用：越えた・越えて・越えない・越えれば・越えます・越えよう・越えろ

近义词：こす⓪【越す】（自他五）越过，经过；超过

❻ □ けがす②【汚す】（他五）弄脏；玷污

例　句：家の中が汚しすぎて、彼を招き入れるのに気が引ける。/家里太脏了，不好意思让他进来。

私の名誉を汚すな。/不要玷污我的名誉。

活　用：汚した・汚して・汚さない・汚せば・汚します・汚そう・汚せ

关联词：おせん⓪【汚染】（名・自他サ）污染

❼ □ さがる②【下がる】（自五）下垂；下班，放学；下降

例　句：垂れ幕が下がっている。/帷幕垂下。

4時になったら子供が学校から下がる。/到了四点钟孩子就放学了。

活　用：下がった・下がって・下がらない・下がれば・下がります・下がろう・下がれ

关联词：さげる②【下げる】（他一）吊，悬；降低，降下

❽ □ さげる②【下げる】（他一）吊，悬；降低，降下

例　句：天井からなわを下げる。/从天花板上吊下绳子。

私たちにとって、これ以上価格を下げることは難しい。/对我们来说，很难再降价了。

活　用：下げた・下げて・下げない・下げれば・下げます・下げよう・下げろ

关联词：さがる②【下がる】（自五）下垂；下班，放学；下降

⑨ □ うたう⓪【歌う】（他五）唱歌；赋诗

例　句：彼はリズムを取りながら楽しそうに歌う。/他一边打着节拍一边愉快地唱歌。

海を歌った詩。/歌颂大海的诗。

活　用：歌った・歌って・歌わない・歌えば・歌います・歌おう・歌え

关联词：うた②【歌】（名）歌曲，歌谣；短歌，和歌

⑩ □ すぎる②【過ぎる】（自一）经过；过去；过度，过分

例　句：汽車は横浜を過ぎた。/火车经过横滨了。

春が過ぎて夏が来る。/春去夏来。

活　用：過ぎた・過ぎて・過ぎない・過ぎれば・過ぎます・過ぎよう・過ぎろ

近义词：すごす②【過ごす】（他五）生活；过度

⑪ □ ひらく②【開く】（自他五）开着；打开；开办；开拓；开辟

例　句：メールを開く。/打开邮件。

彼は全大隊の民兵たちに招集をかけ会議を開いた。/他召集全营民兵开会了。

活　用：開いた・開いて・開かない・開けば・開きます・開こう・開け

近义词：あける⓪【開ける】（自他一）打开；张开，睁开；明，亮

⑫ □ すすめる⓪【勧める】（他一）劝告，劝诱，劝诫

例　句：たばこをやめるように勧める。/劝人戒烟。

周りからも、他の仕事をしたらどうかって勧められてね。/周围的人也劝我做点别的工作。

活　用：勧めた・勧めて・勧めない・勧めれば・勧めます・勧めよう・勧めろ

近义词：かんこく⓪【勧告】（名・他サ）劝告

⑬ □ ほす①【干す】（他五）晾晒；弄干

例　句：雨の日は洗濯物を室内で干す。/下雨天把洗好的衣服晾在室内。

着物の裏を返して干す。/把衣服翻过来晾晒。

活　用：干した・干して・干さない・干せば・干します・干そう・干せ

近义词：かわかす③【乾かす】（他五）晒干，烤干，烘干，晾干

⑭ □がんばる③【頑張る】（自五）坚持，努力；固守，顽固

例　句：論文を書くのに徹夜で頑張った。/为了写论文努力了一个通宵。
もう3時間もテレビの前に頑張っている。/已经在电视机前守了三个小时。

活　用：頑張った・頑張って・頑張らない・頑張れば・頑張ります・頑張ろう・頑張れ

近义词：どりょく①【努力】（名・自サ）努力

⑮ □かける②【駆ける】（自一）跑，快跑

例　句：時間に遅れまいとして急いで駆ける。/为了不迟到而赶快跑。
大通りを何人かの人が駆けている。/马路上跑着几个人。

活　用：駆けた・駆けて・駆けない・駆ければ・駆けます・駆けよう・駆けろ

近义词：はしる②【走る】（自五）跑；行驶

⑯ □たてる②【建てる】（他一）盖，修建

例　句：多くの人が幼稚園を建てるよう町内に資金援助した。/很多人资助街道盖幼儿园。
この宮殿を建てるには当時多くのお金を使った。/为建造这座宫殿，当时花了很多钱。

活　用：建てた・建てて・建てない・建てれば・建てます・建てよう・建てろ

关联词：たてもの②【建物】（名）房屋，建筑物

⑰ □みつめる⓪【見詰める】（他一）盯，注视

例　句：相手の顔をまじまじと見詰める。/目不转睛地注视对方的脸。
彼の目は前方を見詰めている。/他的眼睛注视着前方。

活　用：見詰めた・見詰めて・見詰めない・見詰めれば・見詰めます・見詰めよう・見詰めろ

近义词：みまもる⓪【見守る】（他五）注视；监护，照看

⑱ □ よびかける④【呼び掛ける】（他一）招呼，呼唤；号召，呼吁

例　句：突然後ろから呼び掛けられた。/突然背后有人打招呼。

人々に協力を呼び掛ける。/呼吁人们协助。

活　用：呼び掛けた・呼び掛けて・呼び掛けない・呼び掛ければ・呼び掛けます・呼び掛けよう・呼び掛けろ

关联词：よびかけ⓪【呼び掛け】（名）号召，呼吁

⑲ □ えんき⓪【延期】（名・他サ）延期

例　句：今日の会合は支障があるため延期する。/今天的聚会因故延期。

台風が接近しているため物産展は延期となりました。/由于台风即将来临，物产展延期了。

活　用：延期した・延期して・延期しない・延期すれば・延期します・延期しよう・延期しろ

近义词：のばす②【延ばす】（他五）延长；推迟

⑳ □ えんそう⓪【演奏】（名・他サ）演奏

例　句：どんな種類の音楽を演奏しますか。/演奏什么类型的音乐？

彼はベートーベンの曲を演奏している。/他在演奏贝多芬的曲子。

活　用：演奏した・演奏して・演奏しない・演奏すれば・演奏します・演奏しよう・演奏しろ

关联词：はじく②【弾く】（他五）弹，拨

㉑ □ えんりょ⓪【遠慮】（名・自他サ）远虑；客气；回避，谢绝

例　句：招待を遠慮する。/谢绝邀请。

どうぞご遠慮なく召しあがってください。/不要客气，请用餐。

活　用：遠慮した・遠慮して・遠慮しない・遠慮すれば・遠慮します・遠慮しよう・遠慮しろ

㉒ □ おうえん⓪【応援】（名・他サ）支援，援助；助威，声援

例　句：引っ越しの応援をする。/帮忙搬家。

母校の選手を応援する。/给母校的运动员助威。

活　用：応援した・応援して・応援しない・応援すれば・応援します・応援しよう・応援しろ

近义词：しえん⓪【支援】（名・他サ）支援

㉓ □おうよう⓪【応用】（名・他サ）应用

例　句：学んだものを実生活に応用する。/把学到的东西应用于实际生活。

この技術は既に商品に応用されている。/这项技术已应用于商品。

活　用：応用した・応用して・応用しない・応用すれば・応用します・応用しよう・応用しろ

近义词：てきよう⓪【適用】（名・他サ）适用，应用

㉔ □かてい⓪【仮定】（名・自サ）假定，假设

例　句：仮定の上に立って推論する。/在假设（的基础）上推断。

科学者たちは恐竜の姿を仮定した。/科学家们假设了恐龙的样子。

活　用：仮定した・仮定して・仮定しない・仮定すれば・仮定します・仮定しよう・仮定しろ

近义词：かせつ⓪【仮説】（名）假设，假说

㉕ □がまん①【我慢】（名・他サ）忍耐，容忍；饶恕

例　句：もうこれ以上我慢がならない。/令人忍无可忍。

今度だけは我慢してやる。/只容忍这一次。

活　用：我慢した・我慢して・我慢しない・我慢すれば・我慢します・我慢しよう・我慢しろ

近义词：たえる②【耐える】（自一）忍受，经受

㉖ □かいけい⓪【会計】（名・他サ）会计；算账；付钱

例　句：私たちも外部の会計士に会計を依頼します。/我们也委托外部的会计师来算账。

レジでお会計をお願いします。/在收银台结账。

活　用：会計した・会計して・会計しない・会計すれば・会計します・

会計しよう・会計しろ

关联词：けっさん①【決算】（名・自他サ）结算，结账

㉗ □いしき①【意識】（名・他サ）意识；认识；知觉

例　句：彼が仕事に対する意識を高めるよう指導します。/指导他提高对工作的认识。

この事実を常に意識しなければならない。/必须时刻意识到这个事实。

活　用：意識した・意識して・意識しない・意識すれば・意識します・意識しよう・意識しろ

近义词：きづく②【気付く】（自五）注意到，察觉，意识到

㉘ □アイデア③（名）主意；构思

例　句：何かいいアイデアはないか。/有什么好主意吗?

このポスターはアイデアがおもしろい。/这张宣传画构思巧妙。

㉙ □アウト①（名）出局；出界

例　句：彼はアウトです。/他出局了。

ボールがアウトになった。/球出界了。

关联词：はいたい⓪【敗退】（名・自サ）败退

㉚ □インターネット⑤（名）因特网

例　句：あなたの名前をキーワードにインターネットを検索しました。/我以你的名字为关键词在网上搜索了。

撮影したビデオをインターネット上にアップした。/把拍摄的视频上传到网上了。

关联词：ネット①（名）球网；网络

㉛ □エレベーター③（名）电梯

例　句：こちらのエレベーターから三階へ行ってください。/请乘这边的电梯去三楼。

エレベーターはたいへん速く最上階まで上昇する。/电梯很快地

升到顶楼。

关联词：エスカレーター④（名）自动扶梯

㉜ □ オリンピック④（名）奥林匹克运动会，奥运会

例　句：2016年の夏季オリンピックはリオデジャネイロで開催された。/2016年夏季奥林匹克运动会已在里约热内卢举行。

オリンピックの特徴は四年に一度開かれるということです。/奥运会的特点是每四年举行一次。

关联词：きょうぎ①【競技】（名・自サ）体育比赛

㉝ □ オレンジ②（名）橘子，香橙

例　句：オレンジのパイを作る。/做橙子派。

昨日、オレンジを2つ買いました。/昨天买了两个橙子。

关联词：オレンジジュース⑤（名）橙汁

㉞ □ カラオケ⓪（名）卡拉OK

例　句：今夜、カラオケに行きますか。/今晚去卡拉OK吗?

以前はよくこの歌をカラオケで歌ったものだ。/以前经常在卡拉OK唱这首歌。

㉟ □ キッチン①（名）厨房

例　句：この部屋は共同のキッチンにすることができる。/这个房间可以变为公共厨房。

母は私がキッチンに入った時料理をしていた。/我进厨房的时候妈妈正在做饭。

近义词：だいどころ⓪【台所】（名）厨房；家计

㊱ □ ガス①（名）气体；煤气

例　句：それは特別なガスを燃料にして飛ぶことができます。/那个可以用特别的气体作为燃料飞行。

ガスが漏れている。/煤气正在泄漏。

近义词：きたい⓪【気体】（名）气体

㊲ □ クイズ①（名）猜谜，智力游戏

例　句：そのクイズ番組の司会者の本業は役者だ。/那个智力竞猜节目主持人的本职工作是演员。

今の気持ちは、クイズを解いているかのようです。/现在的心情就像解答智力游戏一样。

关联词：クイズばんぐみ④【クイズ番組】（名）智力竞猜节目

㊳ □ グラフ①（名）图表；画报

例　句：下記グラフは女性の平均消費性向を示している。/以下图表显示了女性的平均消费倾向。

グラフを買う。/买画报。

近义词：ずひょう⓪【図表】（名）图表

㊴ □ コマーシャル②（名）商业广告

例　句：なぜ日本人はいつも奇妙なコマーシャルを使うのですか。/为什么日本人总是用奇怪的广告呢?

番組の途中にコマーシャルが入る。/节目中间插入广告。

近义词：こうこく⓪【広告】（名・他サ）广告

㊵ □ サラダ①（名）沙拉

例　句：サラダを作る。/做沙拉。

野菜サラダを食べる。/吃蔬菜沙拉。

㊶ □ こうさてん⓪【交差点】（名）十字路口

例　句：交差点を曲がったところに公園がある。/十字路口转弯的地方有个公园。

私は毎日信号のない交差点を通過している。/我每天经过没有信号灯的十字路口。

近义词：つじ⓪【辻】（名）十字路口；路旁，街头

㊷ □ しせい⓪【姿勢】（名）姿势；态度

例　句：彼はよりいっそう楽な姿勢に換えた。/他换了一个更轻松的姿势。

彼らの姿勢に勇気をもらいました。/他们的态度给了我勇气。

近义词：たいど①【態度】（名）态度

㊸ □しょうぎょう①【商業】（名）商业

例　句：商業は工業と農業の間の橋渡しをするものである。/商业是工业和农业之间的桥梁。

この地方の商業は近ごろずいぶん盛んである。/近来此地的商业很繁荣。

近义词：ビジネス①（名）事务，工作；商业

㊹ □じょうだん③【冗談】（名）玩笑，戏言

例　句：彼らはいつも冗談を言い合っている。/他们总是互相开玩笑。

祖父は冗談を言うのが一番上手だ。/爷爷最会开玩笑。

近义词：ジョーク①（名）笑话，玩笑

㊺ □かぜん⓪【果然】（副）果然

例　句：果然事実となった。/果然成真了。

果然其言の如し。/果如其言。

近义词：やはり②（副）依然；果然

㊻ □かべ⓪【壁】（名）墙；障碍

例　句：ホールの四方の壁には西洋の名画が飾ってある。/大厅的四面墙上装饰着西方名画。

研究は壁にぶつかった。/研究遇到了阻碍。

近义词：しょうがい⓪【障害】（名）障碍，妨碍

㊼ □くび⓪【首】（名）头，首级；脖子；衣领

例　句：首がとてもきつい。/衣领很紧。

首を長くする。/翘首以待。

近义词：あたま②【頭】（名）头，脑袋

㊽ □まど①【窓】（名）窗户

例　句：校舎の窓ガラスが割れている。/校舍窗户的玻璃碎了。

窓を閉めてもらえませんか。/能帮我关上窗户吗?

㊾ □はたけ⓪【畑】（名）旱田，田地；专业领域

例　句：私の目の前に青々とした畑がぱっと広がった。/我眼前豁然出现一片绿油油的田地。

畑が違う。/专业领域不同。

关联词：すいでん⓪【水田】（名）水田

㊿ □よこ⓪【横】（名）横；旁边

例　句：その車は道路で横向きに停車した。/那辆车横停在马路上了。

彼女の横にすわっている。/坐在她旁边。

反义词：たて①【縦】（名）竖；纵向

巩固练习

1. 读音考查

(1)冷える__________　(2)囲む__________　(3)諦める__________

(4)隠す__________　(5)越える__________　(6)汚す__________

(7)下がる__________　(8)下げる__________　(9)歌う__________

(10)過ぎる__________　(11)開く__________　(12)勧める__________

(13)干す__________　(14)頑張る__________　(15)駆ける__________

(16)建てる__________　(17)見詰める__________　(18)呼び掛ける__________

(19)延期__________　(20)演奏__________　(21)遠慮__________

(22)応援__________　(23)応用__________　(24)仮定__________

(25)我慢__________　(26)会計__________　(27)意識__________

(28)交差点 ________ (29)姿勢 ________ (30)商業 ________

(31)冗談________ (32)果然________ (33)壁________

(34)首________ (35)窓________ (36)畑________

(37)横________

2. 汉字检验

(1)ひえる________ (2)かこむ________ (3)あきらめる ________

(4)かくす________ (5)こえる________ (6)けがす ________

(7)さがる________ (8)さげる________ (9)うたう________

(10)すぎる________ (11)ひらく________ (12)すすめる________

(13)ほす________ (14)がんばる________ (15)かける________

(16)たてる________ (17)みつめる________ (18)よびかける________

(19)えんき________ (20)えんそう________ (21)えんりょ________

(22)おうえん________ (23)おうよう________ (24)かてい________

(25)がまん ________ (26)かいけい ________ (27)いしき________

(28)こうさてん________ (29)しせい ________ (30)しょうぎょう ________

(31)じょうだん________ (32)かぜん________ (33)かべ________

(34)くび________ (35)まど________ (36)はたけ________

(37)よこ________

3. 提高训练

(1) 当日は(　　)ことが予想されます。

A. 冷える　B. 越える　C. 勧める　D. 諦める

(2) 中秋節を(　　)と、気候はますます涼しくなる。

A. 過ぎる　B. 下げる　C. 駆ける　D. 建てる

(3) 彼がその歌を(　　)のを聞きました。

A. 歌う　B. 言う　C. する　D. 話す

(4) 夢を(　　)べきではありません。

A. 追う　B. 考える　C. 諦める　D. 建てる

(5) 彼女はしきりに私に禁煙を(　　)。

A. 足りる　B. 見詰める　C. 諦める　D. 勧める

(6) しかし、試合中に台風が来て(　　)になりました。

A. 延期　B. 応援　C. 遠慮　D. 仮定

(7) この事実を常に(　　)しなければならない。

A. 意識　B. 冗談　C. 応援　D. 仮定

(8) どんな種類の音楽を(　　)しますか。

A. 演奏　B. 会計　C. 応援　D. 意識

(9) うそは事実を(　　)ことはできない。

A. 越える　B. 捕まえる　C. 回す　D. 隠す

(10) ここに工場を(　　)には、近所の住民の同意を得る必要がある。

A. 立てる　B. 建てる　C. 駆ける　D. 投げる

(11) 注意しなさい、墨で答案用紙を(　　)な。

A. 隠す　B. 話す　C. 干す　D. 汚す

(12) 何か良い(　　)があれば、私達にアドバイスおねがいします。

A. エレベーター　B. アイデア

C. クイズ　D. コマーシャル

(13) 議会の選挙において半数を(　　)議席を獲得した。

A. 駆ける　B. 頑張る　C. 下げる　D. 越える

(14) 館内での喫煙はご(　　)ください。

A. 遠慮　　B. 応用　　C. 禁止　　D. 延期

(15) こんなひどいことは(　　)できません。

A. 意識　　B. 自慢　　C. 思考　　D. 我慢

(16) 今大会の主旨は環境保護への協力を人々に(　　)ことにある。

A. 話し合う　　B. 言う　　C. 呼ぶ　　D. 呼び掛ける

(17) この技術は既に商品に(　　)されている。

A. 遠慮　　B. 応援　　C. 自慢　　D. 応用

(18) 雨の日は洗濯物を室内で(　　)。

A. 汚す　　B. 干す　　C. 隠す　　D. 話す

(19) 相手の顔をまじまじと(　　)。

A. 勧める　　B. 呼び掛ける　　C. 駆ける　　D. 見詰める

(20) 時間に遅れまいとして急いで(　　)。

A. 駆ける　　B. 話し合う　　C. 下げる　　D. 見詰める

N3必考词

Day 14 小试牛刀

请从以下今天要学习的单词中，选出你已经认识的单词，并在横线上写出对应的词性和释义。

- □ 飽きる ________
- □ 溢れる ________
- □ 表す ________
- □ 炙る ________
- □ 植える ________
- □ 映る ________
- □ 送る ________
- □ 輝く ________
- □ 飾る ________
- □ 配る ________
- □ 草 ________
- □ 袋 ________
- □ 煙 ________
- □ 塩 ________
- □ 汗 ________
- □ 胸 ________
- □ 靴 ________
- □ 穴 ________
- □ 腰 ________
- □ 歯 ________
- □ 効く ________
- □ 絞る ________
- □ 仕る ________
- □ 飼う ________
- □ 辞める ________
- □ 取り消す ________
- □ 取り替える ________
- □ 従う ________
- □ 重ねる ________
- □ 宿る ________
- □ 書き直す ________
- □ 好物 ________
- □ 砂糖 ________
- □ 最上 ________
- □ 最新 ________
- □ 財布 ________
- □ 坂道 ________
- □ 作物 ________
- □ 事務所 ________
- □ 時差 ________
- □ 車道 ________
- □ 主婦 ________
- □ 種類 ________
- □ 乗り物 ________
- □ 食器 ________
- □ 食欲 ________
- □ 信号 ________
- □ 新幹線 ________
- □ 新入生 ________
- □ 申し込み ________

词汇讲解

❶ □ あきる②【飽きる】（自一）厌烦，厌倦

例　句：いくら好きでもこうたびたび食べると飽きてしまう。/总吃这东西，再爱吃也吃腻了。

この曲は何度聞いても飽きない。/这曲子听多少遍都不厌。

活　用：飽きた・飽きて・飽きない・飽きれば・飽きます・飽きよう・飽きろ

❷ □ あふれる③【溢れる】（自一）溢出，洋溢；充满

例　句：誰よりも君と一緒にいたい、そんな気持ちが胸から溢れる。/我比任何人都想和你在一起，那种心情在心中洋溢。

彼女は才能に溢れる、魅力的な人です。/她才华横溢，是个有魅力的人。

活　用：溢れた・溢れて・溢れない・溢れれば・溢れます・溢れよう・溢れろ

近义词：みたす②【満たす】（他五）满足；填满，充满

❸ □ あらわす③【表す】（他五）表示；表现；表达

例　句：この番号は、生年月日や性別、出身地などの情報を表す数字です。/这个号码是表示出生年月日、性别、出生地等信息的数字。

謝意を表するために、我々は彼に特産品を届けた。/为了表示谢意，我们送了他特产。

活　用：表した・表して・表さない・表せば・表します・表そう・表せ

近义词：ひょうげん③【表現】（名・他サ）表现，表达

❹ □ あぶる②【炙る】（他五）烤；烘，焙

例　句：餅を炙って食べる。/烤年糕吃。

着物を火に炙ってかわかす。/用火把衣服烘干。

活　用：炙った・炙って・炙らない・炙れば・炙ります・炙ろう・炙れ

近义词：やく⓪【焼く】（他五）烧，烤；晒黑

❺ □ うえる⓪【植える】（他一）种植；接种，培育；嵌入

例　句：作物を植えるには気象に注意しなければならない。/种庄稼要注意天气。

細菌を培養基に植える。/把细菌接种到培养基上。

活　用：植えた・植えて・植えない・植えれば・植えます・植えよう・植えろ

近义词：さいばい⓪【栽培】（名・他サ）栽培，种植

❻ □ うつる②【映る】（自五）反射；照（相）；相称

例　句：湖面には雪を頂く峰が映っている。/湖面上倒映着披雪的山峰。

この写真はよく映っている。/这张照片照得真好。

活　用：映った・映って・映らない・映れば・映ります・映ろう・映れ

关联词：うつす②【映す】（他五）映，照；放映

❼ □ おくる⓪【送る】（他五）送，送行；度过；传递

例　句：お宅までお送りしましょう。/送您回家吧。

平凡な日を送る。/过着平凡的日子。

活　用：送った・送って・送らない・送れば・送ります・送ろう・送れ

关联词：わたす⓪【渡す】（他五）交付；渡过

❽ □ かがやく③【輝く】（自五）闪耀，放光

例　句：彼の目は喜びに輝いていた。/他眼中闪烁着喜悦。

きらきら輝く夕焼けが非常に美しい。/灿烂的晚霞十分美丽。

活　用：輝いた・輝いて・輝かない・輝けば・輝きます・輝こう・輝け

关联词：かがやき⓪【輝き】（名）光辉，辉耀

❾ □ かざる⓪【飾る】（他五）装饰，装潢；修饰，润色

例　句：自分の身なりを飾る。/打扮自己。

かべを飾る。/装饰墙面。

活　用：飾った・飾って・飾らない・飾れば・飾ります・飾ろう・飾れ

近义词：そうしょく⓪【装飾】（名・他サ）装饰

⑩ □くばる②【配る】（他五）分配；留神，注意

例　句：バナナを配る。/分香蕉。

気を配る。/留神。

活　用：配った・配って・配らない・配れば・配ります・配ろう・配れ

近义词：ぶんぱい⓪【分配】（名・他サ）分配，配给

⑪ □くさ②【草】（名）草，杂草

例　句：草の水分が多い。/草的水分多。

庭の草はきれいに抜かれてしまった。/院子里的草被拔干净了。

关联词：はな②【花】（名）花；樱花；华丽

⑫ □ふくろ③【袋】（名）袋，口袋

例　句：袋に入れてください。/请装进袋子里。

袋から出すと免税になりません。/从袋子里拿出来的话不能免税。

近义词：ポケット②（名）口袋，衣袋

⑬ □けむり⓪【煙】（名）烟

例　句：煙のように消える。/烟消云散。

たばこの煙を空中に吐き出した。/把香烟的烟雾吐到空中去了。

关联词：タバコ⓪【煙草】（名）香烟

⑭ □しお②【塩】（名）食盐；咸度

例　句：スープに塩を入れる。/在汤里放盐。

ケーキを作る時、砂糖と間違えて塩を入れた。/做蛋糕的时候，把盐错当成糖放了。

⑮ □あせ①【汗】（名）汗，汗水

例　句：今年の夏はとても暑くて汗をたくさんかきました。/今年夏天太热了，我出了很多汗。

私はここに来るまでに汗をたくさんかきました。/我来这里之前，出了很多汗。

关联词：あせばむ③【汗ばむ】（自五）出汗，冒汗

⑯ □ むね②【胸】（名）胸；心脏；内心

例　句：胸は日焼けして黒々としている。/胸部晒得黑黑的。

胸に秘めた愛を告白する。/抒发藏在心里的爱意。

近义词：こころ②【心】（名）心；真心；心思，想法

⑰ □ くつ②【靴】（名）鞋

例　句：おばあちゃんに靴と服を買ってもらいました。/奶奶给我买了鞋和衣服。

どしゃぶりで、靴が濡れました。/大雨倾盆，我的鞋子湿了。

关联词：くつした②【靴下】（名）袜子

⑱ □ あな②【穴】（名）坑，洞；洞穴

例　句：靴下に穴があいた。/袜子破了个洞。

熊が穴から出て来た。/熊从洞穴中出来了。

近义词：ほら②【洞】（名）洞穴

⑲ □ こし⓪【腰】（名）腰

例　句：ずっと立ちっぱなしだったので腰が突っ張っています。/因为一直站着，所以腰一直挺着。

仕事の時不注意にも腰の筋を違えた。/工作的时候不小心扭了腰。

关联词：こしかける④【腰掛ける】（自一）坐下

⑳ □ は①【歯】（名）牙，牙齿

例　句：この歯はこれ以上悪くなったら抜くしかない。/这颗牙再坏下去就只能拔了。

昨日歯医者に行って歯を抜いた。/我昨天去看了牙医，拔了牙。

关联词：はいしゃ①【歯医者】（名）牙医

㉑ □ きく⓪【効く】（自五）有效，生效

例　句：この漢方薬は、二日酔いによく効く。/这副中药对宿醉很有效。

この薬はあの薬より更によく効く。/这种药比那种药更有效。

活　用：効いた・効いて・効かない・効けば・効きます・効こう・効け

关联词：こうか①【効果】（名）效果，功效

㉒ □ しぼる②【絞る】（他五）拧，榨；缩小，收拢；集中

例　句：タオルを絞る。/拧毛巾。

知恵を絞る。/绞尽脑汁。

活　用：絞った・絞って・絞らない・絞れば・絞ります・絞ろう・絞れ

关联词：しめる②【絞める】（他一）掐，勒；勒死，掐死

㉓ □ つかまつる④【仕る】（自他五・补助）干，做；担任；奉侍，伺候；不敢当；不用谢

例　句：失礼仕りました。/失礼了。

承知仕った。/我知道了。

活　用：仕った・仕って・仕らない・仕れば・仕ります・仕ろう・仕れ

近义词：つかえる③【仕える】（自一）侍奉；做官

㉔ □ かう①【飼う】（他五）养，饲养

例　句：この草原は面積が広く、牛10万頭を飼うことができる。/这片草原面积大，可以养十万头牛。

私の家では犬を飼うことはできない。/我家不能养狗。

活　用：飼った・飼って・飼わない・飼えば・飼います・飼おう・飼え

关联词：やしなう⓪【養う】（他五）养育；养成；休养，疗养

㉕ □ やめる⓪【辞める】（他一）辞职，停学

例　句：あなたが仕事を辞めると聞いて、彼女はがっかりした。/听说你要辞职，她很失落。

このままでは学校を辞めることになるでしょう。/这样下去会停学吧。

活　用：辞めた・辞めて・辞めない・辞めれば・辞めます・辞めよう・辞めろ

近义词：じしょく⓪【辞職】（名・自他サ）辞职

㉖ □ とりけす③【取り消す】（他五）取消，撤销，作废，废除

例　句：その注文を取り消すことができますか。/可以取消那个订单吗?

営業許可を取り消す。/吊销营业执照。

活　用：取り消した・取り消して・取り消さない・取り消せば・取り消します・取り消そう・取り消せ

近义词：てっかい⓪【撤回】（名・他サ）撤回，撤销

㉗ □ とりかえる⓪【取り替える】（他一）更换，交换

例　句：品質検査に合格しないテレビはすべて取り替えることができる。/凡是质量检查不合格的电视机都可以更换。

隣の人と席を取り替える。/和旁边的人换座位。

活　用：取り替えた・取り替えて・取り替えない・取り替えれば・取り替えます・取り替えよう・取り替えろ

近义词：チェンジ①（名・自他サ）兑换；交换，更换

㉘ □ したがう③【従う】（自五）跟随；顺，沿；听从；按照

例　句：後ろに従って歩く。/跟在后面走。

川に従って山を下る。/顺着溪流下山。

活　用：従った・従って・従わない・従えば・従います・従おう・従え

近义词：そう①【沿う】（自五）沿，顺；按照

㉙ □ かさねる⓪【重ねる】（他一）摞，重叠堆放；重复，反复

例　句：この幾つものテーブルを1か所に重ねる。/把这几张桌子摞在一处。

交渉を重ねる。/反复交涉。

活　用：重ねた・重ねて・重ねない・重ねれば・重ねます・重ねよう・重ねろ

近义词：くりかえす⓪【繰り返す】（他五）反复，重复

㉚ □ やどる②【宿る】（自五）住宿；存在；怀孕；映照

例　句：どこに宿っていますか。/在哪住呢?

共通性は特殊性の中に宿る。/特殊性中存在共性。

活　用：宿った・宿って・宿らない・宿れば・宿ります・宿ろう・宿れ
近义词：しゅくはく⓪【宿泊】（名・自サ）投宿，住宿

㉛ □ かきなおす④【書き直す】（他五）改写，重新写

例　句：この文章は何度も書き直した。/这篇文章改写了好几次。
それをもう一度書き直したいです。/我想把那个重新写一遍。
活　用：書き直した・書き直して・書き直さない・書き直せば・書き直します・書き直そう・書き直せ
近义词：かいさく⓪【改作】（名・他サ）改写，改编

㉜ □ こうぶつ①【好物】（名）爱吃的东西，爱喝的东西

例　句：これは私の好物です。/这是我爱吃的东西。
好物が多いです。/爱吃的东西很多。
关联词：すき②【好き】（名・ナ形）爱好，喜好；随便，任意

㉝ □ さとう②【砂糖】（名）白糖，砂糖

例　句：砂糖を溶かして、色が変わるまで加熱する。/溶化砂糖，加热至其变色。
砂糖とミルクを入れます。/放入砂糖和牛奶。
关联词：キャンディ①（名）糖果

㉞ □ さいじょう⓪【最上】（名）最高，最上；最好，最佳

例　句：私の本は右側の最上の棚にあります。/我的书在右边最上面的架子上。
これは最上の品です。/这是最好的。
近义词：さいこう⓪【最高】（名）最高；最好

㉟ □ さいしん⓪【最新】（名）最新

例　句：最新の売り上げの数字を確かめる。/确认最新的销售数字。
それでは、最新の状況を教えてください。/那么，请告诉我最新的状况。
关联词：あたらしい④【新しい】（イ形）新的；新鲜的；从未有过的

36 □ さいふ⓪【財布】（名）钱包，钱袋

例　句：コインをあなたの財布に入れてください。/请把硬币放进你的钱包。

领収書の入った財布を無くしました。/把装有收据的钱包弄丢了。

近义词：かねいれ③【金入れ】（名）钱包

37 □ さかみち②【坂道】（名）坡道

例　句：家は坂道を上りつめた所にある。/房子位于坡道的顶点。

坂道をかけ降りる。/跑下坡道。

近义词：さか②【坂】（名）坡道；斜坡；（年龄的）陡坡，大关

38 □ さくもつ②【作物】（名）作物，庄稼

例　句：火星で作物を作り出せるかもしれない。/也许能在火星上种植农作物。

この種の作物の栽培は利益が上がる。/这种作物的种植很有效益。

近义词：のうさくぶつ④【農作物】（名）农作物

39 □ じむしょ②【事務所】（名）事务所；办事处

例　句：彼らは間もなく事務所に戻って来るでしょう。/他们马上就会回到事务所吧。

当事務所において新入所員が働き始めた。/本事务所的新职员开始工作了。

近义词：オフィス①（名）办公室，办事处；公司；机关

40 □ じさ①【時差】（名）时差

例　句：北京と東京では1時間の時差がある。/北京与东京有一小时的时差。

スペインと日本の時差を調べました。/我调查了西班牙和日本的时差。

关联词：じさぼけ⓪【時差ぼけ】（名）时差综合征

41 □ しゃどう⓪【車道】（名）车道，车行道

例　句：自動車は車道から飛び出し、崖下に落ちた。/汽车冲出了车道，掉下了山崖。

左側の車道をずっと進んだ。/一直走在左边的车道上。

关联词：ほどう⓪【歩道】（名）人行道

42 □しゅふ①【主婦】（名）主妇

例　句：彼女は主婦だ。/她是家庭主妇。

私は、主婦ではないので、スーパーへ買い物に行きません。/我不是家庭主妇，所以不去超市买东西。

43 □しゅるい①【種類】（名）种类

例　句：料理の種類がたくさんあって、健康に気を付けている。/菜品的种类不少，很注重健康。

これらの書物を異なる種類に分ける。/把这些书分为不同的种类。

关联词：るいべつ⓪【類別】（名・他サ）类别；分类

44 □のりもの⓪【乗り物】（名）交通工具

例　句：私たちはたくさんの乗り物に乗りました。/我们乘坐了很多交通工具。

どんな乗り物が好きですか。/你喜欢什么样的交通工具？

近义词：こうつうきかん⑤【交通機関】（名）交通工具

45 □しょっき⓪【食器】（名）食器，餐具

例　句：食器に付いた洗剤を洗い流す。/冲洗附着在餐具上的洗涤剂。

食べ終わった食器は、こちらに置いてください。/用完的餐具请放在这里。

关联词：さら⓪【皿】（名）碟子，盘子

46 □しょくよく⓪【食欲】（名）食欲，胃口

例　句：食欲が旺盛である。/食欲旺盛。

だいぶよくなったが、食欲はなかった。/虽然好多了，但是没有食欲。

47 □しんごう⓪【信号】（名・自サ）信号，暗号；信号灯

例　句：異常信号を感知して、かけつけた。/感知到异常信号后赶来了。

信号のない交差点。/没有信号灯的十字路口。

活　用：信号した・信号して・信号しない・信号すれば・信号します・信号しよう・信号しろ

㊽ □しんかんせん③【新幹線】（名）新干线

例　句：新幹線に乗る。/乘坐新干线。

ときどき仕事で新幹線を使います。/我有时会因为工作而乘坐新干线。

关联词：れっしゃ⓪【列車】（名）列车，火车

㊾ □しんにゅうせい②【新入生】（名）新生

例　句：新しい先生は新入生の担任に着かされた。/新老师被安排担任新生的班主任。

新入生代表としてスピーチをします。/作为新生代表发言。

关联词：しんにゅうしゃいん⑥【新入社員】（名）新职员

㊿ □もうしこみ⓪【申し込み】（名）提议；报名，申请

例　句：申し込みに応じる。/接受提议。

20名以上の団体でのご来館には事前にお申し込みください。/20人以上的团体来馆请事先申请。

关联词：もうしこむ④【申し込む】（他五）报名，申请；提议，提出

巩固练习

1. 读音考查

(1)飽きる________ (2)溢れる________ (3)表す ________

(4)炙る________ (5)植える________ (6)映る________

(7)送る________ (8)輝く________ (9)飾る________

(10)配る________ (11)草________ (12)袋________

(13)煙________ (14)塩________ (15)汗________

(16)胸________ (17)靴________ (18)穴________

(19)腰________ (20)歯________ (21)効く________

(22)絞る________ (23)仕る________ (24)飼う________

(25)辞める________ (26)取り消す________ (27)取り替える________

(28)従う________ (29)重ねる________ (30)宿る________

(31)書き直す________ (32)好物________ (33)砂糖________

(34)最上________ (35)最新________ (36)財布________

(37)坂道________ (38)作物________ (39)事務所________

(40)時差________ (41)車道________ (42)主婦________

(43)種類________ (44)乗り物________ (45)食器________

(46)食欲________ (47)信号________ (48)新幹線________

(49)新入生________ (50)申し込み________

2. 汉字检验

(1)あきる________ (2)あふれる________ (3)あらわす ________

(4)あぶる________ (5)うえる________ (6)うつる________

(7)おくる__________ (8)かがやく__________ (9)かざる__________

(10)くばる__________ (11)くさ__________ (12)ふくろ__________

(13)けむり__________ (14)しお__________ (15)あせ__________

(16)むね__________ (17)くつ__________ (18)あな__________

(19)こし__________ (20)は__________ (21)きく__________

(22)しぼる__________ (23)つかまつる__________ (24)かう__________

(25)やめる__________ (26)とりけす__________ (27)とりかえる__________

(28)したがう__________ (29)かさねる__________ (30)やどる__________

(31)かきなおす__________ (32)こうぶつ__________ (33)さとう__________

(34)さいじょう__________ (35)さいしん__________ (36)さいふ__________

(37)さかみち__________ (38)さくもつ__________ (39)じむしょ__________

(40)じさ__________ (41)しゃどう__________ (42)しゅふ__________

(43)しゅるい__________ (44)のりもの__________ (45)しょっき__________

(46)しょくよく__________ (47)しんごう__________ (48)しんかんせん__________

(49)しんにゅうせい__________ (50)もうしこみ__________

3. 提高训练

(1) この番号は、生年月日や性別、出身地などの情報を(　　)数字です。

A. 映る　B. 送る　C. 表す　D. 話す

(2) 月は中秋節の時になると明るく(　　)。

A. 輝く　B. 炙る　C. 効く　D. 建てる

(3) 作物を(　　)には気象に注意しなければならない。

A. 取り替える　B. 植える　C. 建てる　D. 溢れる

(4) 実践に実践を(　　)、最後に成功しました。

A. 重ねて　B. 取り替えて　C. 辞めて　D. 溢れて

(5) コインをあなたの(　　)に入れてください。

A. 財布　B. 事務所　C. 食器　D. 靴

(6) 年老いて(　　)も徐々に曲がってきた。

A. 腰　　B. 顔　　C. 足　　D. 手

(7) 今年の夏はとても暑くて(　　)をたくさんかきました。

A. 汗　　B. 塩　　C. 煙　　D. 歯

(8) ホストファミリーにEメールを(　　)つもりです。

A. 配る　　B. 映る　　C. 送る　　D. 絞る

(9) 川に青い山と緑の木が逆さまに(　　)。

A. 越えている　　B. 捕まえている　　C. 映っている　　D. 隠している

(10) 会社の人間として、上司の命令には(　　)ほかない。

A. 宿る　　B. 飼う　　C. 映る　　D. 従う

(11) インターネットでのお(　　)は24時間受け付けております。

A. 申し込み　　B. 信号　　C. 時差　　D. 話

(12) どんな好きなものでも、毎日食べると(　　)しまう。

A. 飽きて　　B. 悩んで　　C. 越えて　　D. 怒って

(13) 文章を書くために知恵を(　　)。

A. 植える　　B. 絞る　　C. 映る　　D. 越える

(14) 病院で(　　)を抜く。

A. 胸　　B. 草　　C. 煙　　D. 歯

(15) 私はこの会社を(　　)ことを決意した。

A. 止める　　B. 辞める　　C. 映る　　D. 従う

(16) スープが少し薄いので、(　　)を少し入れる。

A. 塩　　B. 肉　　C. 砂糖　　D. 野菜

(17) (　　)旺盛である。

A. 食欲　　B. お金　　C. 時間　　D. 野菜

(18) このあたりは土地が軟らかくて、(　　)の生長に適している。

A. 犬　　B. 鳥　　C. 動物　　D. 作物

(19) 旅で(　　)に乗るなら、やっぱり窓側の席のほうが良いです。

A. 乗り物　　B. 坂道　　C. 車道　　D. 道路

(20) 間違いがあるから、すぐに報告書を(　　)。

A. 映る　　B. 取り消す　　C. 取り替える　　D. 書き直す

Day 15

小试牛刀

请从以下今天要学习的单词中，选出你已经认识的单词，并在横线上写出对应的词性和释义。

- □ お菓子 ________
- □ お湯 ________
- □ 本 ________
- □ 手 ________
- □ 目 ________
- □ 脚 ________
- □ 池 ________
- □ 腕 ________
- □ 隣 ________
- □ 悔しい ________
- □ 怖い ________
- □ 貧しい ________
- □ 怪しい ________
- □ 偉い ________
- □ しつこい ________
- □ 引っ張る ________
- □ 覚める ________
- □ 区切る ________
- □ 座る ________
- □ 似る ________
- □ 触る ________
- □ 届く ________
- □ 具体的 ________
- □ 経済 ________
- □ 観客 ________
- □ 久しぶり ________
- □ 個人 ________
- □ 香り ________
- □ 自前 ________
- □ 奨学金 ________
- □ 基礎 ________
- □ 関心 ________
- □ 看板 ________
- □ 環境 ________
- □ 割合 ________
- □ 学期 ________
- □ 科学 ________
- □ 映画 ________
- □ マラソン ________
- □ マナー ________
- □ ベッド ________
- □ ペットボトル ________
- □ ピアノ ________
- □ テーマ ________
- □ セーター ________
- □ スケジュール ________
- □ ジョギング ________
- □ ジュース ________
- □ コンサート ________
- □ チャンス ________

词汇讲解

❶ □ おかし②【お菓子】（名）点心，糕点

例　句：このお菓子は美味しいですが、高いです。/这个点心虽然好吃，但是很贵。

自分で作ったお菓子は特別美味しかった。/自己做的点心格外好吃。

关联词：わがし②【和菓子】（名）日式点心

❷ □ おゆ⓪【お湯】（名）热水，开水

例　句：温泉のお湯は肌をなめらかにし、腰痛をやわらげてくれます。/温泉的热水能使皮肤光滑，缓解腰痛。

お湯が沸騰する。/水沸腾。

关联词：なまみず②【生水】（名）生水，天然水

❸ □ ほん①【本】（名）书，书本，书籍

例　句：左側の本は何の本ですか。/左边的书是什么书?

彼はたくさんの本を書いています。/他写了很多书。

近义词：しょせき①【書籍】（名）书籍，图书

❹ □ て①【手】（名）手；人手，人力；方法

例　句：写真に写っている手は太郎の手です。/照片里的手是太郎的手。

二人ではとても手が足りない。/两个人着实是人手不够。

近义词：ひとで⓪【人手】（名）人手，人工，别人的帮助

❺ □ め①【目】（名）眼睛；眼神，目光

例　句：あなたの目と彼の目は似ていると思います。/我觉得你的眼睛和他的眼睛很像。

目を開ける。/睁眼。

关联词：しせん⓪【視線】（名）视线

❻ □ あし②【脚】（名）脚，腿

例　句：机の脚。/桌脚。

脚の線が美しい。/腿部的曲线很美。

近义词：あし②【足】（名）腿，脚；来往；移动；步伐

❼ □ いけ②【池】（名）池，水池

例　句：彼は防水ズボンをはいて池の中に入っていった。/他穿着防水裤进了水池。

おもちゃの船を池に浮べる。/让玩具船浮在水池里。

关联词：プール①（名）游泳池

❽ □ うで②【腕】（名）胳膊；本领，功夫

例　句：腕に力が入らなくて、遠くまで投げられない。/胳膊使不上劲，投不远。

父は腕のある人です。/我父亲是有本事的人。

近义词：うでまえ⓪【腕前】（名）本事，本领

❾ □ となり⓪【隣】（名）旁边，隔壁；邻居

例　句：スーパーは私の家の隣にあります。/超市在我家旁边。

彼は隣の家からの笑い声を聞いた。/他听到了邻居家的笑声。

近义词：きんじょ①【近所】（名）附近；邻居

❿ □ くやしい③【悔しい】（イ形）令人悔恨的；遗憾的

例　句：試合に負けてとても悔しい。/输了比赛，我很懊悔。

また負けて悔しい。/又输了，实在太遗憾了。

关联词：こうかい①【後悔】（名・他サ）后悔，懊悔

⓫ □ こわい②【怖い】（イ形）令人害怕的

例　句：アメリカに行くのは少し怖い。/我有点害怕去美国。

試合に負けることが怖い。/我害怕输掉比赛。

关联词：おそろしい④【恐ろしい】（イ形）可怕的，惊人的

⑫ □ まずしい③【貧しい】（イ形）贫穷的，贫乏的

例　句：彼は貧乏な家庭に生まれた。/ 他出生在一个贫穷的家庭。
　　　　貧しい英語力は、私にとって大問題です。/贫乏的英语能力对我来说是个大问题。

近义词：とぼしい③【乏しい】（イ形）贫乏的，贫穷的

⑬ □ あやしい③【怪しい】（イ形）异常的，奇怪的；可疑的

例　句：もっとも私の英語もかなり怪しいです。/不过我的英语也很奇怪。
　　　　オフィスに向かう途中、怪しい人を見ました。/在去办公室的路上，我看到了一个可疑的人。

近义词：おかしい③【可笑しい】（イ形）可笑的；奇怪的；可疑的

⑭ □ えらい②【偉い】（イ形）伟大的；地位高的；厉害的

例　句：私はあんなに偉い人を見たことがない。/我没见过那样伟大的人。
　　　　その人はただ偉い人の意志どおり事を運ぶことしか知らない。/那个人只知道按大人物的意思办事。

近义词：いだい⓪【偉大】（ナ形）伟大

⑮ □ しつこい③（イ形）纠缠不休的；浓艳的，腻人的

例　句：しつこい人。/纠缠不休的人。
　　　　色はしつこい。/颜色浓艳。

⑯ □ ひっぱる③【引っ張る】（他五）拉，拽；延长；拉走

例　句：ぐいと袖を引っ張る。/使劲拉袖子。
　　　　あの人は語尾を引っ張るくせがある。/ 那个人有说话拉长音的习惯。

活　用：引っ張った・引っ張って・引っ張らない・引っ張れば・引っ張ります・引っ張ろう・引っ張れ

近义词：ひく⓪【引く】（自他五）牵引，拉；画线；吸入；拔出；引用；退

⑰ □ さめる②【覚める】（自一）醒；觉醒，醒悟

例　句：私は一眠りして目が覚めると、空はすっかり明るくなってい

た。/我一觉醒来，天已经亮了。

バブルに浮かれていた人々も目が覚めた。/曾经沉醉在泡沫经济中的人们已经觉醒。

活　用：覚めた・覚めて・覚めない・覚めれば・覚めます・覚めよう・覚めろ

近义词：かくせい⓪【覚醒】（名・自他サ）清醒，觉醒

⑱ □ くぎる②【区切る】（他五）分段；划分，隔开

例　句：一句ずつ区切って読む。/一句一句分开念。

広い土地を小さく区切る。/把大块地划分成小块。

活　用：区切った・区切って・区切らない・区切れば・区切ります・区切ろう・区切れ

近义词：わける②【分ける】（他一）分开，划分；分配

⑲ □ すわる⓪【座る】（自五）坐

例　句：もう満席で、座るところがない。/已经坐满了，没有地方坐。

彼女は太陽に背を向けて座る。/她背对太阳坐。

活　用：座った・座って・座らない・座れば・座ります・座ろう・座れ

近义词：かける②【掛ける】（他一）悬挂；坐；钩，刺；捕捉；处理

⑳ □ にる⓪【似る】（自一）像，似

例　句：外形の似ることを求めず内面の似ることを求める。/不求外形的相似而求内在的相似。

名前は似ていますが、内容は異なります。/虽然名字相似，但是内容不同。

活　用：似た・似て・似ない・似れば・似ます・似よう・似ろ

关联词：にあう②【似合う】（自五）合适，匹配

㉑ □ さわる⓪【触る】（自五）摸，触；接触，有关联

例　句：展示品に触らないでください。/请勿触摸展品。

寄ると触ると。/只要有机会。

活　用：触った・触って・触らない・触れば・触ります・触ろう・触れ

关联词：ふれる⓪【触れる】（自他一）感触到；触及；触犯；触，碰；通知

㉒ □ とどく②【届く】（自五）达，够；送到，达到

例　句：荷物が届いた。/行李送到了。

手が届かない。/手够不到。

活　用：届いた・届いて・届かない・届けば・届きます・届こう・届け

关联词：いたる②【至る】（自五）至，到；来到，来临

㉓ □ ぐたいてき⓪【具体的】（ナ形）具体的

例　句：具体的な状況は以下の幾つかの面に現われている。/具体情况表现在以下几个方面。

どのような問題に対しても具体的分析を加えねばならない。/对任何问题都要具体分析。

反义词：ちゅうしょうてき⓪【抽象的】（ナ形）抽象的

㉔ □ けいざい①【経済】（名）经济

例　句：その結果、アジア経済危機が発生した。/结果，发生了亚洲经济危机。

わが国の経済は長期にわたり躍進することができる。/我国经济能够长期跃进。

关联词：きんゆう⓪【金融】（名）金融

㉕ □ かんきゃく⓪【観客】（名）观众

例　句：どこの競技場も満員の観客でいっぱいでした。/任何一个体育场都挤满了观众。

500万に上る観客を引き受けた。/接待了500万人次的观众。

近义词：かんしゅう⓪【観衆】（名）观众

㉖ □ ひさしぶり⓪【久しぶり】（名）好久不见，好久

例　句：久しぶりに映画を見る。/隔了好久才看电影。

こんなに面白かったのは久しぶりだ。/好久没有这么开心了。

㉗ □こじん①【個人】（名）个人

例　句：個人は集団から離れられない。/个人离不开集体。

個人での申請は不可です。/个人无法申请。

关联词：しゅうだん⓪【集団】（名）集团，集体

㉘ □かおり⓪【香り】（名）香气，芳香

例　句：そよ風が淡いハスの花の香りを次々と運んで来る。/微风把淡淡的荷花香气接二连三地吹来。

この石鹸はとても良い香りがします。/这块肥皂香气十足。

关联词：かおる⓪【香る】（自五）发出香味，散发香气

㉙ □じまえ⓪【自前】（名）自费

例　句：彼は自前で大学を修了した。/他自费读完了大学。

自前で東京まで行って来る。/自费到东京去。

近义词：じひ⓪【自費】（名）自费

㉚ □しょうがくきん⓪【奨学金】（名）奖学金

例　句：中学から大学まで国の奨学金で勉強する。/从中学到大学用国家奖学金学习。

彼は奨学金のおかげで留学できた。/他多亏了奖学金才得以留学。

㉛ □きそ①【基礎】（名）基础

例　句：精密な観察は科学研究の基礎である。/精确的观察是科学研究的基础。

家屋の建築にはぜひとも基礎をしっかり造らねばならない。/房屋建筑一定要打好基础。

近义词：どだい⓪【土台】（名・副）地基，根基；基础；根本

㉜ □かんしん⓪【関心】（名）关心，关怀，感兴趣

例　句：国の政治状況に関心を持つべきである。/应该关心国家的政治状况。

この問題には皆が関心をよせている。/大家都很关心这个问题。

近义词：はいりょ①【配慮】（名・他サ）关怀，照顾

㉝ □かんばん⓪【看板】（名）招牌，广告牌；打烊时间

例　句：派手な看板が目に留まる。/注意到了花哨的广告牌。

すみません、もう看板です。/不好意思，已经打烊了。

关联词：こうこく⓪【広告】（名・他サ）广告

㉞ □かんきょう⓪【環境】（名）环境

例　句：私たちが環境を破壊しているのだという事実を忘れてはならない。/我们不能忘记破坏环境这一事实。

汚い環境をちょっときれいに片づける。/把脏乱的环境清理干净。

关联词：かんきょうほご⑤【環境保護】（名）环境保护

㉟ □わりあい⓪【割合】（副・名）比较；比例

例　句：仕事は割合に速くできた。/较快地完成了工作。

当選者は10人に1人の割合だ。/十人中有一人当选。

近义词：わり⓪【割】（名）比例；分配；成

㊱ □がっき⓪【学期】（名）学期

例　句：学期が終わると、私は父母に会うために家に帰る。/学期一结束，我就回家看望父母。

先生たちは学期の中間総括を書いている。/老师们在写期中总结。

㊲ □かがく①【科学】（名）科学

例　句：中国の科学を世界の先進的な科学の仲間に入らせる。/使中国科学进入世界先进科学的行列。

科学を研究するにはでたらめにやることは許されない。/研究科学不能乱搞。

关联词：ぎじゅつ①【技術】（名）技术，工艺

㊳ □えいが①【映画】（名）电影

例　句：この映画は小説を映画にしたものだ。/这部电影由小说改编而成。

その映画はどのような映画なのか教えてください。/请告诉我那部电影是什么样的电影。

关联词：えいがかん③【映画館】（名）电影院

㊴ □マラソン⓪（名）马拉松

例　句：このマラソンにおいては、完走できない人が多い。/在这场马拉松比赛中，很多人不能跑完全程。

私の学校は毎年文化祭やマラソン大会を催します。/我们学校每年都举办文化节和马拉松大赛。

关联词：きょうそう⓪【競走】（名・自サ）赛跑

㊵ □マナー①（名）礼节，礼貌；态度，作风

例　句：どこにでも、マナーの悪い人間はいるんですね。/哪里都有没礼貌的人呀。

彼は舞台のマナーがいい。/他的台风很好。

近义词：れいぎ③【礼儀】（名）礼节，礼法，礼貌

㊶ □ベッド①（名）床

例　句：手紙はベッドの横の机の引き出しにいれた。/信放在床边桌子的抽屉里。

今、ベッドに行く必要がありますか。/我现在有必要去床上吗?

近义词：ねどこ⓪【寝床】（名）床，床铺

㊷ □ペットボトル④（名）塑料瓶

例　句：空いたペットボトルは必ずリサイクルボックスへ入れてください。/请务必把空瓶子放进可回收垃圾箱。

ペットボトルはお持ち帰り専用です。/塑料瓶是打包专用的。

㊸ □ピアノ⓪（名）钢琴

例　句：ピアノが好きなので、将来ピアニストになりたいです。/因为喜欢钢琴，所以将来想成为钢琴家。

今までピアノを弾いたことがありませんでした。/我至今没有弹过钢琴。

关联词：ピアニスト③（名）钢琴家

㊹ □ テーマ①（名）主题，题目；主旋律，中心思想

例　句：私たちはこのテーマをじっくり思慮深く考える必要があります。/对于这个主题，我们有必要深思熟虑。

テーマがはっきりしない。/中心思想不突出。

近义词：しゅだい⓪【主題】（名）主题

㊺ □ セーター①（名）毛衣

例　句：百貨店でセーターを買った。/在百货商店买了毛衣。

このセーターを買うためにお金をたくさん使った。/买这件毛衣花了很多钱。

㊻ □ スケジュール②（名）时间表，日程表

例　句：私達は最新のスケジュールをアップデートしました。/我们更新了最新的日程表。

スケジュール調整を彼女に頼んでみます。/试着拜托她调整日程。

关联词：にってい⓪【日程】（名）日程

㊼ □ ジョギング⓪（名・自サ）慢跑

例　句：私が毎日ジョギングしている理由は健康に良いからです。/我每天慢跑的理由是对健康有益。

彼女は私が週に数回ジョギングをすることを勧めた。/她建议我每周慢跑几次。

㊽ □ ジュース①（名）果汁

例　句：そのジュースには砂糖が入っているようであった。/那个果汁里好像放了糖。

さっき店に行ってジュースを飲みました。/刚才去店里喝了果汁。

近义词：かじゅう⓪【果汁】（名）果汁

㊾ □ コンサート①（名）音乐会

例　句：このコンサートは短くて60分になる可能性がある。/这个音乐会短的话有可能是60分钟。

今夜のコンサートが何時に始まるか分からない。/我不知道今晚的音乐会几点开始。

近义词：おんがくかい③【音楽会】（名）音乐会

50 □チャンス①（名）机会

例　句：最初で最後のチャンスを逃すわけにはいかない。/不能错过第一次也是最后一次的机会。

こんなチャンスは二度とやってこないだろう。/这样的机会不会再有了吧。

近义词：きかい②【機会】（名）机会

巩固练习

1. 读音考查

(1)お菓子＿＿＿＿　(2)お湯＿＿＿＿　(3)本＿＿＿＿

(4)手＿＿＿＿　(5)目＿＿＿＿　(6)脚＿＿＿＿

(7)池＿＿＿＿　(8)腕＿＿＿＿　(9)隣＿＿＿＿

(10)悔しい＿＿＿＿　(11)怖い＿＿＿＿　(12)貧しい＿＿＿＿

(13)怪しい＿＿＿＿　(14)偉い＿＿＿＿　(15)引っ張る＿＿＿＿

(16)覚める＿＿＿＿　(17)区切る＿＿＿＿　(18)座る＿＿＿＿

(19)似る＿＿＿＿　(20)触る＿＿＿＿　(21)届く＿＿＿＿

(22)具体的＿＿＿＿　(23)経済＿＿＿＿　(24)観客＿＿＿＿

(25)久しぶり＿＿＿＿　(26)個人＿＿＿＿　(27)香り＿＿＿＿

(28)自前＿＿＿＿　(29)奨学金＿＿＿＿　(30)基礎＿＿＿＿

(31)関心＿＿＿＿　(32)看板＿＿＿＿　(33)環境＿＿＿＿

(34)割合＿＿＿＿　(35)学期＿＿＿＿　(36)科学＿＿＿＿

(37)映画＿＿＿＿

2. 汉字检验

(1)おかし____________ (2)おゆ______________ (3)ほん ______________

(4)て________________ (5)め________________ (6)あし______________

(7)いけ______________ (8)うで______________ (9)となり____________

(10)くやしい_________ (11)こわい___________ (12)まずしい _________

(13)あやしい_________ (14)えらい___________ (15)ひっぱる_________

(16)さめる___________ (17)くぎる___________ (18)すわる___________

(19)にる_____________ (20)さわる___________ (21)とどく___________

(22)ぐたいてき_______ (23)けいざい_________ (24)かんきゃく_______

(25)ひさしぶり_______ (26)こじん___________ (27)かおり___________

(28)じまえ___________ (29)しょうがくきん_____ (30)きそ____________

(31)かんしん_________ (32)かんばん_________ (33)かんきょう_______

(34)わりあい_________ (35)がっき___________ (36)かがく___________

(37)えいが___________

3. 提高训练

(1) (　　)は既に席に着き、公演が間もなく始まる。

A. 観客　　B. 個人　　C. 俳優　　D. 友人

(2) そこにはたくさんの人がいて(　　)場所がありませんでした。

A. 絞る　　B. 触る　　C. 座る　　D. 届く

(3) 目の(　　)範囲内で子供を自由に遊ばせたい。

A. 届く　　B. 足りる　　C. 似る　　D. 座る

(4) 彼らはとても(　　)ので、私たちは彼らを助けなければならない。

A. 怖い　　B. 悔しい　　C. 偉い　　D. 貧しい

(5) ゆうべ見た(　　)は、この辺りに伝わっている物語に基づいて作られたのである。

A. 歌　　B. 環境　　C. ご飯　　D. 映画

(6) 彼は(　　)の家からの笑い声を聞いた。

A. 個人　B. 隣　C. 脚　D. 池

(7) あなたが(　　)をしていると聞いて驚きました。

A. マラソン　B. マナー　C. テーマ　D. ベッド

(8) (　　)は集団の手配に従わなければなりません。

A. 個人　B. 学生　C. 教師　D. 課長

(9) 陸と海との面積の(　　)は1対3である。

A. 発展　B. 結果　C. 環境　D. 割合

(10) 山本さんは中国文化に強い(　　)を持っています。

A. 結果　B. 腕　C. 推移　D. 関心

(11) 文章を(　　)と、読みやすいです。

A. 引っ張る　B. 分ける　C. 覚める　D. 区切る

(12) 真に学問のある人は、決して自分で自分を(　　)などと思わない。

A. 厳しい　B. 偉い　C. 貧しい　D. 悪い

(13) 長時間のスマホをすると、(　　)に悪いです。

A. 手　B. 口　C. 脚　D. 目

(14) (　　)が沸騰している。

A. お湯　B. 草　C. 料理　D. 池

(15) 入社してまもなく、研修生として日本へ行く(　　)が与えられた。

A. チャンス　B. セーター　C. スケジュール　D. ピアノ

(16) 彼女は私が週に数回(　　)をすることを勧めた。

A. ジョギング　B. メッセージ　C. バランス　D. エネルギー

(17) 旅行の(　　)を教えてください。

A. ストレス　B. アイデア　C. レポート　D. スケジュール

(18) 来年、人気歌手の(　　)があります。

A. イメージ　B. タイトル　C. プラン　D. コンサート

(19) 枕は(　　)の上に横向きに置く。

A. ベッド　B. カーテン　C. データ　D. トイレ

(20) 彼女は僕のために(　　)を編んでくれた。

A. セーター　B. ピアノ　C.ジュース　D. マナー

Day 16

小试牛刀

请从以下今天要学习的单词中，选出你已经认识的单词，并在横线上写出对应的词性和释义。

- □ コーヒー ________
- □ グループ ________
- □ エンジン ________
- □ アンケート ________
- □ 応募 ________
- □ 横断 ________
- □ 回収 ________
- □ 関係 ________
- □ 記録 ________
- □ 緊張 ________
- □ 携帯 ________
- □ 計算 ________
- □ 計画 ________
- □ 経営 ________
- □ 全員 ________
- □ 洗剤 ________
- □ 息子 ________
- □ 税金 ________
- □ 赤ちゃん ________
- □ 親戚 ________
- □ 単身 ________
- □ 団体 ________
- □ 天井 ________
- □ 特徴 ________
- □ 特長 ________
- □ 独身 ________
- □ 内緒 ________
- □ 背中 ________
- □ 売り場 ________
- □ 風呂 ________
- □ 文化 ________
- □ 文章 ________
- □ 方法 ________
- □ 父親 ________
- □ 母親 ________
- □ 有料 ________
- □ 遊園地 ________
- □ 腕時計 ________
- □ エネルギー ________
- □ 老い ________
- □ 両手 ________
- □ 迷子 ________
- □ 本棚 ________
- □ ドラマ ________
- □ チーズ ________
- □ タイトル ________
- □ セール ________
- □ セット ________
- □ スピード ________
- □ スプーン ________

词汇讲解

❶ □ コーヒー③（名）咖啡

例　句：このコーヒー店はとてもおいしいコーヒーを出す。/这家咖啡店提供非常美味的咖啡。

休憩時間にコーヒーとシュークリームを食べた。/我在休息时间喝了咖啡，吃了泡芙。

关联词：カフェ①（名）咖啡馆

❷ □ グループ②（名）群，组，集团

例　句：子供たちを三つのグループにわける。/把孩子们分成三个小组。

グループに分かれて討論する。/分组讨论。

近义词：くみ②【組み】（名）组，套，班

❸ □ エンジン①（名）发动机，引擎

例　句：私の会社では小型エンジンを生産しています。/我的公司生产小型发动机。

エンジンはかけたままにしておいてください。/请把引擎开着。

近义词：はつどうき③【発動機】（名）发动机

❹ □ アンケート①（名）问卷调查

例　句：アンケートにご協力頂き、まことにありがとうございました。/非常感谢您协助我们（完成）问卷调查。

これは韓国の小学生の保護者に聞いたアンケートです。/这是对韩国小学生家长的问卷调查。

关联词：ちょうさ①【調査】（名・他サ）调查

❺ □ おうぼ⓪【応募】（名・自サ）应征，应募，报名参加

例　句：選考委員たちは応募作品を一編一編と審査した。/评选委员们逐篇审查了应征作品。

セールスのポジションに応募したいです。/我想应聘销售岗。

活　用：応募した・応募して・応募しない・応募すれば・応募します・

応募しよう・応募しろ

关联词：ぼしゅう⓪【募集】（名・他サ）招募

⑥ □ おうだん⓪【横断】（名・他サ）横穿，横渡

例　句：私たちは彼らが通りを横断するのを見ました。/我们看到了他们横穿马路。

太平洋をひとりで横断した彼はまさに巨人である。/一个人横渡太平洋的他才是真正的巨人。

活　用：横断した・横断して・横断しない・横断すれば・横断します・横断しよう・横断しろ

近义词：よこぎる③【横切る】（他五）横过，横穿过

⑦ □ かいしゅう⓪【回収】（名・他サ）回收，收回

例　句：いつあのゴミを回収に来るか尋ねていただけますか。/能问问什么时候来回收垃圾吗?

旧製品は現在、回収を進めています。/现在正在进行旧产品回收。

活　用：回収した・回収して・回収しない・回収すれば・回収します・回収しよう・回収しろ

近义词：リサイクル②（名・他サ）回收，再利用

⑧ □ かんけい⓪【関係】（名）关系，关联

例　句：それは私には関係がありません。/那件事与我无关。

中国と日本は昔から関係が深い。/中国和日本自古关系密切。

近义词：かんれん⓪【関連】（名・自サ）关联，联系

⑨ □ きろく⓪【記録】（名・他サ）记载，记录；纪录

例　句：昔はここが海だったという記録がある。/有记载说，过去这里是片海。

彼はまたもや記録を破った。/他又一次打破了纪录。

活　用：記録した・記録して・記録しない・記録すれば・記録します・記録しよう・記録しろ

关联词：きろくえいが④【記録映画】（名）纪录片

⑩ □ きんちょう⓪【緊張】（名・自サ）紧张，恶化

例　句：神経を極度に緊張させる。/使神经极度紧张。

両国の関係が緊張してきた。/两国关系紧张起来了。

活　用：緊張した・緊張して・緊張しない・緊張すれば・緊張します・緊張しよう・緊張しろ

关联词：きんちょうかん③【緊張感】（名）紧张感

⑪ □ けいたい⓪【携帯】（名・他サ）手机；携带

例　句：私の携帯に友達からメールが来ました。/朋友给我的手机发了短信。

手荷物と包みの2つを携帯する。/随身携带行李和两件包裹。

活　用：携帯した・携帯して・携帯しない・携帯すれば・携帯します・携帯しよう・携帯しろ

⑫ □ けいさん⓪【計算】（名・他サ）计算，运算

例　句：全部でいくらになるか計算してください。/请你算算，一共多少钱。

計算を通して答案が正しいことを証明する。/通过运算来证明答案是正确的。

活　用：計算した・計算して・計算しない・計算すれば・計算します・計算しよう・計算しろ

近义词：えんざん⓪【演算】（名・他サ）运算，计算

⑬ □ けいかく⓪【計画】（名・他サ）计划，谋划

例　句：私達はその計画が予定通り進まないことに少し懸念しています。/我们有点担心那个计划不能如期进行。

彼らはその計画に反対した。/他们反对那个计划。

活　用：計画した・計画して・計画しない・計画すれば・計画します・計画しよう・計画しろ

近义词：きかく⓪【企画】（名・他サ）规划，计划

⑭ □ けいえい⓪【経営】（名・他サ）经营

例　句：会社の経営がうまくいっている。/公司经营得很顺利。

不景気から、ついに経営難に陥った。/由于不景气，经营终于陷入困境。

活　用：経営した・経営して・経営しない・経営すれば・経営します・経営しよう・経営しろ

关联词：えいぎょう⓪【営業】（名・自他サ）营业，经商

⑮ □ ぜんいん⓪【全員】（名）全体成员

例　句：消防士は全員に、ビルから退去するように命じました。/消防人员命令全体人员撤离大楼。

営業部全員は感謝の気持ちでいっぱいでございます。/营业部全体人员充满了感谢的心情。

关联词：ぜんたい⓪【全体】（名）全体

⑯ □ せんざい⓪【洗剤】（名）洗涤剂，洗衣粉

例　句：洗剤を洗い流す。/冲洗洗涤剂。

どの洗剤が一番良いか分からない。/我不知道哪个洗涤剂最好。

关联词：せんたく⓪【洗濯】（名・他サ）洗涤

⑰ □ むすこ⓪【息子】（名）儿子

例　句：父母は息子が一日も早く帰って来ることを待ち望んでいる。/父母盼望儿子早日回来。

私の息子は何をするにも慎重になります。/我儿子做什么都很慎重。

关联词：むすめ③【娘】（名）女儿，姑娘

⑱ □ ぜいきん⓪【税金】（名）税金

例　句：本年度の税金を誤りなく計算する。/准确无误地计算本年度的税金。

収入が多い人は税金の額もかなりとられている。/收入高的人，纳税也多。

关联词：ぜいむ①【税務】（名）税务

⑲ □ あかちゃん①【赤ちゃん】（名）婴儿

例　句：彼女はお腹の中の赤ちゃんに話しかける。/她和腹中的胎儿说话。

その赤ちゃんは私の顔を見て微笑んだ。/那个婴儿看着我的脸微笑了。

近义词：あかんぼう⓪【赤ん坊】（名）婴儿；幼稚的人

⑳ □ しんせき⓪【親戚】（名）亲属，亲戚

例　句：親戚全員が集まるので、出掛けることができないのです。/因为所有亲戚都来，所以不能出门。

ジョンの全財産が親戚に渡るでしょう。/约翰的全部财产会移交给亲戚吧。

近义词：しんぞく①【親族】（名）亲属

㉑ □ たんしん⓪【単身】（名）单身，只身

例　句：私の父は7月から単身赴任です。/我父亲从7月开始单身赴任。

単身敵地に乗り込む。/只身闯入敌占区。

近义词：どくしん⓪【独身】（名）独身，单身

㉒ □ だんたい⓪【団体】（名）团体，集体

例　句：海外で国際的に活動をする団体を紹介します。/介绍在海外进行国际活动的团体。

この団体は組織規律の厳格な集団である。/这个团体是组织纪律性很强的集团。

近义词：しゅうだん⓪【集団】（名）集团，集体

㉓ □ てんじょう⓪【天井】（名）顶棚，天花板；顶点

例　句：彼は天井に手が届くほど背が高い。/他高到能用手碰到天花板。

物価が天井知らずに上がる。/物价无止境地暴涨。

㉔ □ とくちょう⓪【特徴】（名）特征，特点

例　句：これといった特徴がない。/没有值得一提的特征。

独占資本がその時代を特徴づけている。/垄断资本成为那个时代的特点。

近义词：とくてん⓪【特点】（名）特点

㉕ □ とくちょう⓪【特長】（名）特长，特点

例　句：各人の特長を生かす。/发挥每个人的特长。

　　　　私の特長は絵を描くことです。/我的特长是绘画。

关联词：とくぎ①【特技】（名）特殊技能，一技之长

㉖ □ どくしん⓪【独身】（名）独身，单身

例　句：独身のほうがいいと言っていたのに。/明明说过还是单身比较好。

　　　　あなたは独身ですか、結婚していますか。/你是单身还是已婚?

近义词：たんしん⓪【単身】（名）单身，只身

㉗ □ ないしょ⓪【内緒】（名）秘密

例　句：私が写真を撮ったことは内緒にしておいてください。/我拍照的事，还请您保密。

　　　　お母さんには内緒にしておくね。/要对妈妈保密哦。

近义词：ひみつ⓪【秘密】（名）秘密

㉘ □ せなか⓪【背中】（名）后背，脊背

例　句：あなたの背中がよくなるように祈っています。/我祈祷你的后背能好起来。

　　　　特に背中に汗をかきます。/我后背特别爱出汗。

近义词：せ①【背】（名）后背；个子；山脊

㉙ □ うりば⓪【売り場】（名）柜台，卖场

例　句：売り場の台の上には各種の野菜が並べてある。/柜台上摆着各种蔬菜。

　　　　売り場の店員が料理法さえも教えてくれます。/卖场的店员甚至会教我做菜的方法。

关联词：うる⓪【売る】（他五）卖；扬名；出卖，背叛

㉚ □ ふろ②【風呂】（名）浴池，公共浴室

例　句：ジョンは普通寝る前にお風呂に入る。/约翰通常在睡觉前泡澡。

　　　　いつお風呂に入りたいですか。/你想什么时候泡澡?

关联词：にゅうよく⓪【入浴】（名・自サ）洗澡，入浴

㉛ □ぶんか①【文化】（名）文化

例　句：中国の文化を世界に伝えたい。/我想把中国的文化传达给世界。

私は中国文化が好きです。/我喜欢中国文化。

关联词：ぶんめい⓪【文明】（名）文明，物质文化

㉜ □ぶんしょう①【文章】（名）文章；散文

例　句：批判の文章は矢継ぎ早にやって来た。/批评的文章铺天盖地而来。

文章が間違えていたら直してください。/文章错了的话请修改。

近义词：さんぶん⓪【散文】（名）散文

㉝ □ほうほう⓪【方法】（名）方法，办法

例　句：その方法は以前、私が開発した方法です。/那个方法是我以前开发的方法。

別の方法を試してみた。/尝试了别的方法。

近义词：しゅだん①【手段】（名）手段，办法

㉞ □ちちおや⓪【父親】（名）父亲

例　句：太郎の父親の鈴木さんは、私の父の友達です。/太郎的父亲铃木先生是我父亲的朋友。

当時私の父親はしょっちゅう失業していた。/那时我父亲经常失业。

关联词：ははおや⓪【母親】（名）母亲

㉟ □ははおや⓪【母親】（名）母亲

例　句：現在、姉が母親を看病しています。/现在姐姐在照看母亲。

母親が子供を胸に抱き抱えている。/母亲把孩子抱在怀里。

关联词：ちちおや⓪【父親】（名）父亲

㊱ □ゆうりょう⓪【有料】（名）收费

例　句：これは無料ですか、有料ですか。/这个是免费的，还是收费的?

でも７話から有料なのでここまでしか見ることができません。/但是从第七集开始就要收费了，所以只能看到这里。

反义词：むりょう⓪【無料】（名）免费，不要钱

㊲ □ ゆうえんち③【遊園地】（名）游乐场，游乐园

例　句：その遊園地は先月よりも人が多い。/那个游乐场现在的人比上个月还多。

今日は友達とその遊園地へ行きました。/我今天和朋友去了那个游乐园。

㊳ □ うでどけい③【腕時計】（名）手表

例　句：体操の時は、腕時計を外します。/做体操的时候，摘下手表。

彼はこのデザインの腕時計が気に入った。/他喜欢这种款式的手表。

关联词：とけい⓪【時計】（名）钟表

㊴ □ エネルギー②（名）精力；能量

例　句：彼のエネルギーはますます満ちあふれる。/他的精力越来越充沛。

将来、エネルギー・食糧問題はますます深刻になる。/未来，能源、粮食问题将越来越严重。

㊵ □ おい⓪【老い】（名）年老，老人

例　句：老いも若きも。/老老少少。

老いの一徹。/老人的固执。

近义词：ろうじん⓪【老人】（名）老人，老年人

㊶ □ りょうて⓪【両手】（名）两手，双手，双臂

例　句：両手を体側から上へ挙げて、前からゆっくり降ろす。/将两手从身体一侧向上举起，从前面慢慢放下。

幸福な生活は我々の両手によって作り出す。/幸福的生活靠我们的双手创造。

㊷ □ まいご①【迷子】（名）迷路，迷路的孩子

例　句：その迷子は30分後に近くで見つかった。/那个迷路的孩子30分钟后在附近找到了。

騎馬巡査が迷子を発見した。/骑警发现了迷路的孩子。

关联词：まよう②【迷う】（自五）迷失；迷恋；迷惑

㊸ □ ほんだな①【本棚】（名）书架

例　句：本棚に並んでいるのはすべて古典小説である。/书架上陈列的都是古典小说。

たくさん本があるなら、たくさん本棚が必要だ。/如果有很多书，就需要很多书架。

㊹ □ ドラマ①（名）电视剧

例　句：ワインを飲みながらアメリカのドラマを見ました。/我一边喝红酒，一边看了美剧。

このドラマは、思ったほど面白くない。/这部电视剧没有想象中那么有趣。

㊺ □ チーズ①（名）奶酪，芝士

例　句：じゃがいもを切って、チーズと一緒に焼く。/把土豆切好，和芝士一起烤。

チーズケーキはチーズを用いて作ったケーキである。/芝士蛋糕是用芝士做的蛋糕。

㊻ □ タイトル①（名）标题，题目

例　句：タイトルを工夫して読者の想像をかき立てる。/在标题上下功夫，激发读者的想象。

私はタイトルの正誤を確認します。/我确认标题的对错。

近义词：テーマ①（名）主题，题目；主旋律，中心思想

㊼ □ セール①（名）促销，打折，廉价销售，减价

例　句：セール対象品は返品・交換を受け付けませんのでご注意ください。/请注意，促销商品不接受退换货。

セールの時には多くの人がそこを訪れます。/打折的时候很多人会去那里。

㊽ □ セット①（名・他サ）一套，一组；舞台装置，电影布景；装配，调整；梳整发型

例　句：これは景徳鎮の食器セットです。/这是套景德镇的餐具。
　　　　お稽古の準備をして、カメラをセットしておいてください。/请做好排练的准备，调好照相机。

活　用：セットした・セットして・セットしない・セットすれば・セットします・セットしよう・セットしろ

近义词：ちょうせい⓪【調整】（名・他サ）调整，协调

㊾ □ スピード⓪（名）速度

例　句：あなたはそんなに速いスピードで走ってはいけません。/你不能跑那么快。
　　　　彼はスピードを上げ、すぐに他の選手を引き離した。/他加快速度，很快就甩开了其他运动员。

近义词：そくど①【速度】（名）速度

㊿ □ スプーン②（名）汤匙，勺

例　句：スプーンでスープをのむ。/用汤匙喝汤。
　　　　スプーンでご飯を食べます。/用勺子吃饭。

近义词：さじ①【匙】（名）汤匙，小勺

巩固练习

1. 读音考查

(1)応募＿＿＿＿　(2)横断＿＿＿＿　(3)回収＿＿＿＿

(4)関係＿＿＿＿　(5)記録＿＿＿＿　(6)緊張＿＿＿＿

(7)携帯＿＿＿＿　(8)計算＿＿＿＿　(9)計画＿＿＿＿

(10)経営＿＿＿＿　(11)全員＿＿＿＿　(12)洗剤＿＿＿＿

(13)息子＿＿＿＿　(14)税金＿＿＿＿　(15)赤ちゃん＿＿＿＿

(16)親戚＿＿＿＿＿ (17)単身＿＿＿＿＿ (18)団体＿＿＿＿＿

(19)天井＿＿＿＿＿ (20)特徴＿＿＿＿＿ (21)特長＿＿＿＿＿

(22)独身＿＿＿＿＿ (23)内緒＿＿＿＿＿ (24)背中＿＿＿＿＿

(25)売り場＿＿＿＿＿ (26)風呂＿＿＿＿＿ (27)文化＿＿＿＿＿

(28)文章＿＿＿＿＿ (29)方法＿＿＿＿＿ (30)父親＿＿＿＿＿

(31)母親＿＿＿＿＿ (32)有料＿＿＿＿＿ (33)遊園地＿＿＿＿＿

(34)腕時計＿＿＿＿＿ (35)老い＿＿＿＿＿ (36)両手＿＿＿＿＿

(37)迷子＿＿＿＿＿ (38)本棚＿＿＿＿＿

2. 汉字检验

(1)おうぼ＿＿＿＿＿ (2)おうだん＿＿＿＿＿ (3)かいしゅう＿＿＿＿＿

(4)かんけい＿＿＿＿＿ (5)きろく＿＿＿＿＿ (6)きんちょう＿＿＿＿＿

(7)けいたい＿＿＿＿＿ (8)けいさん＿＿＿＿＿ (9)けいかく＿＿＿＿＿

(10)けいえい＿＿＿＿＿ (11)ぜんいん＿＿＿＿＿ (12)せんざい＿＿＿＿＿

(13)むすこ＿＿＿＿＿ (14)ぜいきん＿＿＿＿＿ (15)あかちゃん＿＿＿＿＿

(16)しんせき＿＿＿＿＿ (17)たんしん＿＿＿＿＿ (18)だんたい＿＿＿＿＿

(19)てんじょう＿＿＿＿＿ (20)とくちょう＿＿＿＿＿ (21)とくちょう＿＿＿＿＿

(22)どくしん＿＿＿＿＿ (23)ないしょ＿＿＿＿＿ (24)せなか＿＿＿＿＿

(25)うりば＿＿＿＿＿ (26)ふろ＿＿＿＿＿ (27)ぶんか＿＿＿＿＿

(28)ぶんしょう＿＿＿＿＿ (29)ほうほう＿＿＿＿＿ (30)ちちおや＿＿＿＿＿

(31)ははおや＿＿＿＿＿ (32)ゆうりょう＿＿＿＿＿ (33)ゆうえんち＿＿＿＿＿

(34)うでどけい＿＿＿＿＿ (35)おい＿＿＿＿＿ (36)りょうて＿＿＿＿＿

(37)まいご＿＿＿＿＿ (38)ほんだな＿＿＿＿＿

3. 提高训练

(1) 作文コンクールに私は(　　)して、その結果1位になった。

A. 応募　B. 記録　C. 回収　D. 携帯

(2) 太平洋をひとりで(　　)した。

A. 緊張　B. 移動　C. 勉強　D. 横断

(3) 私が写真を撮ったことは(　　)にしておいてください。絶対に人に話してはいけない。

A. 特長　B. 特徴　C. 計画　D. 内緒

(4) 収入が多い人は(　　)の額もかなりとられている。

A. 税金　B. 家賃　C. 代金　D. 借金

(5) 私の(　　)はサッカーです。

A. 特徴　B. 特別　C. 特長　D. 特殊

(6) (　　)どころか、結婚していて子どもが3人もいる。

A. 親戚　B. 独身　C. 友達　D. 恋人

(7) でも7話から(　　)なのでここまでしか見ることができません。

A. 横断　B. 無料　C. 有料　D. 内緒

(8) 「(　　)」というと、すぐ芸術、美術、文学といったものを頭に思い浮かべる人が多い。

A. 文化　B. 歴史　C. 数学　D.地理

(9) 今日は疲れたから、ご飯を食べてお(　　)に入るつもりです。

A. 見　B. 買い　C. 勧め　D. 風呂

(10) 次の(　　)を過去形の文に書き換えなさい。

A. 特征　B. 新聞　C. 小説　D. 文章

(11) 現状からいって、その(　　)を実行するのは無理です。

A. 記録　B. 回収　C. 計算　D. 計画

(12) (　　)を見るともう8時でした。

A. 映画　B. 腕時計　C. 看板　D. 冷蔵庫

(13) 日本式の家の(　　)の1つは畳が敷いてあることです。

A. 特徴　　B. 特定　　C. 特例　　D. 特産

(14) 彼には3人の娘がいますので、もう一人(　　)が欲しいです。

A. 弟　　B. 妹　　C. 娘　　D. 息子

(15) 今年の手帳は20%引きの(　　)になっています。

A. セール　　B. チーズ　　C. ドラマ　　D. スプーン

(16) 被験者はふたつの(　　)に分けられた。

A. ジョギング　　B. メッセージ　　C. グループ　　D. エンジン

(17) 遠大な理想を持ってこそ、学習の(　　)がわいてくる。

A. ストレス　　B. アイデア　　C. レポート　　D. エネルギー

(18) (　　)を貸してくれませんか。電話したいんです。

A. 報告　　B. 腕時計　　C. 眼鏡　　D. 携帯

(19) ゆうべは(　　)をたくさん飲んでよく眠れませんでした

A. チーズ　　B. ジュース　　C. ドラマ　　D. コーヒー

(20) 文字は言語を(　　)する記号の体系である。

A. 計画　　B. 回収　　C. 緊張　　D. 記録

Day 17

小试牛刀

请从以下今天要学习的单词中，选出你已经认识的单词，并在横线上写出对应的词性和释义。

- □ 意外 ________
- □ 下手 ________
- □ 確実 ________
- □ 幸せ ________
- □ 残念 ________
- □ 主 ________
- □ 主要 ________
- □ 寝坊 ________
- □ 身近 ________
- □ 正常 ________
- □ 退屈 ________
- □ 単純 ________
- □ 短気 ________
- □ 熱心 ________
- □ お祭り ________
- □ お祝い ________
- □ お知らせ ________
- □ バター ________
- □ ノート ________
- □ バス ________
- □ バナナ ________
- □ パーセント ________
- □ パーティー ________
- □ パスポート ________
- □ パン ________
- □ パンフレット ________
- □ ピアニスト ________
- □ ピル ________
- □ ピンク ________
- □ プラスチック ________
- □ 運動会 ________
- □ 映画館 ________
- □ 一般 ________
- □ 太陽 ________
- □ 各地 ________
- □ 楽しみ ________
- □ 感覚 ________
- □ 感情 ________
- □ 教室 ________
- □ 切手 ________
- □ 正月 ________
- □ 裏側 ________
- □ 廊下 ________
- □ 一度 ________
- □ 逆 ________
- □ 別 ________
- □ 針 ________
- □ 図 ________
- □ 泉 ________
- □ 村 ________

词汇讲解

❶ □ いがい⓪【意外】（ナ形）意外，想不到，出乎意料

例　句：刑務所の医者は意外なことに丁寧に私の病気を治療してくれた。/监狱里的医生意外地细心地为我治病了。

用件は意外にあっさりと片付いた。/想不到事情这么简单就了结了。

关联词：とつぜん⓪【突然】（副）突然

❷ □ へた②【下手】（名・ナ形）拙劣，笨拙，马虎，冒失；不擅长

例　句：下手に口出しをして、かえって混乱させた。/乱插嘴，反而把事情搞砸了。

私は演奏も歌も下手で恥ずかしい。/我不擅长演奏也不擅长唱歌，很不好意思。

反义词：じょうず③【上手】（名・ナ形）擅长，高明

❸ □ かくじつ⓪【確実】（名・ナ形）确实，可靠

例　句：行くかどうかまだ確実ではない。/去不去尚未确定。

彼は確実に来るだろう。/他一定会来吧。

近义词：たしか①【確か】（副・ナ形）大概；确实，可靠

❹ □ しあわせ⓪【幸せ】（名・ナ形）运气，走运；幸福，幸运

例　句：あなたの幸せは、私の幸せです。/你的幸福就是我的幸福。

相手の幸福を幸せに感じる。/因为对方的幸福而感到幸福。

近义词：こうふく⓪【幸福】（名・ナ形）幸福，幸运

❺ □ ざんねん③【残念】（名・ナ形）遗憾，抱歉；悔恨，懊悔

例　句：大変残念ですが、今回はお断りしなくてはなりません。/非常遗憾，但这次我必须拒绝。

人の忠告をきかなかったことを残念に思う。/后悔没听人家的劝告。

近义词：こうかい①【後悔】（名・他サ）后悔，懊悔

⑥ □ おも①【主】（ナ形）主要的，重要的

例　句：私の主な仕事は、この会社の業績の拡大に貢献することです。/我的主要工作是为扩大这个公司的业绩做贡献。

ここ一週間の主な出来事は3つありました。/这一周主要发生了三件事。

近义词：しゅよう⓪【主要】（名・ナ形）主要

⑦ □ しゅよう⓪【主要】（名・ナ形）主要

例　句：彼は発言の主要内容を幾つか追記した。/他追加了几个发言的主要内容。

前線は双方の主要兵力を集中している。/前线集中了双方的主要兵力。

近义词：おも①【主】（ナ形）主要的，重要的

⑧ □ ねぼう⓪【寝坊】（名・ナ形・自サ）睡懒觉

例　句：寝坊して学校に遅れた。/因为睡懒觉，所以上学迟到了。

なんであなたはよく寝坊するの。/为什么你经常睡懒觉？

活　用：寝坊した・寝坊して・寝坊しない・寝坊すれば・寝坊します・寝坊しよう・寝坊しろ

关联词：あさねぼう③【朝寝坊】（名・自サ）睡懒觉（的人）

⑨ □ みぢか⓪【身近】（ナ形）身边，切身

例　句：身近な取り組みから始めたい。/想从身边的事情开始做起。

彼は死を身近に感じていた。/他切身感受到了死亡。

⑩ □ せいじょう⓪【正常】（名・ナ形）正常

例　句：人工衛星は軌道に乗って正常に運行している。/人造卫星在轨道上正常运行。

この機械はまだ正常に動かないままです。/这个机器还没有正常运转。

关联词：つうじょう⓪【通常】（名）通常，平常

⑪ □ たいくつ⓪【退屈】（名・ナ形・自サ）无聊，寂寞，厌倦

例　句：退屈だったので買物をしに出かけました。/因为无聊所以出门买东西了。

私はこんな退屈な生活を送りたくない。/我不想过这种无聊的生活。

活　用：退屈した・退屈して・退屈しない・退屈すれば・退屈します・退屈しよう・退屈しろ

近义词：つまらない③【詰まらない】（イ形）无聊的；无用的；没有价值的

⑫ □ たんじゅん⓪【単純】（名・ナ形）单纯，简单

例　句：翻訳は単純な単語の置き換えゲームではない。/翻译不是简单的单词置换游戏。

彼は人に単純で無邪気そうな印象を与える。/他给人一种单纯、天真无邪的印象。

近义词：むじゃき①【無邪気】（名・ナ形）单纯，天真，幼稚

⑬ □ たんき①【短気】（名・ナ形）急性子，性急

例　句：彼は短気で、事柄を冷静に考えられない。/他性子急，不能冷静地考虑事情。

彼は短気で、頻繁に自分の子供たちを怒鳴っている。/他性子急，经常对自己的孩子们怒吼。

关联词：きみじか⓪【気短】（ナ形）性情急躁

⑭ □ ねっしん①【熱心】（名・ナ形）热心，热情

例　句：皆様の謙虚で熱心な姿勢にとても感動しました。/我被大家谦虚、热心的态度感动了。

山田先生は熱心で責任感がある。/山田老师既热情，又有责任感。

近义词：ねつじょう⓪【熱情】（名）热情，热心

⑮ □ おまつり⓪【お祭り】（名）祭祀，庙会，节日

例　句：そのお祭りは300年間続いています。/那个祭祀活动持续了三百年。

日本でもっとも有名なお祭りは何ですか。/日本最有名的节日是什么?

近义词：しゅくじつ⓪【祝日】（名）节日

⑯ □ おいわい⓪【お祝い】（名）祝贺，庆祝

例　句：皆様、杯を挙げて新春のよき日をお祝いしましょう。/各位，举杯庆贺新春佳节吧。

まず皆さんにお祝いを述べさせていただきます。/首先，请允许我向大家表示祝贺。

关联词：いわう②【祝う】（他五）祝贺，祝福

⑰ □ おしらせ⓪【お知らせ】（名）通知

例　句：出発の日時はのちほどお知らせします。/出发时间随后通知。

くわしいことは追い追いお知らせします。/详情随后通知。

⑱ □ バター①（名）黄油

例　句：バターはスーパーに無くて買えませんでした。/因为超市里没有黄油，所以买不到。

パンとバターが朝食として出される。/早饭是面包和黄油。

⑲ □ ノート①（名・他サ）笔记本，记录

例　句：だから自分のノートを持ってきてください。/所以请把自己的笔记本拿来。

彼は先生の授業の重点をノートすることができる。/他能把老师讲课的重点记录下来。

活　用：ノートした・ノートして・ノートしない・ノートすれば・ノートします・ノートしよう・ノートしろ

近义词：ノートブック④（名）笔记本

⑳ □ バス①（名）公交车

例　句：私がバス停に着いたその時、バスが出発した。/我到达公交站的时候，已经发车了。

バス停でバスを待っている老婦人を知っていますか。/你认识在公共汽车站等公车的老妇人吗?

㉑ □ バナナ①（名）香蕉

例　句：果物と聞いて、まず思い出すのはバナナです。/一听到水果，首先想到的是香蕉。

私はバナナとイチゴとスイカが好きです。/我喜欢香蕉、草莓和西瓜。

㉒ □ パーセント③（名）百分率，百分比

例　句：現金でのお支払いの場合は、5パーセント値引きいたします。/用现金支付的话，优惠5%。

この工場では、女性労働者が約60パーセントを占めている。/这家工厂里，女工约占百分之六十。

近义词：パーセンテージ⑤（名）百分率，百分比

㉓ □ パーティー①（名）派对，聚会，集会

例　句：友人の子供の誕生日パーティーに行った。/我去了朋友孩子的生日派对。

パーティーに行くかどうか考えています。/在想去不去参加聚会。

近义词：あつまり③【集まり】（名）集会，聚会

㉔ □ パスポート③（名）护照

例　句：財布の中に入っていたのはパスポートではなく運転免許証だ。/钱包里装的不是护照，而是驾照。

パスポートをいつ受け取る予定ですか。/你计划什么时候领护照?

近义词：りょけん⓪【旅券】（名）护照

㉕ □パン①（名）面包

例　句：スーパーでパンを買う予定です。/我打算在超市买面包。

パンを作る。/做面包。

㉖ □パンフレット①（名）宣传册，小册子

例　句：これが宿泊するところのパンフレットです。/这是住宿的地方的宣传册。

私たちの活動のパンフレットを添付します。/附上我们活动的宣传册。

㉗ □ピアニスト③（名）钢琴家

例　句：10年後、彼女はとても有名なピアニストになりました。/10年后，她成了非常有名的钢琴家。

ピアニストになって素晴らしい演奏がしたいです。/我想成为钢琴家进行精彩的演奏。

关联词：ピアノ⓪（名）钢琴

㉘ □ピル①（名）药丸，丸剂

例　句：その大きいピルは飲みにくかった。/那个大药丸很难吃下。

彼はピルをのみました。/他吃了药丸。

㉙ □ピンク①（名）粉色，粉红色

例　句：淡いピンクの花弁がとてもかわいいです。/淡粉色的花瓣非常可爱。

彼女の持ち物はピンクの物が多い。/她带的东西很多是粉色的。

近义词：ももいろ⓪【桃色】（名）粉色，粉红色

㉚ □プラスチック④（名）塑料

例　句：プラスチックに字を書くならサインペンを使えばどう。/在塑料上写字的话用签字笔怎么样?

必ず、燃えるごみとプラスチックを分別する。/一定要把可燃垃圾和塑料分开。

㉛ □ うんどうかい③【運動会】（名）运动会

例　句：毎回の運動会で、我々のクラスはいつも優位に立っている。/每次运动会，我们班总是领先。

多くの学校で、運動会が行われます。/很多学校都举行运动会。

关联词：うんどう⓪【運動】（名・自サ）运动，活动

㉜ □ えいがかん③【映画館】（名）电影院

例　句：映画館に行こう。/去电影院吧。

一人で映画館に行くのは恥ずかしい。/一个人去电影院有点不好意思。

关联词：えいが①【映画】（名）电影

㉝ □ いっぱん⓪【一般】（名）一般，普通人，普遍

例　句：一般の家庭。/一般的家庭。

今年の作柄は一般に良好だ。/今年的收成普遍很好。

关联词：ふつう⓪【普通】（ナ形・副）普通，一般，平常

㉞ □ たいよう①【太陽】（名）太阳

例　句：太陽は東から昇って西に沈む。/太阳东升西落。

太陽が輝いている。/阳光普照。

关联词：つき②【月】（名）月亮，月份，月光

㉟ □ かくち①【各地】（名）各地

例　句：全国各地に豊富な地下資源が埋蔵されている。/全国各地蕴藏着丰富的地下资源。

このお祭りはイタリア各地で行われます。/这个庆典在意大利各地举行。

㊱ □ たのしみ③【楽しみ】（名・ナ形）快乐，乐趣；盼望，期待

例　句：楽しみにしている。/我很期待。

お目にかかれる日を楽しみに待っています。/期待与您相见的那一天。

关联词：たのしむ③【楽しむ】（他五）享受，消遣；盼望，期待

㊲ □かんかく⓪【感覚】（名）感觉，感受

例　句：寒さで指の感覚がなくなる。/手指冻得失去知觉。

彼はこれに対して感覚が古いです。/他对于这件事情的见解陈旧。

关联词：かんじる⓪【感じる】（自他一）觉得；感到；感佩

㊳ □かんじょう⓪【感情】（名）感情，情绪

例　句：このような感情はとりわけ珍重するに足る。/这种感情弥足珍贵。

胸の中は強烈な感情がたぎっている。/胸中涌动着强烈的感情。

关联词：きもち⓪【気持ち】（名）感受；心情；（身体）舒服

㊴ □きょうしつ⓪【教室】（名）教室

例　句：あなたたちが授業をうける教室はどこですか。/你们上课的教室在哪里?

教室から耳に快い歌声が伝わって来る。/教室里传来悦耳的歌声。

关联词：きょうし①【教師】（名）教师

㊵ □きって⓪【切手】（名）邮票

例　句：最寄りの郵便局へ行って切手を少し買って来てください。/请去最近的邮局买点儿邮票回来。

今日から新しい記念切手を発売する。/从今天开始发售新的纪念邮票。

㊶ □しょうがつ④【正月】（名）正月，新年

例　句：正月前に中国へ一度行きたいと思う。/我想在正月前去一次中国。

今年のお正月は家で寝ています。/今年的正月我在家中睡觉。

近义词：しんねん①【新年】（名）新年

㊷ □うらがわ⓪【裏側】（名）反面，背面

例　句：問題の正面を見るばかりでなく、その裏側も見なければならない。/既要看到问题的正面，也要看到问题的反面。

カードの裏面に書かれた13桁の番号を入力してください。/请输入卡背面写的13位号码。

反义词：しょうめん③【正面】（名）正面，当面

⑬ □ ろうか⓪【廊下】（名）走廊

例　句：部屋に行く途中の廊下での会話です。/是去房间的途中在走廊上的对话。

廊下でばたばたと入り乱れた足音がした。/走廊里传来了杂乱的脚步声。

⑭ □ いちど⓪【一度】（名・副）一回，一次；一旦

例　句：当館の、年に1度の募金活動の時期が再びやってまいりました。/本馆一年一度的募捐活动又开始了。

一度標的を見失えば、再追跡は難しくなる。/一旦失去目标，就很难再追踪。

⑮ □ ぎゃく⓪【逆】（名）逆，倒，反

例　句：人の逆を行く。/反其道而行之。

君は私の言いたいことを逆に理解した。/你把我想说的话理解反了。

⑯ □ べつ⓪【別】（名・ナ形）区别，差别；另外；特殊，特别

例　句：どんな職業も同じこと、高低貴賤の別はない。/什么职业都一样，没有高低贵贱之分。

私は彼とは別につきあいといったものはない。/我和他没有什么特殊的交情。

⑰ □ はり①【針】（名）针

例　句：針ほどの事を棒ほどに言う。/小题大做。

針の落ちる音が聞えるくらい静かだ。/静得连掉根针的声音都能听到。

㊽ □ず⓪【図】（名）图，图表；地图；心意；光景

例　句：図は心臓の神経分布を示している。/图显示了心脏的神经分布。
　　　　図に当たる。/正中下怀。

㊾ □いずみ⓪【泉】（名）泉，泉水

例　句：泉の水が谷間から勢いよく流れ出る。/泉水从山谷里奔涌而出。
　　　　泉の水はサファイアのように青く神秘的に輝いていた。/泉水像蓝宝石一样闪烁着蓝色的神秘光芒。

近义词：せんすい⓪【泉水】（名）水池；泉水

㊿ □むら②【村】（名）村落，村子，村庄

例　句：私たちの村は以前とは大違いだ。/我们村和以前大不一样了。
　　　　我々の村には人家はたった十数軒しかない。/我们村只有数十户人家。

关联词：いなか⓪【田舎】（名）乡下，农村；田园；故乡，老家

巩固练习

1. 读音考查

(1)意外＿＿＿＿　(2)下手＿＿＿＿　(3)確実＿＿＿＿

(4)幸せ＿＿＿＿　(5)残念＿＿＿＿　(6)主＿＿＿＿

(7)主要＿＿＿＿　(8)寝坊＿＿＿＿　(9)身近＿＿＿＿

(10)正常＿＿＿＿　(11)退屈＿＿＿＿　(12)単純＿＿＿＿

(13)短気＿＿＿＿　(14)熱心＿＿＿＿　(15)お祭り＿＿＿＿

(16)お祝い＿＿＿＿　(17)お知らせ＿＿＿＿　(18)運動会＿＿＿＿

(19)映画館＿＿＿＿　(20)一般＿＿＿＿　(21)太陽＿＿＿＿

(22)各地＿＿＿＿　(23)楽しみ＿＿＿＿　(24)感覚＿＿＿＿

(25)感情＿＿＿＿　(26)教室＿＿＿＿　(27)切手＿＿＿＿

(28)正月＿＿＿＿＿＿ (29)裏側＿＿＿＿＿＿ (30)廊下＿＿＿＿＿＿

(31)一度＿＿＿＿＿＿ (32)逆＿＿＿＿＿＿ (33)別＿＿＿＿＿＿

(34)針＿＿＿＿＿＿ (35)図＿＿＿＿＿＿ (36)泉＿＿＿＿＿＿

(37)村＿＿＿＿＿＿

2. 汉字检验

(1)いがい＿＿＿＿＿＿ (2)へた＿＿＿＿＿＿ (3) かくじつ＿＿＿＿＿＿

(4)しあわせ＿＿＿＿＿＿ (5)ざんねん＿＿＿＿＿＿ (6)おも＿＿＿＿＿＿

(7)しゅよう＿＿＿＿＿＿ (8)ねぼう＿＿＿＿＿＿ (9)みぢか＿＿＿＿＿＿

(10)せいじょう＿＿＿＿＿＿ (11)たいくつ＿＿＿＿＿＿ (12)たんじゅん＿＿＿＿＿＿

(13)たんき＿＿＿＿＿＿ (14)ねっしん＿＿＿＿＿＿ (15)おまつり＿＿＿＿＿＿

(16)おいわい＿＿＿＿＿＿ (17)おしらせ＿＿＿＿＿＿ (18)うんどうかい＿＿＿＿＿＿

(19)えいがかん＿＿＿＿＿＿ (20)いっぱん＿＿＿＿＿＿ (21)たいよう＿＿＿＿＿＿

(22)かくち＿＿＿＿＿＿ (23)たのしみ＿＿＿＿＿＿ (24)かんかく＿＿＿＿＿＿

(25)かんじょう＿＿＿＿＿＿ (26)きょうしつ＿＿＿＿＿＿ (27)きって＿＿＿＿＿＿

(28)しょうがつ＿＿＿＿＿＿ (29)うらがわ＿＿＿＿＿＿ (30)ろうか＿＿＿＿＿＿

(31)いちど＿＿＿＿＿＿ (32)ぎゃく＿＿＿＿＿＿ (33)べつ＿＿＿＿＿＿

(34)はり＿＿＿＿＿＿ (35)ず＿＿＿＿＿＿ (36)いずみ＿＿＿＿＿＿

(37)むら＿＿＿＿＿＿

3. 提高训练

(1) 今年は(　　)ながらB大学の挑戦は失敗だったが、来年は絶対に合格したいと思う。

A. 退屈　　B. 単純　　C. 確実　　D. 残念

(2) 用件は(　　)にあっさりと片付いた。

A. 幸せ　B. 下手　C. 正常　D. 意外

(3) (　　)をしてあやうく授業に遅れそうになった。

A. 特長　B. 寝坊　C. 感覚　D. 内緒

(4) 私はこんな(　　)な生活を送りたくない。

A. 短気　B. 幸せ　C. 正常　D. 退屈

(5) その(　　)は300年間続いています。

A. お祭り　B. お祝い　C. お土産　D. お知らせ

(6) 部長、今夜の(　　)にいらっしゃいますか。

A. パスポート　B. パーティー　C. ピアニスト　D. バター

(7) 彼らは行くかどうかまだ(　　)ではない。

A. 単純　B. 正常　C. 確実　D. 意外

(8) あなたたちが授業をうける(　　)はどこですか。

A. 廊下　B. 売り場　C. 映画館　D. 教室

(9) (　　)をはる。

A. 借金　B. 貯金　C. 代金　D. 切手

(10) (　　)の新聞はみなこのニュースを転載した。

A. 正常　B. 正月　C. 裏側　D. 各地

(11) その(　　)ではおもしろい映画がたくさん上映されている。

A. 体育館　B. 美術館　C. 博物館　D. 映画館

(12) (　　)を燃やすと有害物質が発生する。

A. プラスチック　B. パスポート

C. ピアニスト　D. パーセント

(13) 赤と白の2つの色を混ぜ合わせたら、(　　)色になった。

A. ブルー　B. グリン　C. ピンク　D. ブラック

(14) この工場では、女性労働者が約60(　　)を占めている。

A. パーセント　B. パンフレット

C. パスポート　D. ピル

(15) (　　)の水はサファイアのように青く神秘的に輝いていた。

A. 泉　　B. 主　　C. 別　　D. 一般

(16) 敵が(　　)に入ると、犬はほえだした。

A. 隣　　B. 泉　　C. 図　　D. 村

(17) 私の兄は英語をとても(　　)に勉強します。

A. 熱心　　B. 短気　　C. 退屈　　D. 親切

(18) 人工衛星は軌道に乗って(　　)に運行している。

A. 活発　　B. 自由　　C. 有名　　D. 正常

(19) 自分から話しかけることも、人前に出ることも(　　)だった。

A. 下手　　B. 簡単　　C. 危険　　D. 一般

(20) クレジットカードの有効期限を(　　)ください。

A. お祭り　　B. お祝い　　C. おしまい　　D. お知らせ

N3高频词

Day 18

小试牛刀

请从以下今天要学习的单词中，选出你已经认识的单词，并在横线上写出对应的词性和释义。

□ ベンチ ______	□ 沈む ______
□ ペン ______	□ 滑る ______
□ ボトル ______	□ 示す ______
□ ポケット ______	□ 喋る ______
□ ポスター ______	□ 属する ______
□ マフラー ______	□ 対する ______
□ マンション ______	□ 黙る ______
□ メニュー ______	□ 掴む ______
□ ユース ______	□ 出会う ______
□ ルール ______	□ 止める ______
□ ロープ ______	□ 投げる ______
□ ロケット ______	□ 撫でる ______
□ ロボット ______	□ 煮える ______
□ 大人 ______	□ 眠る ______
□ 代わり ______	□ 生える ______
□ 大雨 ______	□ 図る ______
□ 友情 ______	□ 拾う ______
□ 目的 ______	□ 学ぶ ______
□ 魚 ______	□ 守る ______
□ 虫 ______	□ 戻す ______
□ 島 ______	□ 故郷 ______
□ 猫 ______	□ 喉 ______
□ 箱 ______	□ 喧嘩 ______
□ 服 ______	□ けち ______
□ 仕組む ______	□ 複数 ______

词汇讲解

❶ □ ベンチ①（名）长凳，长椅

例　句：ジェーンはジョンと話すためにベンチに座りました。/简为了和约翰说话坐在了长椅上。

私たちはベンチに座って少しおしゃべりをした。/我们坐在长椅上聊了一会。

❷ □ ペン①（名）笔，钢笔

例　句：彼は私の手からペンを奪っていった。/他从我手里把笔抢走了。

私は約30本のペンを持っています。/我有大约三十支钢笔。

近义词：まんねんひつ③【万年筆】（名）钢笔

❸ □ ボトル⓪（名）瓶，酒瓶

例　句：空になったボトルを回収してください。/请回收空瓶子。

彼らはテーブルの上に大きなワインのボトルを発見した。/他们在桌子上发现了一个大葡萄酒酒瓶。

关联词：ペットボトル④（名）塑料瓶

❹ □ ポケット②（名）口袋，衣袋

例　句：カギはあなたのポケットから落ちたのかもしれないですね。/钥匙可能是从你口袋里掉出来的吧。

上着のポケットには少女の写真が1枚ある。/上衣口袋里有一张少女的照片。

近义词：ふくろ③【袋】（名）袋，口袋

❺ □ ポスター①（名）宣传画，海报

例　句：私たちのポスターを貼っておくことは可能ですか。/可以贴上我们的海报吗?

そのお店にポスターが貼ってありました。/那家店贴有海报。

⑥ □ マフラー①（名）围巾

例　句：この種の服はマフラーをつけても引き立たない。/这种衣服和围巾不搭配。

このマフラーは妻に編んでもらいました。/这条围巾是妻子给我织的。

⑦ □ マンション①（名）公寓；居民大楼

例　句：そのマンションは、居酒屋から少し離れた場所に位置します。/那栋公寓位于离居酒屋稍远的地方。

最近は僕の家の周りではマンションが多く建てられている。/最近我家附近在建很多公寓。

⑧ □ メニュー①（名）菜单，菜谱

例　句：朝食のメニューも新しくなっていますので、また来てください。/早饭的菜单也更新了，期待您再次光临。

アスリートは特別な食事メニューが必要だ。/运动员需要特别的食谱。

近义词：こんだて④【献立】（名）计划；菜单

⑨ □ ユース①（名）青年，青春；青年时代

例　句：ユースはさながら昇る朝日のごとし。/青年宛如朝阳。

ユースも遥か昔の思い出になった。/青年时代也成了遥远的往昔回忆。

近义词：せいねん⓪【青年】（名）青年，年轻人

⑩ □ ルール①（名）规则，章程

例　句：ルールを守り、礼儀正しい中学生がとても印象深かったです。/印象最深的是遵守规则、有礼貌的初中生。

ルールが守れない場合、ごみを回収してもらえません。/不遵守规则则无法回收垃圾。

近义词：きそく①【規則】（名）规则，规章

⑪ □ ロープ①（名）绳索

例　句：ロープをしっかり引っ張って、力を緩めるな。/把绳子拉紧，不要松劲。

船を引くロープ。/牵引船的绳子。

近义词：なわ②【縄】（名）绳子，绳索

⑫ □ ロケット②（名）火箭

例　句：あの国はロケットの打ち上げ能力を大幅に向上させた。/那个国家大幅提高了火箭的发射能力。

ロケットはあと10分ほどで発射する。/还有十分钟左右发射火箭。

⑬ □ ロボット②（名）机器人

例　句：部屋を掃除してくれるロボットが欲しいです。/我想要能打扫房间的机器人。

ロボットを利用して操作させるべきである。/应该利用机器人进行操作。

⑭ □ おとな⓪【大人】（名）大人

例　句：大人はおどしを用いて子供をしつけるべきではない。/大人不应该用威胁来教育孩子。

子供から大人まで幅広く参加している。/从小孩到大人都广泛参与。

关联词：おとなしい④【大人しい】（イ形）老实的，温顺的；素净的，淡雅的

⑮ □ かわり⓪【代わり】（名）代替，代理；补偿，报酬；交替，替换

例　句：オレンジの代わりにりんごでケーキを作る。/用苹果代替橙子制作蛋糕。

値段は高いがその代わり持ちがいい。/虽然价钱贵，但是耐用。

关联词：かわる⓪【代わる】（自五）代替，代理；替换，交替

⑯ □ おおあめ③【大雨】（名）大雨

例　句：昼食中に雷が鳴り始め、大雨になりました。/午饭的时候开始打雷，下了大雨。

今日は大雨で電車が遅れた。/今天因为大雨，电车晚点了。

⑰ □ ゆうじょう⓪【友情】（名）友情

例　句：このような長い試練を経てきた友情は打ち壊すことはできない。/这种久经考验的友情是无法被破坏的。

私たちの友情が変わらないことを祈っています。/我希望我们的友情不会改变。

⑱ □ もくてき⓪【目的】（名）目的，目标

例　句：試験の目的が理解できませんでした。/没能理解考试的目的。

あの人の日本へ来た目的は文学の勉強です。/那个人来日本的目的是学文学。

近义词：もくひょう⓪【目標】（名）目标

⑲ □ さかな⓪【魚】（名）鱼

例　句：ジョンは昨日魚をたくさん捕まえました。/约翰昨天抓了很多鱼。

池に魚をたくさん飼っている。/池塘里养着许多鱼。

⑳ □ むし⓪【虫】（名）虫子

例　句：壁の角のすき間から小さい虫が潜り出て来た。/小虫子从墙角的缝隙里钻出来了。

箱のリンゴはどれも虫が食っていた。/箱子里的苹果都被虫蛀了。

关联词：こんちゅう⓪【昆虫】（名）昆虫

㉑ □ しま②【島】（名）岛，岛屿

例　句：その絵を見てその島に行きたくなりました。/我看了那幅画之后，想去那座岛了。

その島は美しい場所ですね。/那座岛是个美丽的地方啊。

关联词：しまぐに②【島国】（名）岛国

㉒ □ねこ①【猫】（名）猫

例　句：この猫はおばあちゃんの家で飼っている猫だよ。/这只猫是我奶奶家养的猫哦。

猫を何匹飼っていますか。/你养了几只猫?

关联词：いぬ②【犬】（名）狗

㉓ □はこ⓪【箱】（名）箱子，盒子

例　句：資料カードが一箱また一箱と蓄積された。/资料卡片一箱又一箱地攒了起来。

この箱の磁器は途中でぶつかり合って、たくさん割れた。/这箱瓷器在半路上碰了一下，碎了很多。

近义词：ボックス①（名）盒，箱；包厢，雅座

㉔ □ふく②【服】（名）衣服

例　句：だから、その服はお気に入りの服になりました。/所以那件衣服成了我喜欢的衣服。

私の服はほとんどが姉たちのお古だ。/我的衣服大部分都是姐姐们的旧衣服。

近义词：きもの⓪【着物】（名）衣服；和服

㉕ □しくむ②【仕組む】（他五）构造，装配；计划，企图；改编

例　句：機械の自動装置を仕組む。/装配机器的自动装置。

実際のことをみんなに知らせないように仕組む。/企图不让大家了解真实情况。

活　用：仕組んだ・仕組んで・仕組まない・仕組めば・仕組みます・仕組もう・仕組め

近义词：くみたてる④【組み立てる】（他一）装配，组织，构成

㉖ □しずむ⓪【沈む】（自五）沉没；落魄；消沉，烦恼

例　句：その船は沈んでしまいました。/那艘船沉没了。

最近、彼は不運に沈んだ。/最近他陷入了不幸。

活　用：沈んだ・沈んで・沈まない・沈めば・沈みます・沈もう・沈め

近义词：ちんぼつ⓪【沈没】（名・自サ）沈没；醉倒

㉗ □すべる②【滑る】（自五）滑，打滑；滑行；落榜；（说）走嘴

例　句：前足がちょっと滑ると、後ろ足もぐらっとなった。/前脚一滑，后脚也不稳了。

去年、兄はあるお店で滑って転んで骨を折りました。/去年，哥哥在一家店里滑倒骨折了。

活　用：滑った・滑って・滑らない・滑れば・滑ります・滑ろう・滑れ

关联词：すべり③【滑り】（名）光滑，滑行

㉘ □しめす②【示す】（他五）表示，表现

例　句：その指輪は彼が王位継承者である事実を示す。/那个戒指显示了他是王位继承人的事实。

作者はロマンスを通してテーマを示す。/作者通过浪漫来表现主题。

活　用：示した・示して・示さない・示せば・示します・示そう・示せ

关联词：しめし⓪【示し】（名）示范，榜样；启示

㉙ □しゃべる②【喋る】（自他五）说，讲；唠叨，喋喋不休

例　句：彼女はあまりにも驚いて喋ることができなかった。/她吓得说不出话来。

彼はべちゃくちゃ喋りたがらない、本当に父親そっくりだ。/他说话喋喋不休的，真像他父亲。

活　用：喋った・喋って・喋らない・喋れば・喋ります・喋ろう・喋れ

近义词：いう⓪【言う】（自他五）响；言，说；称为，叫作

㉚ □ぞくする③【属する】（自サ）属于，从属于；隶属，附属

例　句：これは豆科に属する植物です。/这是属于豆科的植物。

新商品開発の部署に所属する。/隶属于新商品开发的部门。

活　用：属した・属して・属しない・属すれば・属します・属しよう・属しろ

近义词：しょぞく⓪【所属】（名・自サ）所属；附属

㉛ □ たいする③【対する】（自サ）对，面对；对比；对于；对待；对付

例　句：これは頑迷な勢力に対する宣戦である。/这是对顽固势力的宣战。

敵に対する情け深さは人民に対する残酷である。/对敌人的仁慈就是对人民的残忍。

活　用：対した・対して・対しない・対すれば・対します・対しよう・対しろ

近义词：たいしょう⓪【対照】（名・他サ）对照，对比

㉜ □ だまる②【黙る】（自五）沉默，不说话

例　句：私は彼らに黙るように合図した。/我示意他们沉默。

言いたいことがあれば黙っていないで言ってしまいなさい。/如果有话想说，不要沉默，说出来吧。

活　用：黙った・黙って・黙らない・黙れば・黙ります・黙ろう・黙れ

近义词：ちんもく⓪【沈黙】（名・自サ）沉默

㉝ □ つかむ②【掴む】（他五）抓住；掌握住

例　句：片手でしっかりと掴むことができる。/能用一只手紧紧抓住。

この留学のチャンスを掴んだのは、本当に偶然である。/抓住这个留学机会，真是出于偶然。

活　用：掴んだ・掴んで・掴まない・掴めば・掴みます・掴もう・掴め

近义词：とる①【取る】（他五）拿，取，执，握；抓住

㉞ □ であう②【出会う】（自五）碰见，遇上

例　句：わからない字に出会うと、彼は字典の助けを求める。/凡是碰见不认识的字，他就求助于字典。

人と人が出会うのは偶然ではなく必然だと思う。/我认为人与人的相遇不是偶然，而是必然。

活　用：出会った・出会って・出会わない・出会えば・出会います・出会おう・出会え

近义词：あう①【会う】（自五）见面；碰见

㉟ □ とめる⓪【止める】（他一）停止；阻止，制止

例　句：指揮者が両腕をさっと止めると、歌声はぱっとやんだ。/指挥把两臂一停，歌声一下子停了。

彼は夜中に飲むことを止めるようにと命じられた。/他被命令停止夜间喝酒。

活　用：止めた・止めて・止めない・止めれば・止めます・止めよう・止めろ

近义词：とまる⓪【止まる】（自五）停止，停住

㊱ □ なげる②【投げる】（他一）投，扔；跳入；放弃

例　句：彼はボールを遠く投げることができる。/他可以把球扔得很远。

海に身を投げる。/投海自杀。

活　用：投げた・投げて・投げない・投げれば・投げます・投げよう・投げろ

近义词：なげだす③【投げ出す】（他五）抛出，扔下；放弃

㊲ □ なでる②【撫でる】（他一）抚摸；安抚；梳理（头发）

例　句：私の髪を彼に撫でられました。/他抚摸了我的头发。

毎朝、髪を撫でる。/每天早上梳头。

活　用：撫でた・撫でて・撫でない・撫でれば・撫でます・撫でよう・撫でろ

㊳ □ にえる⓪【煮える】（自一）煮熟；烧开

例　句：牛肉は軟らかく煮えている。/牛肉煮得软烂。

湯が煮えた。/水烧开了。

活　用：煮えた・煮えて・煮えない・煮えれば・煮えます・煮えよう・煮えろ

关联词：にる⓪【煮る】（他一）煮，炖，熬

㊴ □ ねむる⓪【眠る】（自五）睡觉；死去

例　句：眠るつもりがないから、気のままに座っているだけだ。/不打算睡觉，所以只是随便一坐。

田中太郎はここに眠る。/田中太郎长眠于此。

活　用：眠った・眠って・眠らない・眠れば・眠ります・眠ろう・眠れ

近义词：ねる⓪【寝る】（自一）躺；睡觉；卧病

㊵ □ はえる②【生える】（自一）生，长

例　句：砂漠の周辺にはまばらに灌木が生えている。/沙漠周围稀疏地长着灌木。

川岸にぽつぽつと柳の木が数本生えている。/河岸上稀稀落落地长着几棵柳树。

活　用：生えた・生えて・生えない・生えれば・生えます・生えよう・生えろ

近义词：せいちょう⓪【生長】（名・自サ）生长，发育

㊶ □ はかる②【図る】（他五）谋求；图谋，策划

例　句：利益を図る。/谋求利益。

販路の扩大を図る。/谋求扩大销路。

活　用：図った・図って・図らない・図れば・図ります・図ろう・図れ

㊷ □ ひろう⓪【拾う】（他五）拾，捡；挑出，选出

例　句：物を拾う。/捡东西。

タクシーを拾う。/（在路上）抓辆出租车。

活　用：拾った・拾って・拾わない・拾えば・拾います・拾おう・拾え

㊸ □ まなぶ⓪【学ぶ】（他五）学习，用功；体验

例　句：文化や習慣、料理などについて学ぶ。/学习关于文化、习惯、料理等的知识。

人生を学ぶのは大切だ。/体验人生很重要。

活　用：学んだ・学んで・学ばない・学べば・学びます・学ぼう・学べ

近义词：べんきょう⓪【勉強】（名・自他サ）努力学习，用功；勤奋

㊹ □ まもる②【守る】（他五）遵守，保守；保卫，捍卫

例　句：子供に交通ルールを守るように教える。/教孩子遵守交通规则。

命を懸けて祖国を守ることを誓う。/誓死保卫祖国。

活　用：守った・守って・守らない・守れば・守ります・守ろう・守れ

近义词：じゅんしゅ①【遵守】（名・他サ）遵守，遵从

㊺ □もどす②【戻す】（他五）归还，退还；送回，退回；呕吐

例　句：読みおわった本は本だなのもとの所に戻しなさい。/看完的书请放回书架原处。

彼は食べたものを戻してしまった。/他把吃的东西吐了出来。

活　用：戻した・戻して・戻さない・戻せば・戻します・戻そう・戻せ

近义词：かえる①【帰る】（自五）回来；回去；归还，返还

㊻ □ふるさと②【故郷】（名）老家，故乡

例　句：私は20余年離れていた故郷に帰って来た。/我回到了阔别二十余年的故乡。

夏休みを過ごすため故郷の愛媛に帰ってきました。/我为了过暑假，回到了故乡爱媛。

近义词：こきょう①【故郷】（名）故乡，家乡

㊼ □のど①【喉】（名）咽喉；要害；歌声，嗓音

例　句：最近カラオケの行き過ぎで喉が痛いです。/最近唱卡拉OK太多，嗓子痛。

ジブラルタルは地中海の喉を扼している。/直布罗陀扼住地中海的咽喉。

㊽ □けんか⓪【喧嘩】（名・自サ）争吵，口角，打架

例　句：人と喧嘩する。/和人争吵。

喧嘩で鼻血を出す。/打架打出鼻血。

活　用：喧嘩した・喧嘩して・喧嘩しない・喧嘩すれば・喧嘩します・喧嘩しよう・喧嘩しろ

㊾ □けち①（名・ナ形）吝啬，小气；简陋，不值钱；卑鄙，下贱；不吉利

例　句：私は彼のけちしているところがとても嫌だ。/我很讨厌他的吝啬。

これはけちな服です。/这是破旧的衣服。

近义词：けちんぼう①【けちん坊】（名・ナ形）吝啬，小气；吝啬鬼，守财奴

㊿ □ふくすう③【複数】（名）复数

例　句：複数とは、数が二つ以上であることを指す。/复数是指两个以上的数。

「複数」と「多数」はどう違いますか。/“复数”和“多数”的区别是什么?

关联词：たんすう③【単数】（名）单数

巩固练习

1. 读音考查

(1)大人＿＿＿＿　(2)代わり＿＿＿＿　(3)大雨＿＿＿＿

(4)友情＿＿＿＿　(5)目的＿＿＿＿　(6)魚＿＿＿＿

(7)虫＿＿＿＿　(8)島＿＿＿＿　(9)猫＿＿＿＿

(10)箱＿＿＿＿　(11)服＿＿＿＿　(12)仕組む＿＿＿＿

(13)沈む＿＿＿＿　(14)滑る＿＿＿＿　(15)示す＿＿＿＿

(16)喋る＿＿＿＿　(17)属する＿＿＿＿　(18)対する＿＿＿＿

(19)黙る＿＿＿＿　(20)掴む＿＿＿＿　(21)出会う＿＿＿＿

(22)止める＿＿＿＿　(23)投げる＿＿＿＿　(24)撫でる＿＿＿＿

(25)煮える＿＿＿＿　(26)眠る＿＿＿＿　(27)生える＿＿＿＿

(28)図る＿＿＿＿　(29)拾う＿＿＿＿　(30)学ぶ＿＿＿＿

(31)守る＿＿＿＿　(32)戻す＿＿＿＿　(33)故郷＿＿＿＿

(34)喉＿＿＿＿　(35)喧嘩＿＿＿＿　(36)複数＿＿＿＿

2. 汉字检验

(1)おとな__________ (2)かわり__________ (3)おおあめ__________

(4)ゆうじょう__________ (5)もくてき__________ (6)さかな__________

(7)むし__________ (8)しま__________ (9)ねこ__________

(10)はこ__________ (11)ふく__________ (12)しくむ__________

(13)しずむ__________ (14)すべる__________ (15)しめす__________

(16)しゃべる__________ (17)ぞくする__________ (18)たいする__________

(19)だまる__________ (20)つかむ__________ (21)であう__________

(22)とめる__________ (23)なげる__________ (24)なでる__________

(25)にえる__________ (26)ねむる__________ (27)はえる__________

(28)はかる__________ (29)ひろう__________ (30)まなぶ__________

(31)まもる__________ (32)もどす__________ (33)こきょう__________

(34)のど__________ (35)けんか__________ (36)ふくすう__________

3. 提高训练

(1) 太陽が(　　)後、このあたりはどこも真っ暗である。

A. 滑った　B. 掴んだ　C. 仕組んだ　D. 沈んだ

(2) 誰であっても法律を(　　)べきである。

A. 示す　B. 回す　C. 守る　D. 戻す

(3) 団結しなければ生存を(　　)ことができない。

A. 黙る　B. 滑る　C. 示す　D. 図る

(4) お金を(　　)、すぐ警察に届けてください。

A. 投げたら　B. 拾ったら　C. 煮えたら　D. 止めたら

(5) 彼は私にそれを元の場所に(　　)ように頼んだ。

A. 示す　B. 学ぶ　C. 守る　D. 戻す

(6) 岸辺に立ってはるか遠くの(　　)を眺めている。

A. 猫　B. 島　C. 箱　D. 虫

(7) 今週末は母の見舞いで(　　)に帰ります。

A. 故郷　B. 太陽　C. 教室　D. 廊下

(8) (　　)が守れない場合、ごみを回収してもらえません。

A. ルール　B. ユース　C. ポスター　D. ボトル

(9) 子どもたちのおかげで、われわれ(　　)も成長できたのだ。

A. 高齢者　B. 老人　C. 青年　D. 大人

(10) 部屋を掃除してくれる(　　)が欲しいです。

A. ベンチ　B. ロボット　C. ロケット　D. ロープ

(11) 朝食の(　　)も新しくなった。

A. ニュース　B. ユース　C. バター　D. メニュー

(12) 私たちはトムの(　　)に仕事を終えた。

A. 縛り　B. 代わり　C. 配り　D. 語り

(13) 言いたいことがあれば(　　)いないで言ってしまいなさい。

A. 触って　B. 出会って　C. 喋って　D. 黙って

(14) 私は彼の兄弟のような(　　)にひどく心を打たれた。

A. 友人　B. 友情　C. 愛情　D. 恋い

(15) 大衆に(　　)精神を持たねばならない。

A. 学ぶ　B. 配る　C. 喋る　D. 黙る

(16) ホームステイの一番の(　　)は日本の生活習慣を知ったりすることだ。

A. 意識　B. 疑問　C. 問題　D. 目的

(17) 人間が乗った(　　)がすでに月に到達している。

A. マンション　B. ロケット　C. ロボット　D. ロープ

(18) 今日は道が(　　)から、道を歩く時には気をつけなさい。

A. 滑る　B. 喋る　C. 黙る　D. 止める

(19) 最近は僕の家の周りでは(　　)が多く建てられている。

A. ボトル　B. ポスター　C. マフラー　D. マンション

(20) カギはあなたの(　　)から落ちたのかもしれないですね。

A. ユース　B. ロケット　C. ロープ　D. ポケット

N3低频词

Day 19

小试牛刀

请从以下今天要学习的单词中，选出你已经认识的单词，并在横线上写出对应的词性和释义。

- □ 解决 ________
- □ 改札 ________
- □ 開場 ________
- □ 外食 ________
- □ 感激 ________
- □ 感動 ________
- □ 観光 ________
- □ 帰宅 ________
- □ 記念 ________
- □ 競争 ________
- □ 協力 ________
- □ 禁煙 ________
- □ 訓練 ________
- □ 経由 ________
- □ 建築 ________
- □ 見学 ________
- □ 見舞い ________
- □ 現存 ________
- □ 呼吸 ________
- □ 交流 ________
- □ 講義 ________
- □ 降車 ________
- □ 合格 ________
- □ 合計 ________
- □ 左折 ________
- □ 作文 ________
- □ 散歩 ________
- □ 賛成 ________
- □ 使用 ________
- □ 指定 ________
- □ 指導 ________
- □ 支出 ________
- □ 自慢 ________
- □ 失敗 ________
- □ 質問 ________
- □ 実験 ________
- □ 実用 ________
- □ 主張 ________
- □ 手術 ________
- □ 宿題 ________
- □ 商売 ________
- □ 証明 ________
- □ 乗車 ________
- □ 申請 ________
- □ 進行 ________
- □ 成功 ________
- □ 正解 ________
- □ 正答 ________
- □ 増加 ________
- □ 尊敬 ________

词汇讲解

❶ □ かいけつ⓪【解決】（名・自他サ）解決

例　句：我々はそれが早く解決することを望んでいる。/我们希望那个尽快解决。

早く会議を開いて解決すべきだ。/应该尽早开会解决。

活　用：解決した・解決して・解決しない・解決すれば・解決します・解決しよう・解決しろ

❷ □ かいさつ⓪【改札】（名・自サ）检票

例　句：発車の20分前に改札を始める。/开车前二十分钟开始检票。

駅員が改札する。/车站工作人员检票。

活　用：改札した・改札して・改札しない・改札すれば・改札します・改札しよう・改札しろ

关联词：かいさつぐち④【改札口】（名）检票口

❸ □ かいじょう⓪【開場】（名・自サ）入场，开幕

例　句：劇場は5時に開場する。/剧院五点开始入场。

5時半に開場して、6時に開演しました。/五点半开始入场，六点开始演出。

活　用：開場した・開場して・開場しない・開場すれば・開場します・開場しよう・開場しろ

近义词：にゅうじょう⓪【入場】（名・自サ）入场

❹ □ がいしょく⓪【外食】（名・自サ）在外吃饭

例　句：外食と家でたべるのとどちらが好きですか。/你喜欢在外面吃还是在家吃?

忙しいスケジュールのせいで、よく外食する。/因为日程繁忙，所以经常在外面吃饭。

活　用：外食した・外食して・外食しない・外食すれば・外食します・外食しよう・外食しろ

关联词：しょくじ⓪【食事】（名・自サ）饭，食物；吃饭，进餐

❺ □ かんげき⓪【感激】（名・自サ）感激，感动

例　句：彼の真摯な励ましに、私はいつも感謝の気持ちを抱いている。/对于他真挚的鼓励，我总是心存感激。

彼は感激して私の手を握りながらしきりに感謝の言葉を述べた。/他感激地握着我的手连声道谢。

活　用：感激した・感激して・感激しない・感激すれば・感激します・感激しよう・感激しろ

近义词：かんしゃ①【感謝】（名・自他サ）感谢

❻ □ かんどう⓪【感動】（名・自サ）感动

例　句：この本は多くの感動を私にくれた。/这本书带给了我许多感动。

彼女の強さに感動しました。/我被她的坚强感动了。

活　用：感動した・感動して・感動しない・感動すれば・感動します・感動しよう・感動しろ

近义词：かんげき⓪【感激】（名・自サ）感激，感动

❼ □ かんこう⓪【観光】（名・他サ）观光，游览，旅游

例　句：私たちはその町の観光を予定している。/我们打算去那个城市观光。

以前は観光で来るお客さんが少なかった。/以前来观光的客人很少。

活　用：観光した・観光して・観光しない・観光すれば・観光します・観光しよう・観光しろ

近义词：りょこう⓪【旅行】（名・自サ）旅行，旅游

❽ □ きたく⓪【帰宅】（名・自サ）回家

例　句：あなたはどうやって帰宅しますか。/你怎么回家?

明日帰宅するつもりです。/打算明天回家。

活　用：帰宅した・帰宅して・帰宅しない・帰宅すれば・帰宅します・帰宅しよう・帰宅しろ

⑨ □ きねん⓪【記念】（名・他サ）纪念，留念

例　句：我々はこの偉大な日を記念すべきだ。/我们应该纪念这个伟大的日子。

写真を撮って記念に残す。/拍张照片留作纪念。

活　用：記念した・記念して・記念しない・記念すれば・記念します・記念しよう・記念しろ

关联词：きねんひん⓪【記念品】（名）纪念品

⑩ □ きょうそう⓪【競争】（名・自他サ）竞争，竞赛

例　句：同業者間の競争が激しい。/同行之间的竞争很激烈。

軍備競争は深刻に世界平和に脅威を与えている。/军备竞赛严重威胁着世界和平。

活　用：競争した・競争して・競争しない・競争すれば・競争します・競争しよう・競争しろ

近义词：きそいあう④【競い合う】（自五）互相比赛

⑪ □ きょうりょく⓪【協力】（名・自サ）协力，配合，合作

例　句：私たちはどう協力すべきかを議論しています。/我们正在讨论应该如何合作。

お互いに協力をして発展し、富を得る。/通过相互合作发展、致富。

活　用：協力した・協力して・協力しない・協力すれば・協力します・協力しよう・協力しろ

近义词：ていけい⓪【提携】（名・自サ）合作，协作

⑫ □ きんえん⓪【禁煙】（名・自サ）禁烟；戒烟

例　句：禁煙する。/戒烟。

医者は彼に禁煙をすすめた。/医生劝他戒烟。

活　用：禁煙した・禁煙して・禁煙しない・禁煙すれば・禁煙します・禁煙しよう・禁煙しろ

关联词：きんえんせき③【禁煙席】（名）禁烟席

⑬ □くんれん①【訓練】（名・他サ）训练

例　句：訓練を強化して、軍事的素質を高める。/加强训练，提高军事素养。

これから避難訓練を始めます。/接下来开始避难训练。

活　用：訓練した・訓練して・訓練しない・訓練すれば・訓練します・訓練しよう・訓練しろ

⑭ □けいゆ⓪【経由】（名・自サ）经由，经过，通过

例　句：香港を経由してシンガポールに行く。/经由香港到新加坡。

在日連絡事務所を経由してその国と折衝する。/通过驻日联络办事处与该国交涉。

活　用：経由した・経由して・経由しない・経由すれば・経由します・経由しよう・経由しろ

近义词：とおる①【通る】（自五）通过；说得通

⑮ □けんちく⓪【建築】（名・他サ）建筑，建造，修建；建筑物

例　句：その建築現場には多くの建設労働者がいる。/那个建筑工地有许多建筑工人。

この宮殿を建築するには当時多くのお金を使った。/为建造这座宫殿，当时花了很多钱。

活　用：建築した・建築して・建築しない・建築すれば・建築します・建築しよう・建築しろ

⑯ □けんがく⓪【見学】（名・他サ）参观，参观学习

例　句：オープンキャンパスとは高校生たちが大学の見学にくることです。/校园开放日是指高中生来大学参观学习。

そこを見学する予定です。/打算去那里参观学习。

活　用：見学した・見学して・見学しない・見学すれば・見学します・見学しよう・見学しろ

近义词：さんかん⓪【参観】（名・他サ）参观，观摩

⑰ □ みまい⓪【見舞い】（名）探望，慰问，问候；遭受（不幸）

例　句：震災で被害に遭われた方々に心よりお見舞い申し上げます。/衷心慰问在地震中受灾的人们。

土曜日に叔父さんのお見舞いに行きました。/我周六去探望了叔叔。

关联词：みまう②【見舞う】（他五）探望，问候；遭受（灾害等）

⑱ □ げんそん⓪【現存】（名・自サ）现存，现有

例　句：現存の社会秩序を維持する。/维持现存的社会秩序。

ピラミッドはほとんどが現存している。/金字塔时至今日大都存在。

活　用：現存した・現存して・現存しない・現存すれば・現存します・現存しよう・現存しろ

⑲ □ こきゅう⓪【呼吸】（名・自サ）呼吸，吐纳；窍门；步调，节拍

例　句：呼吸が苦しくなる。/呼吸变得困难。

ボールを打つ呼吸を覚える。/掌握击球的窍门。

活　用：呼吸した・呼吸して・呼吸しない・呼吸すれば・呼吸します・呼吸しよう・呼吸しろ

⑳ □ こうりゅう⓪【交流】（名・自サ）交流，往来，互动

例　句：これからも手紙やメールで交流を続けましょう。/今后也用信件和邮件继续交流吧。

交流が深まればお互い理解できる。/深入交流的话可以相互理解。

活　用：交流した・交流して・交流しない・交流すれば・交流します・交流しよう・交流しろ

近义词：コミュニケーション④（名）沟通，交流

㉑ □ こうぎ①【講義】（名・他サ）讲义，讲解

例　句：講義のプリントを50部刷った。/印了五十份讲义。

講義は興味深くて、居眠りする暇がない。/讲解很有趣，都没有时间打瞌睡。

活　用：講義した・講義して・講義しない・講義すれば・講義します・講義しよう・講義しろ

㉒ □ こうしゃ⓪【降車】（名・自サ）下车

例　句：横浜へ行くには、どこで降車すれば良いのですか。/去横滨的话，在哪里下车比较好呢?

この駅で降車したほうが良いです。/最好在本站下车。

活　用：降車した・降車して・降車しない・降車すれば・降車します・降車しよう・降車しろ

近义词：おりる②【降りる・下りる】（自一）下；下车；降（霜、露等）

㉓ □ ごうかく⓪【合格】（名・自サ）合格，考上

例　句：試験に合格する確率は10%もないと思います。/我觉得考试的合格率不到百分之十。

試験合格を目指して勉強に励む。/为了考试合格而努力学习。

活　用：合格した・合格して・合格しない・合格すれば・合格します・合格しよう・合格しろ

反义词：ふごうかく②【不合格】（名）不合格，不及格

㉔ □ ごうけい⓪【合計】（名・他サ）共计，合计，总计

例　句：合計は1000万円を超えている。/合计超过一千万日元。

今日の参加者は合計10人です。/今天的参加者共计十人。

活　用：合計した・合計して・合計しない・合計すれば・合計します・合計しよう・合計しろ

㉕ □ させつ⓪【左折】（名・自サ）左转，向左拐弯

例　句：二つ目の交差点を左折します。/在第二个十字路口左转。

十字路を左折する。/在十字路口左转。

活　用：左折した・左折して・左折しない・左折すれば・左折します・左折しよう・左折しろ

关联词：うせつ⓪【右折】（名・自サ）右转，向右拐弯

㉖ □ さくぶん⓪【作文】（名・他サ）作文，（写）文章；官样文章，空谈

例　句：先生は学生の指導をして作文の練習をさせる。/老师辅导学生练习作文。

彼の施政方針演説は全くの作文である。/他的施政方针演说完全是官样文章。

活　用：作文した・作文して・作文しない・作文すれば・作文します・作文しよう・作文しろ

关联词：ぶんしょう①【文章】（名）文章；散文

㉗ □ さんぽ⓪【散步】（名・自サ）散步，随便走走

例　句：ジョンは犬を連れて散歩に出かけました。/约翰带着狗出去散步了。

毎日家の近くを散歩していますか。/你每天在家附近散步吗?

活　用：散歩した・散歩して・散歩しない・散歩すれば・散歩します・散歩しよう・散歩しろ

关联词：あるく②【歩く】（自五）走，步行

㉘ □ さんせい⓪【賛成】（名・自サ）赞成，赞同

例　句：賛成する人もいれば反対する人もいた。/有人赞成也有人反对。

今し方彼も私たちのやり方に賛成していたではないか。/刚才他不是也赞成我们的做法吗?

活　用：賛成した・賛成して・賛成しない・賛成すれば・賛成します・賛成しよう・賛成しろ

反义词：はんたい⓪【反対】（名・ナ形・自サ）相反；颠倒；反对

㉙ □ しよう⓪【使用】（名・他サ）使用，利用

例　句：ご利用の端末はシステム使用が許可されていません。/您所用的终端不允许使用系统。

この章は副詞の使用と不使用について述べる。/这一章叙述关于副词的使用与否。

活　用：使用した・使用して・使用しない・使用すれば・使用します・使用しよう・使用しろ

近义词：つかう⓪【使う】（他五）使用；操弄；花费

㉚ □ してい⓪【指定】（名・他サ）指定

例　句：我々は交渉の時間・場所を指定し得る。/我们可以指定谈判的时间、地点。

この宿舎は既に危険家屋に指定されている。/这个宿舍已经被指定为危房。

活　用：指定した・指定して・指定しない・指定すれば・指定します・指定しよう・指定しろ

关联词：していせき②【指定席】（名）指定位置

㉛ □ しどう⓪【指導】（名・他サ）指导；教导；领导

例　句：また疑問が発生したら、ご指導をお願いします。/如果还有疑问，还请您指导。

これはすべて先生のご指導のたまものです。/这都是老师教导的结果。

活　用：指導した・指導して・指導しない・指導すれば・指導します・指導しよう・指導しろ

近义词：みちびく③【導く】（他五）引路，带路；引导，指导

㉜ □ ししゅつ⓪【支出】（名・他サ）支出，开支

例　句：教育費は不可欠な支出と思います。/我觉得教育经费是必不可少的支出。

この月の収入はかろうじて支出に足りた。/这个月的收入勉强够支出了。

活　用：支出した・支出して・支出しない・支出すれば・支出します・支出しよう・支出しろ

反义词：しゅうにゅう⓪【収入】（名）收入，所得

㉝ □ じまん⓪【自慢】（名・他サ）自夸，自大，骄傲，得意

例　句：自慢ではないが、わたしの論文は大受けだ。/不是我自夸，我的论文大受欢迎。

自慢にもならない。/没什么了不起的。

活　用：自慢した・自慢して・自慢しない・自慢すれば・自慢します・自慢しよう・自慢しろ

㉞ □ しっぱい⓪【失敗】（名・自サ）失败

例　句：失敗がかえってくすりになった。/吃一堑，长一智。

やってみましたが失敗しました。/试着做了，但是失败了。

活　用：失敗した・失敗して・失敗しない・失敗すれば・失敗します・失敗しよう・失敗しろ

反义词：せいこう⓪【成功】（名・自サ）成功，成就，胜利

㉟ □ しつもん⓪【質問】（名・自サ）问题，疑问；询问，质问，提问

例　句：この質問はあの質問より簡単です。/这个问题比那个问题简单。

人々は大きな声で質問し厳しく責めていた。/人们大声质问并严厉指责。

活　用：質問した・質問して・質問しない・質問すれば・質問します・質問しよう・質問しろ

㊱ □ じっけん⓪【実験】（名・他サ）实验；经验，实际经验

例　句：その実験をやっていないかもしれません。/或许没有做那个实验。

実験からみれば、成功は可能です。/从实际经验来看，是有可能成功的。

活　用：実験した・実験して・実験しない・実験すれば・実験します・実験しよう・実験しろ

近义词：けいけん⓪【経験】（名・他サ）经验，经历

㊲ □ じつよう⓪【実用】（名・他サ）实用

例　句：試験を終え実用の段階に入る。/测试结束，进入实用阶段。

実用を目的とする。/以实用为目的。

活　用：実用した・実用して・実用しない・実用すれば・実用します・実用しよう・実用しろ

关联词：じつようか⓪【実用化】（名・自他サ）实用化

㊳ □しゅちょう⓪【主張】（名・他サ）主张

例　句：あなた方の主張はどちらも正しいでしょう。/你们的主张都是正确的吧。

この主張は多数の民衆の賛同を獲得した。/这一主张获得多数民众的认同。

活　用：主張した・主張して・主張しない・主張すれば・主張します・主張しよう・主張しろ

㊴ □しゅじゅつ①【手術】（名・他サ）手术，开刀

例　句：来週に手術を受けなければならない。/下周必须接受手术。

手術は既に順調に終了した。/手术已经顺利结束了。

活　用：手術した・手術して・手術しない・手術すれば・手術します・手術しよう・手術しろ

㊵ □しゅくだい⓪【宿題】（名）作业，课外作业；悬案

例　句：私たちはこの宿題を終えなければいけません。/我们必须完成这个作业。

これは多年の宿題だ。/这是多年的悬案。

近义词：けんあん⓪【懸案】（名）悬案

㊶ □しょうばい①【商売】（名・自他サ）买卖，生意，交易；职业，行业

例　句：今回の商売はあちこち走り回ってもだめだ。/这次的买卖，四处奔波也没谈成。

商売は違っても道理は変わらない。/行业虽不同，但道理一样。

活　用：商売した・商売して・商売しない・商売すれば・商売します・商売しよう・商売しろ

近义词：こうえき⓪【交易】（名・自サ）交易，贸易

㊷ □ しょうめい⓪【証明】（名・他サ）证明，证实

例　句：上記の内容が相違ないことを証明します。/证明上述内容没有差异。

我々は彼の潔白を証明することができる。/我们可以证明他的清白。

活　用：証明した・証明して・証明しない・証明すれば・証明します・証明しよう・証明しろ

关联词：しょうめいしょ⑤【証明書】（名）证明材料

㊸ □ じょうしゃ⓪【乗車】（名・自サ）乘车，上车，搭车

例　句：私は定期乗車券を持っているので、乗車する時切符を買う必要がない。/我有月票，乘车时不用买票。

乗車に当たって女性や子供を優先させるべきである。/乘车时妇女和儿童应当优先。

活　用：乗車した・乗車して・乗車しない・乗車すれば・乗車します・乗車しよう・乗車しろ

㊹ □ しんせい⓪【申請】（名・他サ）申请，呈请

例　句：奨学金の申請をする。/申请奖学金。

友達申請して大丈夫ですか。/可以申请做朋友吗?

活　用：申請した・申請して・申請しない・申請すれば・申請します・申請しよう・申請しろ

近义词：もうしこむ④【申し込む】（他五）报名，申请；提议，提出

㊺ □ しんこう⓪【進行】（名・自他サ）进行，前进；进展；恶化

例　句：進行中の列車が速いです。/行进中的列车速度快。

仕事の進行がはかばかしくない。/工作进展不顺利。

活　用：進行した・進行して・進行しない・進行すれば・進行します・進行しよう・進行しろ

近义词：しんしゅつ⓪【進出】（名・自サ）进入，参加，进展

㊻ □ せいこう⓪【成功】（名・自サ）成功，成就，胜利

例　句：実験が成功する。/试验成功。

成功を収める。/获得成功。

活　用：成功した・成功して・成功しない・成功すれば・成功します・成功しよう・成功しろ

反义词：しっぱい⓪【失敗】（名・自サ）失败

㊼ □ せいかい⓪【正解】（名・他サ）正解；正确的解答

例　句：この問題の正解は次号に載せます。/这个问题的正确答案刊载在下一期里。

台風の形成に関する原理に正解を施す。/正确解释关于台风形成的原理。

活　用：正解した・正解して・正解しない・正解すれば・正解します・正解しよう・正解しろ

近义词：せいとう⓪【正答】（名・自サ）正确的回答

㊽ □ せいとう⓪【正答】（名・自サ）正确的回答

例　句：選択からヒントを得て正答できる可能性も大きくなるのです。/从选择中得到提示，做出正确回答的可能性也会提高。

どちらが正答か迷う。/不知道哪个是正确回答。

活　用：正答した・正答して・正答しない・正答すれば・正答します・正答しよう・正答しろ

近义词：せいかい⓪【正解】（名・他サ）正解；正确的解答

㊾ □ ぞうか⓪【増加】（名・自他サ）增加，增长

例　句：人々の収入は年々増加している。/人们的收入逐年增加。

売り上げは年々、堅調に増加しています。/销售额逐年稳步增长。

活　用：増加した・増加して・増加しない・増加すれば・増加します・増加しよう・増加しろ

反义词：げんしょう⓪【減少】（名・自他サ）减少

50 □ そんけい⓪【尊敬】（名・他サ）尊敬

例　句：会社で一番尊敬する人は社長です。/在（我们）公司，我最尊敬的人是社长。

太郎はオフィスの同僚から尊敬されています。/太郎受到办公室同事的尊敬。

活　用：尊敬した・尊敬して・尊敬しない・尊敬すれば・尊敬します・尊敬しよう・尊敬しろ

近义词：うやまう③【敬う】（他五）尊敬

巩固练习

1. 读音考查

(1)解決＿＿＿＿	(2)改札＿＿＿＿	(3)開場＿＿＿＿
(4)外食＿＿＿＿	(5)感激＿＿＿＿	(6)感動＿＿＿＿
(7)観光＿＿＿＿	(8)帰宅＿＿＿＿	(9)記念＿＿＿＿
(10)競争＿＿＿＿	(11)協力＿＿＿＿	(12)禁煙＿＿＿＿
(13)訓練＿＿＿＿	(14)経由＿＿＿＿	(15)建築＿＿＿＿
(16)見学＿＿＿＿	(17)見舞い＿＿＿＿	(18)現存＿＿＿＿
(19)呼吸＿＿＿＿	(20)交流＿＿＿＿	(21)講義＿＿＿＿
(22)降車＿＿＿＿	(23)合格＿＿＿＿	(24)合計＿＿＿＿
(25)左折＿＿＿＿	(26)作文＿＿＿＿	(27)散歩＿＿＿＿
(28)賛成＿＿＿＿	(29)使用＿＿＿＿	(30)指定＿＿＿＿
(31)指導＿＿＿＿	(32)支出＿＿＿＿	(33)自慢＿＿＿＿
(34)失敗＿＿＿＿	(35)質問＿＿＿＿	(36)実験＿＿＿＿
(37)実用＿＿＿＿	(38)主張＿＿＿＿	(39)手術＿＿＿＿

(40)宿題__________ (41)商売__________ (42)証明__________

(43)乗車__________ (44)申請__________ (45)進行__________

(46)成功__________ (47)正解__________ (48)正答__________

(49)増加__________ (50)尊敬__________

2. 汉字检验

(1)かいけつ________ (2)かいさつ________ (3)かいじょう________

(4)がいしょく________ (5)かんげき________ (6)かんどう________

(7)かんこう________ (8)きたく________ (9)きねん________

(10)きょうそう________ (11)きょうりょく________ (12)きんえん________

(13)くんれん________ (14)けいゆ________ (15)けんちく________

(16)けんがく________ (17)みまい________ (18)げんそん________

(19)こきゅう________ (20)こうりゅう________ (21)こうぎ________

(22)こうしゃ________ (23)ごうかく________ (24)ごうけい________

(25)させつ________ (26)さくぶん________ (27)さんぽ________

(28)さんせい________ (29)しよう________ (30)してい________

(31)しどう________ (32)ししゅつ________ (33)じまん________

(34)しっぱい________ (35)しつもん________ (36)じっけん________

(37)じつよう________ (38)しゅちょう________ (39)しゅじゅつ________

(40)しゅくだい________ (41)しょうばい________ (42)しょうめい________

(43)じょうしゃ________ (44)しんせい________ (45)しんこう________

(46)せいこう________ (47)せいかい________ (48)せいとう________

(49)ぞうか________ (50)そんけい________

3. 提高训练

(1) 彼は(　　)して私の手を握りながらしきりに感謝の言葉を述べた。

A. 我慢　B. 自慢　C. 交流　D. 感激

(2) 兄は(　　)がすきで、国内旅行はもちろん、海外旅行もよくします。

A. 賛成　B. 交流　C. 競争　D. 観光

(3) 来週に(　　)を受けなければならない。

A. 商売　B. 成功　C. 講義　D. 手術

(4) 彼らはその(　　)に勝たなければならない。

A. 訓練　B. 合格　C. 使用　D. 競争

(5) 彼は時に優しく、ときに厳しく選手を(　　)する。

A. 解決　B. 協力　C. 支出　D. 指導

(6) (　　)しないためのいちばんの方法は、何も新しいことに挑戦しないことです。

A. 証明　B. 失敗　C. 尊敬　D. 成功

(7) 私達は年上の人を(　　)しなければならない。

A. 実用　B. 正答　C. 尊敬　D. 増加

(8) 女の側は離婚を(　　)し、男の側は断固として賛成しない。

A. 使用　B. 合格　C. 外食　D. 主張

(9) これからも手紙やメールで(　　)を続けます。

A. 交流　B. 乗車　C. 発表　D. 料理

(10) 私はこれを彼に取っておいて(　　)にする。

A. 指導　B. 講義　C. 建築　D. 記念

(11) この(　　)は50日間を必要とします。

A. 講義　B. 証明　C. 手術　D. 実験

(12) (　　)をなんとか終わらせることができました。

A. 質問　B. 宿題　C. 貯金　D. 友情

(13) 犬を連れて(　　)に出かけました。

A. 交流　B. 実験　C. 競争　D. 散歩

(14) ぜひ試験に(　　)できますようにと、彼女は手を合わせて祈った。

A. 賛成　B. 合格　C. 作文　D. 失敗

(15) あなたと(　　)して仕事をしたいです。

A. 進行　B. 協力　C. 見学　D. 失敗

(16) この(　　)は主題を中心に置いていない、主題から離れている。

A. 計画　B. 指導　C. 講義　D. 作文

(17) 私は公園にゴミ箱を置かないことに(　　)します。

A. 解決　B. 感動　C. 禁煙　D. 賛成

(18) 最近、都会では人口の(　　)とともに、住宅問題がますます厳しくなってきた。

A. 中止　B. 変化　C. 減少　D. 増加

(19) 節約を励行して、不必要な(　　)を削減する。

A. 計算　B. 支出　C. 実用　D. 合計

(20) (　　)を強化して、軍事的素質を高める。

A. 訓練　B. 競争　C. 栄養　D. 性格

Day 20

小试牛刀

请从以下今天要学习的单词中，选出你已经认识的单词，并在横线上写出对应的词性和释义。

- ☐ 代表 ________
- ☐ 朝食 ________
- ☐ 通勤 ________
- ☐ 通知 ________
- ☐ 停車 ________
- ☐ 停電 ________
- ☐ 伝言 ________
- ☐ 登場 ________
- ☐ 到着 ________
- ☐ 同席 ________
- ☐ 独立 ________
- ☐ 入院 ________
- ☐ 入力 ________
- ☐ 配達 ________
- ☐ 買い物 ________
- ☐ 発音 ________
- ☐ 発売 ________
- ☐ 発表 ________
- ☐ 否定 ________
- ☐ 比較 ________
- ☐ 報告 ________
- ☐ 約束 ________
- ☐ 予報 ________
- ☐ 流行 ________
- ☐ 留守 ________
- ☐ 連絡 ________
- ☐ 話し合い ________
- ☐ 触れる ________
- ☐ 伸びる ________
- ☐ 振る ________
- ☐ 振り込む ________
- ☐ 尋ねる ________
- ☐ 生まれる ________
- ☐ 戦う ________
- ☐ 組み立てる ________
- ☐ 走り出す ________
- ☐ 測る ________
- ☐ 替える ________
- ☐ 代わる ________
- ☐ 知り合う ________
- ☐ 痛む ________
- ☐ 塗る ________
- ☐ 踏む ________
- ☐ 届ける ________
- ☐ 売り切れる ________
- ☐ 飛び出す ________
- ☐ 付き合う ________
- ☐ 防ぐ ________
- ☐ 抑える ________
- ☐ 落ち着く ________

词汇讲解

❶ □ だいひょう⓪【代表】（名・他サ）代表

例　句：代表たちは間もなく各地へ視察して回る。/代表们即将到各地巡查。

私は学校を代表して会議に出席した。/我代表学校出席了会议。

活　用：代表した・代表して・代表しない・代表すれば・代表します・代表しよう・代表しろ

关联词：だいひょうてき⓪【代表的】（ナ形）代表的，有代表性的

❷ □ ちょうしょく⓪【朝食】（名）早饭

例　句：朝食はパン一つだけで済ませる。/早餐仅用一个面包对付。

朝食を食べないで仕事へ行きます。/我不吃早饭就去上班。

近义词：あさごはん③【朝ご飯】（名）早饭

关联词：ちゅうしょく⓪【昼食】（名）午饭

ゆうしょく⓪【夕食】（名）晚饭

❸ □ つうきん⓪【通勤】（名・自サ）上下班，通勤

例　句：当社は通勤費用を全額支払う。/本公司全额支付通勤费用。

足場が悪くて通勤に不便だ。/交通条件不好，上下班不方便。

活　用：通勤した・通勤して・通勤しない・通勤すれば・通勤します・通勤しよう・通勤しろ

❹ □ つうち⓪【通知】（名・他サ）通知，告知

例　句：異常を通知するランプが点灯していない。/告知异常的灯没有点亮。

通知を出す。/发布通知。

活　用：通知した・通知して・通知しない・通知すれば・通知します・通知しよう・通知しろ

近义词：こくち①【告知】（名・他サ）通知，告知

⑤ □ ていしゃ⓪【停車】（名・自他サ）停车，刹车

例　句：バスが完全に停車するまで移動しないでください。/在巴士完全停车之前请不要动。

この急行列車はこの駅には途中停車しない。/这辆快车在这个车站不中途停车。

活　用：停車した・停車して・停車しない・停車すれば・停車します・停車しよう・停車しろ

近义词：ちゅうしゃ⓪【駐車】（名・自サ）停车

⑥ □ ていでん⓪【停電】（名・自サ）停电，停止供电

例　句：突然の雷雨で社内が停電しました。/因为突然的雷雨，公司停电了。

10月1日はその大学で計画された停電があります。/十月一日那所大学将有计划地停电。

活　用：停電した・停電して・停電しない・停電すれば・停電します・停電しよう・停電しろ

⑦ □ でんごん⓪【伝言】（名・自他サ）口信，传话

例　句：担当者が電話中だったので彼は伝言を残した。/因为负责人正在打电话，所以他留了口信。

私はあなたに伝言を頼みたい。/我想请你传话。

活　用：伝言した・伝言して・伝言しない・伝言すれば・伝言します・伝言しよう・伝言しろ

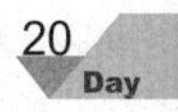

⑧ □ とうじょう⓪【登場】（名・自サ）登场，上场，登台，上台

例　句：何とか今年中にもう一度登場してほしいです。/无论如何希望你在今年再次登台。

新人に替えて出場させる。/改由新人上场。

活　用：登場した・登場して・登場しない・登場すれば・登場します・登場しよう・登場しろ

近义词：しゅつじょう⓪【出場】（名・自サ）入场，进场；出场

❾ □ とうちゃく⓪【到着】（名・自サ）到达，抵达

例　句：到着した時はちょうど明け方であった。/到达的时候正是黎明。

我々2人は同じ時刻に北京に到着した。/我们俩同时到达北京。

活　用：到着した・到着して・到着しない・到着すれば・到着します・到着しよう・到着しろ

近义词：とうたつ⓪【到達】（名・自サ）到达，达到

❿ □ どうせき⓪【同席】（名・自サ）同席，同桌

例　句：送別会で彼と同席した。/在欢送会上和他同席。

先生と同席する。/和老师坐在一起。

活　用：同席した・同席して・同席しない・同席すれば・同席します・同席しよう・同席しろ

关联词：けっせき⓪【欠席】（名・自サ）缺席

⓫ □ どくりつ⓪【独立】（名・自サ）独立

例　句：独立して生活する。/独立生活。

彼らは自由独立の旗印を高々と掲げる。/他们高举自由独立的旗帜。

活　用：独立した・独立して・独立しない・独立すれば・独立します・独立しよう・独立しろ

近义词：じりつ⓪【自立】（名・自サ）自立，独立

⓬ □ にゅういん⓪【入院】（名・自サ）住院

例　句：彼は肺炎をおこして入院した。/他得了肺炎，住院了。

検査のために入院する。/为了检查身体而住院。

活　用：入院した・入院して・入院しない・入院すれば・入院します・入院しよう・入院しろ

反义词：たいいん⓪【退院】（名・自サ）出院

⓭ □ にゅうりょく⓪【入力】（名・他サ）输入

例　句：入力間違いはこのボタンを押して初めから入力してください。/

输入错误的话，请按这个按钮从头开始输入。

パスワードが違うので正しく入力しなさい。/密码错误，请正确输入。

活　用：入力した・入力して・入力しない・入力すれば・入力します・入力しよう・入力しろ

⑭ □ はいたつ⓪【配達】（名・他サ）投递

例　句：私達は配達の期限を守るために最善を尽くさねばならない。/我们必须竭尽全力遵守投递的期限。

私は注文した配達状況を追跡したい。/我想追踪订单的投递情况。

活　用：配達した・配達して・配達しない・配達すれば・配達します・配達しよう・配達しろ

⑮ □ かいもの⓪【買い物】（名・自サ）买的东西；买东西

例　句：明日は買い物する予定です。/明天打算买东西。

たくさんの買い物を抱えて帰る。/把许多买好的东西抱回去。

活　用：買い物した・買い物して・買い物しない・買い物すれば・買い物します・買い物しよう・買い物しろ

⑯ □ はつおん⓪【発音】（名・他サ）发音

例　句：先生の前で流暢な発音をする。/在老师面前流利地发音。

私の中国語の発音はどうでしょうか。/我的中文发音怎么样?

活　用：発音した・発音して・発音しない・発音すれば・発音します・発音しよう・発音しろ

20 Day

关联词：おんせい①【音声】（名）声音

⑰ □ はつばい⓪【発売】（名・他サ）发售

例　句：開発が遅れたため、発売時期を延期します。/因为开发晚了，所以推迟发售时间。

その新商品の発売はおそらく4月だろう。/那个新商品大概是四月发售吧。

活　用：発売した・発売して・発売しない・発売すれば・発売します・

発売しよう・発売しろ

近义词：うりだす③【売り出す】（他五）发售；甩卖

⑱ □ はっぴょう⓪【発表】（名・他サ）发表，发布

例　句：彼らは評論を書き、明日発表します。/他们写完评论，明天发表。

今日はこの流れに沿って発表します。/今天按照这个流程发表。

活　用：発表した・発表して・発表しない・発表すれば・発表します・発表しよう・発表しろ

关联词：はっぴょうかい③【発表会】（名）发表会

⑲ □ ひてい⓪【否定】（名・他サ）否定

例　句：客観的に存在する事物は何人も否定できない。/客观存在的事物谁也否定不了。

異なる意見に対して、勝手に否定してはならない。/对于不同意见，不能随便否定。

活　用：否定した・否定して・否定しない・否定すれば・否定します・否定しよう・否定しろ

⑳ □ ひかく⓪【比較】（名・他サ）比较

例　句：彼の作品と彼女の作品では比較にならない。/他的作品完全没法和她的比。

通常と比較して短い時間でローディングしている。/与通常相比在较短的时间内加载。

活　用：比較した・比較して・比較しない・比較すれば・比較します・比較しよう・比較しろ

㉑ □ ほうこく⓪【報告】（名・他サ）报告

例　句：これに関する報告はとても少ない。/关于这个的报告很少。

報告はこんなに詳細である必要はない。/报告不必这么详细。

活　用：報告した・報告して・報告しない・報告すれば・報告します・報告しよう・報告しろ

㉒ □ やくそく⓪【約束】（名・他サ）规则，规定；约会，约定

例　句：競技の約束に違反する。/违反比赛规则。

私は妻と旅行に行く約束を破った。/我没有如约和妻子去旅行。

活　用：約束した・約束して・約束しない・約束すれば・約束します・約束しよう・約束しろ

近义词：きそく①【規則】（名）规则，规章

㉓ □ よほう⓪【予報】（名・他サ）预报

例　句：予報によると、明日は台風が来るらしい。/预报说，明天好像有台风。

今回の寒波は正しく予報された。/这次寒流预报得很准。

活　用：予報した・予報して・予報しない・予報すれば・予報します・予報しよう・予報しろ

关联词：てんきよほう④【天気予報】（名）天气预报

㉔ □ りゅうこう⓪【流行】（名・自サ）流行，时髦，时兴

例　句：肝炎の流行は社会の憂慮を引き起こした。/肝炎的流行引起了社会的忧虑。

最近流行の服は何か調査する。/调查最近流行的衣服是什么。

活　用：流行した・流行して・流行しない・流行すれば・流行します・流行しよう・流行しろ

㉕ □ るす①【留守】（名・自サ）出门，不在家；看家

例　句：あなたの留守中は私がペットの世話をします。/你不在家的时候，我会照顾宠物。

留守を預かっているので出られない。/我正在替人看家，出不去。

活　用：留守した・留守して・留守しない・留守すれば・留守します・留守しよう・留守しろ

㉖ □ れんらく⓪【連絡】（名・自他サ）联络，联系；联运，连接

例　句：では、ご連絡をお待ちしております。/那么，我等待您的联系。

この列車は汽船に連絡しますか。/这班列车和轮船衔接吗?

活　用：連絡した・連絡して・連絡しない・連絡すれば・連絡します・連絡しよう・連絡しろ

㉗ □ はなしあい⓪【話し合い】（名）商量，商谈，协商

例　句：双方は既に話し合いを終えて、買い取り価格を引き上げた。/双方已经谈妥，提高了收购价格。

話し合いの中で、互いにこの問題に対する見方を交換した。/在协商中彼此交换了对这个问题的看法。

近义词：そうだん⓪【相談】（名・他サ）商量，商谈

㉘ □ ふれる⓪【触れる】（自他一）感触到；触及；触犯；触，碰；通知

例　句：耳目に触れるものすべて新鮮に感じた。/对所见所闻都感到新鲜。

彼の意見は問題の本質に触れている。/他的意见触及问题的本质。

活　用：触れた・触れて・触れない・触れれば・触れます・触れよう・触れろ

关联词：さわる⓪【触る】（自五）摸，触；接触，有关联

㉙ □ のびる②【伸びる】（自一）伸长；舒展；扩大，发展

例　句：濃い緑の麦の苗は上の方へと伸びる。/深绿的麦苗往上长。

祖父はたいへんうれしくて、顔のしわも伸びた。/爷爷很高兴，脸上的皱纹也舒展了。

活　用：伸びた・伸びて・伸びない・伸びれば・伸びます・伸びよう・伸びろ

近义词：のばす②【伸ばす】（他五）伸长；伸展；发展

㉚ □ ふる⓪【振る】（他五）挥，摇；偏向；投掷，撒；分派

例　句：彼はただ首を横に振るだけで、まるで石像のようだ。/他只是摇头，像个石像。

台風が進路を西に振る。/台风风向转西。

活　用：振った・振って・振らない・振れば・振ります・振ろう・振れ

关联词：ふるう⓪【振るう】（自他五）挥动；振奋

㉛ □ ふりこむ③【振り込む】（他五）撒入；存入

例　句：スープに胡椒を振り込む。/往汤里撒入胡椒。

彼は指定された金額を振り込む。/他存入指定金额。

活　用：振り込んだ・振り込んで・振り込まない・振り込めば・振り込みます・振り込もう・振り込め

㉜ □ たずねる③【尋ねる】（他一）寻找；打听，咨询；探寻，寻求

例　句：母を尋ねて旅に出る。/踏上寻母之旅。

迷った場合には、駅構内の案内所で尋ねることができます。/迷路的时候，可以去车站内的咨询处咨询。

活　用：尋ねた・尋ねて・尋ねない・尋ねれば・尋ねます・尋ねよう・尋ねろ

近义词：さがす⓪【探す】（他五）查找，寻找，搜寻

㉝ □ うまれる⓪【生まれる】（自一）出生，诞生；产生，出现

例　句：もうすぐ赤ちゃんが生まれる。/孩子马上就要出生了。

人を当てにする考えが生まれた。/产生了依靠别人的想法。

活　用：生まれた・生まれて・生まれない・生まれれば・生まれます・生まれよう・生まれろ

近义词：うむ⓪【生む】（他五）分娩；产生

㉞ □ たたかう⓪【戦う】（自五）战斗，作战；比赛，竞赛；斗争

例　句：最後の試合で強敵と力を振るって戦う。/在最后一场比赛中与强敌决一死战。

欲望と戦う。/和欲望斗争。

活　用：戦った・戦って・戦わない・戦えば・戦います・戦おう・戦え

㉟ □ くみたてる④【組み立てる】（他一）装配，组织，构成

例　句：考えを組み立てる。/构思。

模型を組み立てる。/装配模型。

活　用：組み立てた・組み立てて・組み立てない・組み立てれば・組み立てます・組み立てよう・組み立てろ

近义词：しくむ②【仕組む】（他五）构造，装配；计划，企图；改编

㊱ □ はしりだす④【走り出す】（自五）开始跑动，开始行动

例　句：弟を乗せた救急車が走り出す光景を覚えている。/我还记得载着弟弟的救护车开走时的情景。

夢に向かってプロジェクトが走り出す。/开始执行追逐梦想的计划。

活　用：走り出した・走り出して・走り出さない・走り出せば・走り出します・走り出そう・走り出せ

关联词：しどう⓪【始動】（名・自他サ）开动，起动

㊲ □ はかる②【測る】（他五）丈量，测量；推测

例　句：これは硬度を測る機械です。/这是测量硬度的机器。

八字によって人の吉凶禍福を測ることができる。/根据八字可以推测出人的吉凶祸福。

活　用：測った・測って・測らない・測れば・測ります・測ろう・測れ

㊳ □ かえる⓪【替える】（他一）换，代替

例　句：君は彼と場所を替えると、見えるようになる。/你和他换个位置就能看见了。

書面をもってあいさつに替える。/以书信代替致辞。

活　用：替えた・替えて・替えない・替えれば・替えます・替えよう・替えろ

近义词：かわる⓪【代わる】（自五）代替，代理；替换，交替

㊴ □ かわる⓪【代わる】（自五）代替，代理；替换，交替

例　句：これらは人の知能に代わる知能を備える商品である。/这些是替代人类智慧、具备智能的商品。

不都合なことはすべて私が代わってやる。/不方便的事，都由我代劳。

活　用：代わった・代わって・代わらない・代われば・代わります・代わろう・代われ

近义词：かえる⓪【替える】（他一）换，代替

㊵ □ しりあう③【知り合う】（自五）相识，结识

例　句：私と彼女は10年前からの知り合いです。/我和她认识十年了。
　　　　インターネットで知り合った人と会う。/和在网上结识的人见面。

活　用：知り合った・知り合って・知り合わない・知り合えば・知り合います・知り合おう・知り合え

关联词：しりあい⓪【知り合い】（名）相识，结识；熟人

㊶ □ いたむ②【痛む】（自五）疼痛；痛苦，悲痛

例　句：友達からの誘いを断ることは心が痛む。/拒绝朋友的邀请让我很心痛。
　　　　自分のふところが痛むのをいやがる。/舍不得掏腰包。

活　用：痛んだ・痛んで・痛まない・痛めば・痛みます・痛もう・痛め

关联词：いたい②【痛い】（イ形）疼痛的；痛心的，难受的

㊷ □ ぬる⓪【塗る】（他五）涂，抹，刷

例　句：トーストにバターかジャムを塗りますか。/要在吐司上涂黄油或者果酱吗?
　　　　洗顔後の肌に適量を塗りなさい。/请在洗脸后（取）适量涂抹在皮肤上。

活　用：塗った・塗って・塗らない・塗れば・塗ります・塗ろう・塗れ

㊸ □ ふむ⓪【踏む】（他五）踩；踏；履行；实践，经历

例　句：戦々恐々として、薄氷を踏むかのようである。/战战兢兢，如履薄冰。
　　　　手続きを踏む。/履行手续。

活　用：踏んだ・踏んで・踏まない・踏めば・踏みます・踏もう・踏め

㊹ □ とどける③【届ける】（他一）送到；呈报，申报

例　句：このメールを相手に届けることができませんでした。/我没能把这封邮件送到对方那里。
　　　　5元の銭のことで警察へ届けるのか。/五元钱的事，要报警吗?

活　用：届けた・届けて・届けない・届ければ・届けます・届けよう・届けろ

近义词：とどく②【届く】（自五）达，够；送到，达到

㊺ □うりきれる④【売り切れる】（自一）全部售完，售罄

例　句：在庫品が全部売り切れる。/库存全部售完。

コンサートのチケットはすぐに売り切れた。/音乐会的门票很快就售罄了。

活　用：売り切れた・売り切れて・売り切れない・売り切れれば・売り切れます・売り切れよう・売り切れろ

关联词：しまい⓪【仕舞い】（名）结局；售罄

㊻ □とびだす③【飛び出す】（自五）跳出；飞起；跑出去，离去；突出，鼓出

例　句：その板は通路に飛び出しています。/那个板子飞出了通道。

外へ飛び出す。/冲出去。

活　用：飛び出した・飛び出して・飛び出さない・飛び出せば・飛び出します・飛び出そう・飛び出せ

㊼ □つきあう③【付き合う】（自五）来往，交际；作陪，奉陪

例　句：彼は人と付き合うのがきらいだ。/他不喜欢和人来往。

お茶を付き合う。/陪着喝茶。

活　用：付き合った・付き合って・付き合わない・付き合えば・付き合います・付き合おう・付き合え

近义词：こうさい⓪【交際】（名・自サ）交际，交流，应酬

㊽ □ふせぐ②【防ぐ】（他五）防卫，防守；防备，预防

例　句：トラブルを防ぐために夫婦財産契約登記は行っておいたほうが良い。/为防止纠纷，最好进行夫妻财产登记。

毎日の収支を記録する事で、お金の無駄遣いを防ぐ事ができる。/记录每天的收支，可以防止乱花钱。

活　用：防いだ・防いで・防がない・防げば・防ぎます・防ごう・防げ

近义词：ぼうえい⓪【防衛】（名・他サ）防卫，保卫，防守

㊾ □ おさえる③【抑える】（他一）按，压；阻止，抑制；扣押；抓住；抑制，控制

例　句：石で紙を抑える。/用石头把纸压住。

私たちは内心の興奮を抑えることができなくなった。/我们抑制不住内心的兴奋。

活　用：抑えた・抑えて・抑えない・抑えれば・抑えます・抑えよう・抑えろ

㊿ □ おちつく⓪【落ち着く】（自五）落脚，安顿；平息，稳定；沉着，镇静

例　句：ひとまず友人の家に落ち着くことにした。/决定暂且在朋友家落脚。

さわぎが落ち着いた。/风波平息了。

活　用：落ち着いた・落ち着いて・落ち着かない・落ち着けば・落ち着きます・落ち着こう・落ち着け

巩固练习

1. 读音考查

(1)代表______ (2)朝食______ (3)通勤______
(4)通知______ (5)停車______ (6)停電______
(7)伝言______ (8)登場______ (9)到着______
(10)同席______ (11)独立______ (12)入院______
(13)入力______ (14)配達______ (15)買い物______
(16)発音______ (17)発売______ (18)発表______
(19)否定______ (20)比較______ (21)報告______
(22)約束______ (23)予報______ (24)流行______
(25)留守______ (26)連絡______ (27)話し合い______
(28)触れる______ (29)伸びる______ (30)振る______
(31)振り込む______ (32)尋ねる______ (33)生まれる______
(34)戦う______ (35)組み立てる______ (36)走り出す______
(37)測る______ (38)替える______ (39)代わる______
(40)知り合う______ (41)痛む______ (42)塗る______
(43)踏む______ (44)届ける______ (45)売り切れる______
(46)飛び出す______ (47)付き合う______ (48)防ぐ______
(49)抑える______ (50)落ち着く______

2. 汉字检验

(1)だいひょう______ (2)ちょうしょく______ (3)つうきん______
(4)つうち______ (5)ていしゃ______ (6)ていでん______
(7)でんごん______ (8)とうじょう______ (9)とうちゃく______

(10)どうせき________ (11)どくりつ________ (12)にゅういん________

(13)にゅうりょく________ (14)はいたつ________ (15)かいもの________

(16)はつおん________ (17)はつばい________ (18)はっぴょう________

(19)ひてい________ (20)ひかく________ (21)ほうこく________

(22)やくそく________ (23)よほう________ (24)りゅうこう________

(25)るす________ (26)れんらく________ (27)はなしあい________

(28)ふれる________ (29)のびる________ (30)ふる________

(31)ふりこむ________ (32)たずねる________ (33)うまれる________

(34)たたかう________ (35)くみたてる________ (36)はしりだす________

(37)はかる________ (38)かえる________ (39)かわる________

(40)しりあう________ (41)いたむ________ (42)ぬる________

(43)ふむ________ (44)とどける________ (45)うりきれる________

(46)とびだす________ (47)つきあう________ (48)ふせぐ________

(49)おさえる________ (50)おちつく________

3. 提高训练

(1) 彼は会社を(　　)して大会に向けてあいさつの言葉を述べる。

A. 否定　B. 通勤　C. 発表　D. 代表

(2) このような服装が香港でたいへん(　　)している。

A. 賛成　B. 報告　C. 約束　D. 流行

(3) これらの結果について詳細に(　　)する。

A. 配達　B. 約束　C. 連絡　D. 報告

(4) 迷った場合には、駅構内の案内所で(　　)ことができます。

A. 替える　B. 代わる　C. 戦う　D. 尋ねる

(5) 飛行機は9月23日の午後6時に北京に(　　)する予定です。

A. 解決　B. 独立　C. 登場　D. 到着

(6) 最後の試合で強敵と力を振るって(　　)。

A. 痛む　　B. 戦う　　C. 塗る　　D. 知り合う

(7) あの店のスイーツは有名で、あっという間に全部(　　)。

A. 替えた　　B. 届けた　　C. 飛び出した　　D. 売り切れた

(8) より多くのよい作品が(　　)ことを我々は望んでいる。

A. 触れる　　B. 尋ねる　　C. 売り切れる　　D. 生まれる

(9) 彼は出かけると言っていましたから、(　　)のはずです。

A. 交流　　B. 乗車　　C. 発表　　D. 留守

(10) 彼はその単語を母国語で(　　)した。

A. 発売　　B. 連絡　　C. 伝言　　D. 発音

(11) この会議には通訳者が(　　)する予定です。

A. 伝言　　B. 代表　　C. 同様　　D. 同席

(12) 子供たちは夏のキャンプ生活の中で大自然に(　　)ことができた。

A. 替える　　B. 生まれる　　C. 抑える　　D. 触れる

(13) パスワードが違うので正しく(　　)しなさい。

A. 予報　　B. 発表　　C. 否定　　D. 入力

(14) 急に(　　)して、たちまち部屋の中は真っ暗になった。

A. 停滞　　B. 停止　　C. 停車　　D. 停電

(15) 初期費用をもう少し(　　)ことができればと考えています。

A. 組み立てる　　B. 抑える　　C. 尋ねる　　D. 生まれる

(16) 1時間以上も電車で(　　)している人が多いそうですね。

A. 報告　　B. 流行　　C. 予報　　D. 通勤

(17) 異なる意見に対して、勝手に(　　)してはならない。

A. 確定　　B. 決定　　C. 推定　　D. 否定

(18) あなたと(　　)ことができて嬉しかった。

A. 走り出す　　B. 飛び出す　　C. 振り込む　　D. 知り合う

(19) 残念ながら(　　)の時間に行けなくなりました。

A. 決定　　B. 約束　　C. 節約　　D. 規則

(20) 物質は人の意識の外に(　　)して存在する客観的な存在である。

A. 訓練　　B. 記録　　C. 現存　　D. 独立

N3低频词

Day 21 小试牛刀

请从以下今天要学习的单词中，选出你已经认识的单词，并在横线上写出对应的词性和释义。

- □ 浴びる ________
- □ 流す ________
- □ 冷める ________
- □ 励む ________
- □ 抱く ________
- □ 編む ________
- □ 変える ________
- □ 縛る ________
- □ 至る ________
- □ 通す ________
- □ 掃く ________
- □ 持ち帰る ________
- □ 平日 ________
- □ 当日 ________
- □ 前後 ________
- □ 場合 ________
- □ 一生懸命 ________
- □ 多少 ________
- □ 次第 ________
- □ 雷 ________
- □ 涙 ________
- □ 味 ________
- □ 芽 ________
- □ 角 ________
- □ 坂 ________
- □ 去年 ________
- □ 絶対 ________
- □ 底 ________
- □ 胃 ________
- □ 豆 ________
- □ 板 ________
- □ 力 ________
- □ 泡 ________
- □ 葉 ________
- □ 緑 ________
- □ 僧 ________
- □ 京都 ________
- □ 東京 ________
- □ からから ________
- □ 必ず ________
- □ 眩しい ________
- □ 懐かしい ________
- □ 怠い ________
- □ 兄 ________
- □ 傷 ________
- □ 奥 ________
- □ 線 ________
- □ 波 ________
- □ 列ねる ________
- □ 破く ________

词汇讲解

❶ □ あびる⓪【浴びる】（他一）淋，浴；遭，受

例　句：日本は再び世界から注目を浴びるようになった。/日本再次受到了世界的关注。

彼女は毎朝シャワーを浴びる。/她每天早上淋浴。

活　用：浴びた・浴びて・浴びない・浴びれば・浴びます・浴びよう・浴びろ

关联词：シャワー①（名）淋浴

❷ □ ながす②【流す】（他五）使流动；冲走；传播，散布；流放；使流产

例　句：平時は汗を多く流し、戦時は血を少なく流す。/平时多流汗，战时少流血。

車軸を流す。/瓢泼大雨。

活　用：流した・流して・流さない・流せば・流します・流そう・流せ

近义词：ながれる③【流れる】（自一）流，淌；漂流，冲走；传播；时间流逝；流传；流产

❸ □ さめる②【冷める】（自一）变冷；（感情、兴趣等）减退，降低

例　句：早く食べないと冷めるよ。/不快点吃就凉了哦。

彼の写真熱も冷めたらしい。/他的摄影兴趣似乎也减退了。

活　用：冷めた・冷めて・冷めない・冷めれば・冷めます・冷めよう・冷めろ

近义词：ひえる②【冷える】（自一）变冷，变凉；觉得冷，觉得凉；冷淡下来

❹ □ はげむ②【励む】（自五）刻苦，努力，勤奋

例　句：一生懸命に仕事に励む。/努力工作。

選手に選ばれるために練習に励む。/为了被选为选手而努力练习。

活　用：励んだ・励んで・励まない・励めば・励みます・励もう・励め

近义词：どりょく①【努力】（名・自サ）努力

❺ □ いだく②【抱く】（他五）搂，抱；怀有，怀抱

例　句：子どもは両手を広げてばあちゃんに抱くようにせがむ。/孩子张开双手央求奶奶抱着。

悪意を抱くやつらは彼が既に戦死したと誤り伝えた。/那些怀有恶意的人讹传他已经阵亡。

活　用：抱いた・抱いて・抱かない・抱けば・抱きます・抱こう・抱け

近义词：かかえる⓪【抱える】（他一）抱，夹；承担，负担；雇佣

❻ □ あむ①【編む】（他五）编，织；编辑，编纂

例　句：彼女は手先が本当に器用で、いろいろな花かごを上手に編む。/她手真巧，会编各种花篮。

書物を編むのはたやすいことではない。/编书不是件容易的事。

活　用：編んだ・編んで・編まない・編めば・編みます・編もう・編め

近义词：へんしゅう⓪【編集】（名・他サ）编辑

❼ □ かえる⓪【変える】（他一）改变，变动，变更

例　句：鉱山は国の公有に帰属し、私有に変えることはできない。/矿山归国家公有，不能变成私有。

パーティーを別日程に変える。/把派对改到别的时间。

活　用：変えた・変えて・変えない・変えれば・変えます・変えよう・変えろ

近义词：かわる⓪【変わる】（自五）变化；改变

❽ □ しばる②【縛る】（他五）捆，绑，扎；束缚，限制

例　句：手に鶏を縛る力もない、体が弱り果てる。/身体虚弱，手无缚鸡之力。

これ以上見えない不安に縛られたくない。/我不想再被无形的不安所束缚。

活　用：縛った・縛って・縛らない・縛れば・縛ります・縛ろう・縛れ

近义词：せいげん③【制限】（名・他サ）限制，限度

⑨ □ いたる②【至る】（自五）至，到；来到，来临

例　句：奈良を経て京都に至る。/经奈良到京都。

悲喜こもごも至る。/悲喜交集。

活　用：至った・至って・至らない・至れば・至ります・至ろう・至れ

关联词：とうちゃく⓪【到着】（名・自サ）到达，抵达

⑩ □ とおす①【通す】（他五）穿过，通过；固执，坚持；透过，渗透

例　句：窓を開けて風を通す。/开窗通风。

目を通す。/浏览。

活　用：通した・通して・通さない・通せば・通します・通そう・通せ

近义词：とおる①【通る】（自五）通过；说得通

⑪ □ はく①【掃く】（他五）扫，打扫；（用刷子）刷，涂抹

例　句：部屋を掃く。/打扫房间。

私は彼女の眉を掃く。/我为她画眉。

活　用：掃いた・掃いて・掃かない・掃けば・掃きます・掃こう・掃け

近义词：そうじ⓪【掃除】（名・他サ）清除；打扫，扫除

⑫ □ もちかえる⓪【持ち帰る】（他五）带回去

例　句：プリンを持ち帰ることができます。/可以把布丁带回去。

これを持ち帰ることができますか。/我能把这个带回去吗?

活　用：持ち帰った・持ち帰って・持ち帰らない・持ち帰れば・持ち帰ります・持ち帰ろう・持ち帰れ

⑬ □ へいじつ⓪【平日】（名）平常；平日（星期天、节假日以外的日子）

例　句：平日、どのくらいの頻度で映画館に映画を見に行かれますか。/你平常会以怎样的频率去电影院看电影呢?

デパートは平日のほうがすいている。/百货大楼还是平日人少。

近义词：へいぜい⓪【平生】（名・副）平日，平素

⑭ □ とうじつ⓪【当日】（名・副）当日，当天；那一天

例　句：当日のご予約は困難と予想されます。/估计当天很难预约。

当日、私たちはその契約内容について確認しましょう。/我们当天再确认那份合同的内容吧。

关联词：どうじつ⓪【同日】（名・副）同一天，同日

⑮ □ぜんご①【前後】（名・自サ）（空间、时间上）前后、左右、周围；相继，连续；前后颠倒，错乱；前后的情况

例　句：この文章は前後がよく呼応し、組み立てが引き締まっている。/这篇文章前后呼应，结构紧凑。

私たちは前後して到着した。/我们相继抵达。

活　用：前後した・前後して・前後しない・前後すれば・前後します・前後しよう・前後しろ

⑯ □ばあい⓪【場合】（名）场合，时候；情况

例　句：雨が降った場合には中止する。/（遇到）下雨的情况就中止。

私は時と場所と場合に応じて服装を替える。/我根据时间、地点和场合换衣服。

近义词：じょうきょう⓪【状況】（名）状况，情况

⑰ □いっしょうけんめい⑤【一生懸命】（副・ナ形）拼命地，努力地

例　句：子供は一生懸命走っています。/孩子在拼命地跑。

こうなったら、ただ一生懸命やるのみだ。/这样的话，就只有拼命地干了。

关联词：ひっし⓪【必死】（名）（下棋）将死；必死；拼命

⑱ □たしょう⓪【多少】（名・副）多少，多寡；多少，稍微

例　句：多少にかかわらずお届けします。/不管多少都送去。

そのこと、多少知っている。/我多少知道一些那件事。

近义词：すこし②【少し】（副）一点，稍微，少许，少量

⑲ □しだい⓪【次第】（名・副・接助）顺序，次序；情况，缘由；逐

渐；马上

例　句：式の次第を会場に掲示する。/把仪式的流程张贴在会场上。

事の次第を話す。/诉说事情的经过。

近义词：じゅんばん⓪【順番】（名）顺序，次序；轮班，轮流

⑳ □かみなり④【雷】（名）雷；雷神

例　句：雷がその木におち、木を真っ二つに折った。/雷劈中那棵树，把树劈成了两半。

突然ゴロゴロとひとしきり雷が鳴った。/突然轰隆隆打了一阵雷。

㉑ □なみだ①【涙】（名）泪；哭泣

例　句：その映画を見終わった後、涙が止まりませんでした。/看完那部电影，我泪流不止。

嬉し涙にくれる。/喜极而泣。

关联词：なく⓪【泣く】（自五）哭泣；发愁，苦恼；忍痛吃亏、让利

㉒ □あじ⓪【味】（名）味道；趣味；感受，滋味

例　句：このスイカは形が大きく、皮が薄く、味が甘い。/这个西瓜个大、皮薄、味甜。

これは味もそっけもない文章だ。/这是篇枯燥无味的文章。

㉓ □め①【芽】（名）芽

例　句：春には、小さい草が柔らかい芽を出す。/春天，小草发出柔软的芽。

ジャガイモの芽には毒がある。/土豆的芽有毒。

㉔ □かど①【角】（名）角，棱角；角落，拐角，街口

例　句：足の小指をタンスの角にぶつけて痛い。/小脚趾撞到衣柜的一角，很痛。

街の角でばったりと顔を合わせる。/在街角突然遇见。

近义词：コーナー①（名）拐角，角落；专柜；专栏

㉕ □さか②【坂】（名）坡道；斜坡；（年龄的）陡坡，大关

例　句：坂の上のあの畑は土砂の流失が深刻である。/坡上的那块地水土流失严重。

坂の傾斜は15度ぐらいある。/斜坡约倾斜15度。

近义词：しゃめん①【斜面】（名）斜面，斜坡

㉖ □ きょねん①【去年】（名）去年

例　句：去年、日本ではたくさんの雨が降りました。/去年，日本下了很多雨。

彼女は去年と比べるとだいぶ痩せた。/她和去年相比瘦了很多。

近义词：さくねん⓪【昨年】（名）去年

㉗ □ ぜったい⓪【絶対】（名・副）绝对；坚决，断然，一定

例　句：絶対に後戻りはしない。/绝对不后退。

テニスには絶対自信がある。/对（打）网球有绝对的自信。

近义词：かならず⓪【必ず】（副）一定，必定，必然

㉘ □ そこ⓪【底】（名）底；深处；限度，边际；内心深处

例　句：底に沿って網を引きなさい。/请沿着底拉网。

この研究は底が浅い。/这个研究的深度太浅。

近义词：げんかい⓪【限界】（名）界限，范围；限度，极限

㉙ □ い⓪【胃】（名）胃

例　句：毎日、たくさん食べていたので胃が疲れました。/因为每天都吃了很多，所以胃很累。

胃の検査をしてもらおうかと考えている。/我在考虑要不要检查一下胃。

近义词：いぶくろ②【胃袋】（名）胃

㉚ □ まめ②【豆】（名）豆，大豆；小，小型；泡，水泡

例　句：ウリ・果物・豆はみな出来がとてもよい。/瓜、果、豆都长得很好。

豆電球をたくさん買いました。/买了许多小灯泡。

31 □いた①【板】（名）板，木板；舞台

例　句：木の板を抱き抱えてさえいれば、大陸まで泳ぎ着くことができる。/只要抱着木板，就能游到大陆。

鉄の板。/铁板。

32 □ちから③【力】（名）力气，力量，劲头；能力，实力；暴力，权力；效力，作用

例　句：精神的な力を物質的な力に転化させる。/把精神力量转化为物质力量。

彼女の英語の力はやや落ちている。/她的英语能力有所下降。

近义词：のうりょく①【能力】（名）能力

33 □あわ②【泡】（名）泡，沫，气泡

例　句：このせっけんは泡がよく立つ。/这块肥皂很容易起泡。

折角の苦労も水の泡だ。/一片苦心化为泡影。

近义词：あぶく③【泡】（名）泡，气泡

34 □は⓪【葉】（名）植物的叶，叶子

例　句：葉はすべて太陽に照らされて丸く縮こまっていた。/叶子都被太阳晒得蜷缩成一团。

庭にはたくさんの葉が落ちていました。/庭院里掉落了很多叶子。

35 □みどり①【緑】（名）绿色，翠绿

例　句：藍でもないし、緑でもなく、全然美しくない。/既不蓝也不绿，一点也不好看。

気候が暖かくなったので、小麦は次第に緑を取り戻した。/天气变暖，小麦逐渐恢复绿色。

近义词：グリーン②（名）绿色，草地

36 □そう①【僧】（名）僧，僧侣，和尚

例　句：その寺の僧、これを見て善心を起こした。/那间寺庙的僧人看了这个起了善心。

仏門に入った僧。/皈依佛门的僧侣。

近义词：ぼうず①【坊主】（名）僧人；光头

37 □ きょうと①【京都】（名）京都

例　句：京都は1200年の歴史がある。/京都有一千二百年的历史。

彼は写真を撮るために京都を訪れました。/他为拍照而去了京都。

38 □ とうきょう⓪【東京】（名）东京

例　句：両親は私を東京に連れて行ってくれなかった。/父母不带我去东京。

東京は大都会で、東京の魅力は生活を面白くします。/东京是大城市，东京的魅力让生活变得有趣。

39 □ からから⓪①（副・自サ・ナ形）空空；高声、爽朗的笑声；干涸，干透

例　句：池がからからに干上がる。/池塘干涸。

財布がからからになった。/钱包空空如也。

40 □ かならず⓪【必ず】（副）一定，必定，必然

例　句：必ずそのレッスンを予約します。/我一定会预约那个课程。

ルールは必ず守ってください。/请一定遵守规则。

近义词：きっと⓪（副）一定，必然

41 □ まぶしい③【眩しい】（イ形）耀眼的，晃眼的；光彩夺目的

例　句：眩しいほどの白い雪。/耀眼的白雪。

眩しいほど美しい少女。/光彩夺目的美少女。

42 □ なつかしい④【懐かしい】（イ形）令人怀念的，眷恋的

例　句：広東省で過ごした日々がとても懐かしいです。/我非常怀念在广东度过的日子。

この本を読む度に懐かしい昔を思い出す。/每当读这本书，我都会想起令人怀念的过去。

关联词：なつかしむ④【懐かしむ】（他五）怀念，想念

㊸ □ だるい②【怠い】（イ形）疲倦的，倦怠的，慵懒的

例　句：彼の目つきを見ると、彼が十分疲れて怠いのがわかる。/看他的眼神就知道他十分疲倦。

暑くなると怠い。/天气一热，人就变得慵懒。

㊹ □ あに①【兄】（名）哥哥，家兄；夫兄

例　句：兄は今、寝室で昼寝をしている。/哥哥现在在卧室里午睡。

兄は顔色が悪い。/哥哥的脸色不好。

㊺ □ きず⓪【傷】（名）伤，创伤；瑕疵，缺陷

例　句：大きな傷はございませんが、全体的に擦れや傷ございます。/虽然没有大的伤，但有整体的擦伤和创伤。

せっかちなのが彼の傷だ。/他的缺点是性子急。

㊻ □ おく①【奥】（名）里头，内部，深处；内宅；夫人，太太

例　句：山の奥の家。/大山深处的人家。

客を奥に通す。/把客人领进里屋。

近义词：うち⓪【内】（名）内部，里面；内，中；时候，期间

㊼ □ せん①【線】（名）线；方向，方针；（交通）线路

例　句：縁に沿って線を引く。/沿着边缘画线。

物取りの線で捜査する。/按照盗窃案的方向进行搜查。

近义词：ほうしん⓪【方針】（名）方针，方向

㊽ □ なみ②【波】（名）波浪，浪头；趋势，潮流；凹凸，起伏

例　句：何羽かの白鳥が波に任せてゆらゆらと浮いている。/几只天鹅随着波浪起起浮浮。

景気の波に乗って大もうけする。/趁经济繁荣发大财。

㊾ □ つらねる③【列ねる】（他一）排成一行，排列成行；连上，连接

例　句：百万言を列ねた論文。/洋洋万言的论文。

軒を列ねる。/（房屋）鳞次栉比。

活　用：列ねた・列ねて・列ねない・列ねれば・列ねます・列ねよう・列ねろ

㊿ □ やぶく②【破く】（他五）弄破，撕开

例　句：障子を破く。/把纸拉窗弄破。

衣服をびりびり破く。/把衣服哧哧地撕开。

活　用：破いた・破いて・破かない・破けば・破きます・破こう・破け

巩固练习

1. 读音考查

(1) 浴びる＿＿＿＿	(2) 流す＿＿＿＿	(3) 冷める＿＿＿＿
(4) 励む＿＿＿＿	(5) 抱く＿＿＿＿	(6) 編む＿＿＿＿
(7) 変える＿＿＿＿	(8) 縛る＿＿＿＿	(9) 至る＿＿＿＿
(10) 通す＿＿＿＿	(11) 掃く＿＿＿＿	(12) 持ち帰る＿＿＿＿
(13) 平日＿＿＿＿	(14) 当日＿＿＿＿	(15) 前後＿＿＿＿
(16) 場合＿＿＿＿	(17) 一生懸命＿＿＿＿	(18) 多少＿＿＿＿
(19) 次第＿＿＿＿	(20) 雷＿＿＿＿	(21) 涙＿＿＿＿
(22) 味＿＿＿＿	(23) 芽＿＿＿＿	(24) 角＿＿＿＿
(25) 坂＿＿＿＿	(26) 去年＿＿＿＿	(27) 絶対＿＿＿＿
(28) 底＿＿＿＿	(29) 胃＿＿＿＿	(30) 豆＿＿＿＿
(31) 板＿＿＿＿	(32) 力＿＿＿＿	(33) 泡＿＿＿＿
(34) 葉＿＿＿＿	(35) 緑＿＿＿＿	(36) 僧＿＿＿＿

(37) 京都＿＿＿＿＿＿ (38) 東京＿＿＿＿＿＿ (39) 必ず＿＿＿＿＿＿

(40) 眩しい＿＿＿＿＿ (41) 懐かしい＿＿＿＿ (42) 怠い＿＿＿＿＿＿

(43) 兄＿＿＿＿＿＿ (44) 傷＿＿＿＿＿＿ (45) 奥＿＿＿＿＿＿

(46) 線＿＿＿＿＿＿ (47) 波＿＿＿＿＿＿ (48) 列ねる＿＿＿＿＿

(49) 破く＿＿＿＿＿＿

2. 汉字检验

(1) あびる＿＿＿＿＿ (2) ながす＿＿＿＿＿＿ (3) さめる＿＿＿＿＿

(4) はげむ＿＿＿＿＿ (5) いだく＿＿＿＿＿＿ (6) あむ＿＿＿＿＿＿

(7) かえる＿＿＿＿＿ (8) しばる＿＿＿＿＿＿ (9) いたる＿＿＿＿＿

(10) とおす＿＿＿＿ (11) はく＿＿＿＿＿＿ (12) もちかえる＿＿＿

(13) へいじつ＿＿＿ (14) とうじつ＿＿＿＿＿ (15) ぜんご＿＿＿＿＿

(16) ばあい＿＿＿＿ (17) いっしょうけんめい＿ (18) たしょう＿＿＿＿

(19) しだい＿＿＿＿ (20) かみなり＿＿＿＿＿ (21) なみだ＿＿＿＿＿

(22) あじ＿＿＿＿＿ (23) め＿＿＿＿＿＿ (24) かど＿＿＿＿＿＿

(25) さか＿＿＿＿＿ (26) きょねん＿＿＿＿＿ (27) ぜったい＿＿＿＿

(28) そこ＿＿＿＿＿ (29) い＿＿＿＿＿＿ (30) まめ＿＿＿＿＿＿

(31) いた＿＿＿＿＿ (32) ちから＿＿＿＿＿＿ (33) あわ＿＿＿＿＿＿

(34) は＿＿＿＿＿＿ (35) みどり＿＿＿＿＿＿ (36) そう＿＿＿＿＿＿

(37) きょうと＿＿＿ (38) とうきょう＿＿＿＿ (39) かならず＿＿＿＿

(40) まぶしい＿＿＿ (41) なつかしい＿＿＿＿ (42) だるい＿＿＿＿＿

(43) あに＿＿＿＿＿ (44) きず＿＿＿＿＿＿ (45) おく＿＿＿＿＿＿

(46) せん＿＿＿＿＿ (47) なみ＿＿＿＿＿＿ (48) つらねる＿＿＿＿

(49) やぶく______

3. 提高训练

(1) 一生懸命に仕事に(　　)。

A. 編む　B. 至る　C. 通す　D. 励む

(2) 悪意を(　　)やつらは彼が既に戦死したと誤り伝えた。

A. 抱く　B. 叶う　C. 配る　D. 向く

(3) 彼女は手先が本当に器用で、いろいろな花かごを上手に(　　)。

A. 編む　B. 痛む　C. 進む　D. 住む

(4) このような(　　)で誠にすみません。

A. 前後　B. 次第　C. 去年　D. 当日

(5) 毎日、たくさん食べていたので(　　)が疲れました。

A. 口　B. 耳　C. 肝臓　D. 胃

(6) 私の計画でははじめに(　　)の清水寺に行きます。

A. 東京　B. 京都　C. 北海道　D. 奈良

(7) この本を読む度に(　　)昔を思い出す。

A. 珍しい　B. 深い　C. 暑い　D. 懐かしい

(8) 外国人が日本に来る(　　)、東京に来るのが多いからです。

A. 事件　B. 前　C. 時間　D. 場合

(9) パスワードを(　　)には、このページを訪れてください。

A. 教える　B. 縛る　C. 触る　D. 変える

(10) きみなら、(　　)成功すると信じている。

A. たいへん　B. 必ずしも　C. 必ず　D. がっかり

(11) 川の水面いっぱいに白い(　　)が逆巻いている。

A. 泡　B. 兄　C. 奥　D. 波

(12) シャワーを(　　)。

A. 変える　B. 冷める　C. 浴びる　D. 触れる

(13) 資料がこんなに多く、私一人で全部目を(　　)ことはできない。

A. 変える　B. 通る　C. 通う　D. 通す

(14) その映画を見終わった後、(　　)が止まりませんでした。

A. 涙　B. 味　C. 雷　D. 芽

(15) そのレストランはそれほど高くなくて、(　　)は素晴らしいですよ。

A. 涙　B. 味　C. 葉　D. 板

(16) (　　)はスカイツリーが有名です。

A. 奈良　B. 名古屋　C. 広島　D. 東京

(17) 庭にはたくさんの(　　)が落ちていました。

A. 葉　B. 角　C. 底　D. 力

(18) 食物を(　　)ましょう。

A. 持ち帰り　B. 飛び出し　C. 話し合い　D. 知り合い

(19) 今日はひどく(　　)から何もしたくない。

A. 辛い　B. 涼しい　C. 偉い　D. 怠い

(20) 私の(　　)はすぐによくなる。

A. 角　B. 傷　C. 奥　D. 線

练习答案

Day 1

1. 读音考查

(1)はなす	(2)かえす	(3)いる	(4)ある
(5)みる	(6)きる	(7)いく	(8)かう
(9)くる	(10)よる	(11)ねる	(12)くださる
(13)つくる	(14)ふる	(15)たくさん	(16)きのう
(17)いま	(18)なか	(19)でる	(20)あらう
(21)やすむ	(22)いう	(23)うむ	(24)かく
(25)さく	(26)たべる	(27)つく	(28)ひる
(29)もつ	(30)かんじる	(31)すむ	(32)もんだい
(33)つき	(34)とし	(35)たかい	(36)ひろい
(37)ほしい	(38)はなし	(39)でんわ	(40)とうさん
(41)ひと	(42)とる	(43)むく	(44)しんぶん

2. 汉字检验

(1)話す	(2)返す	(3)居る	(4)有る・在る
(5)見る	(6)切る	(7)行く	(8)買う
(9)来る	(10)夜	(11)寝る	(12)下さる
(13)作る	(14)降る	(15)沢山	(16)昨日
(17)今	(18)中	(19)出る	(20)洗う
(21)休む	(22)言う	(23)生む	(24)書く
(25)咲く	(26)食べる	(27)着く	(28)昼

(29)持つ (30)感じる (31)住む (32)問題

(33)月 (34)年 (35)高い (36)広い

(37)欲しい (38)話 (39)電話 (40)父さん

(41)人 (42)取る (43)向く (44)新聞

3. 提高训练

(1) 【答案】A

【句意】写作业花了三小时。

【解析】本题考查动词的词义。选项A译为“写”；选项B译为“画”；选项C译为“说”；选项D译为“买”。根据句意选择选项A。

(2) 【答案】B

【句意】五月，上野公园会有许多花开放。

【解析】本题考查动词的词义。选项A译为“开，打开”；选项B译为“开花”；选项C译为“关闭”；选项D译为“产生”。根据句意选择选项B。

(3) 【答案】C

【句意】请吃拉面。

【解析】本题考查动词的词义。选项A译为“并列”；选项B译为“拿，取”；选项C译为“吃”；选项D译为“洗”。根据句意选择选项C。

(4) 【答案】B

【句意】我总在睡前刷牙。

【解析】本题考查动词的活用。由句意可知，“刷牙”是恒常性动作，因此应用“动词原形+前”表示。故选择选项B。

(5) 【答案】B

【句意】这是中国最高的建筑。

【解析】本题考查形容词的词义。选项A译为“胖的”；选项B译为“高的”；选项C译为“重的”；选项D译为“强的”。根据句意选择选项B。

(6) 【答案】B

【句意】商店晚上九点关门。

【解析】本题考查名词的词义。选项A译为“早上”；选项B译为“晚上”；选项C译为“中午”；选项D译为“上午”。根据句意选择选项B。

(7) 【答案】B

【句意】做这个蛋糕花了很多时间。

【解析】本题考查动词的词义。选项A译为“看”；选项B译为“做”；选项C译为“使用”；选项D译为“乘坐”。根据句意选择选项B。

(8) 【答案】B

【句意】这本书什么时候都可以买，现在不买也行哦。

【解析】本题考查动词的活用。由句意可知，此处应该填动词的可能形，故选择选项B。

(9) 【答案】A

【句意】请在下周一之前归还这本书。

【解析】本题考查动词的词义。选项A译为“归还”；选项B译为“看”；选项C译为“持有”；选项D译为“出去”。根据句意选择选项A。

(10) 【答案】C

【句意】南部地区将会有大范围降雨。

【解析】本题考查形容词的词义。选项A译为“低的”；选项B译为“高的”；选项C译为“宽广的”；选项D译为“热的”。根据句意选择选项C。

(11) 【答案】C

【句意】我觉得最近的电影没意思，没必要请假去看。

【解析】本题考查动词的活用。由句意可知，请假和看电影之间存在先后顺序。应该使用“动词て形”，故选择选项C。

(12)【答案】B

【句意】我要去洗手间，在这等等我吧。

【解析】本题考查动词的词义。选项A译为“来”；选项B译为“去”；选项C译为“有，存在”；选项D译为“终了，结束”。根据句意选择选项B。

(13)【答案】D

【句意】觉得周末太短的人都有一个共同点。

【解析】本题考查动词的词义。选项A译为“做”；选项B译为“看”；选项C译为“做”；选项D译为“感觉，感到”。根据句意选择选项D。

(14)【答案】A

【句意】信一周前就寄出了，差不多该到了。

【解析】本题考查动词的活用。由句意可知，信已寄出一段时间，差不多该到了。选项A译为“到”；选项B译为“到了”；选项C译为“正在到”；选项D译为“一直到”。故选择选项A。

(15)【答案】B

【句意】樱花盛开的时候，经常下雨。

【解析】本题考查动词的词义。选项A译为“乘坐”；选项B译为“降，下”；选项C译为“去”；选项D译为“变成”。根据句意选择选项B。

(16)【答案】C

【句意】可以说上海是中国最大的商业城市。

【解析】本题考查动词的活用及惯用句。“～と言っても”译为“可以说是……，说是……也……”故选择选项C。

(17)【答案】B

【句意】我想住在宽敞且环境好的地方。

【解析】本题考查动词的词义。选项A译为“买”；选项B译为

"住"；选项C译为"读"；选项D译为"做"。根据句意选择选项B。

(18) 【答案】A

【句意】我平时白天不看电视。

【解析】本题考查外来语的词义。选项A译为"电视"；选项B译为"电脑"；选项C译为"空调"；选项D译为"餐厅"。根据句意选择选项A。

(19) 【答案】D

【句意】我擅长说英语。

【解析】本题考查动词的词义。选项A译为"做"；选项B译为"吃"；选项C译为"感觉"；选项D译为"说"。根据句意选择选项D。

(20) 【答案】A

【句意】已经到了想要什么都能买到的时代。

【解析】本题考查形容词的词义。选项A译为"想要"；选项B译为"高的"；选项C译为"冷的"；选项D译为"早的"。根据句意选择选项A。

Day 2

1. 读音考查

(1)のむ	(2)あした	(3)ことし	(4)くに
(5)ごはん	(6)ひがし	(7)いっしょ	(8)きた
(9)つぎ	(10)てんき	(11)かるい	(12)ない
(13)あつい	(14)おおい	(15)すくない	(16)きたない
(17)ながい	(18)つよい	(19)むずかしい	(20)みなみ
(21)ゆき	(22)りんご	(23)そら	(24)あそぶ

(25)いえる　(26)おもう　(27)およぐ　(28)かよう

(29)なる　(30)はたらく　(31)あく　(32)くもる

(33)ならう　(34)はいる　(35)まつ　(36)やる

(37)あかるい　(38)あたらしい　(39)よい　(40)うるさい

(41)おや　(42)かわ　(43)がいこく　(44)がっこう

(45)げんご　(46)ちしき

2. 汉字检验

(1)飲む　(2)明日　(3)今年　(4)国

(5)ご飯　(6)東　(7)一緒　(8)北

(9)次　(10)天気　(11)軽い　(12)無い

(13)暑い　(14)多い　(15)少ない　(16)汚い

(17)長い　(18)強い　(19)難しい　(20)南

(21)雪　(22)林檎　(23)空　(24)遊ぶ

(25)言える　(26)思う　(27)泳ぐ　(28)通う

(29)成る　(30)働く　(31)空く　(32)曇る

(33)習う　(34)入る　(35)待つ　(36)遣る

(37)明るい　(38)新しい　(39)良い　(40)煩い

(41)親　(42)川　(43)外国　(44)学校

(45)言語　(46)知識

3. 提高训练

(1) 【答案】A

【句意】注意不要饮酒过量。

【解析】本题考查动词的活用。“动词连用形+過ぎ”表示过度，故选择选项A。

(2) 【答案】B

【句意】你的意见也和我一样。

【解析】本题考查名词的词义。选项A译为“下次”；选项B译为“一样”；选项C译为“家”；选项D译为“现在”。根据句意选择选项B。

(3) 【答案】C

【句意】男孩子们喜欢在河里游泳。

【解析】本题考查动词的词义。选项A译为“说”；选项B译为“做”；选项C译为“游泳”；选项D译为“洗”。根据句意选择选项C。

(4) 【答案】B

【句意】礼物还是小的、轻便的比较好。

【解析】本题考查形容词的词义。选项A译为“重的”；选项B译为“轻的”；选项C译为“便宜的”；选项D译为“旧的”。根据句意选择选项B。

(5) 【答案】D

【句意】森山先生对中国文化有着浓厚的兴趣。

【解析】本题考查形容词的词义。选项A译为“严重的”；选项B译为“好的”；选项C译为“宽广的”；选项D译为“强烈的”。根据句意选择选项D。

(6) 【答案】A

【句意】根据义务教育法，孩子满六岁就应该上小学了。

【解析】本题考查动词的词义。上小学应为“小学校に入る”，根据句意选择选项A。

(7) 【答案】C

【句意】不好意思，请不要在美术馆内拍照。

【解析】本题考查外来语的词义。选项A译为“空调”；选项B译为“吉他”；选项C译为“照相机”；选项D译为“电视”。根据句意选择选项C。

(8) 【答案】A

【句意】太热了。想喝点凉的东西。

【解析】本题考查形容词的词义。选项A译为“热的”；选项B译为“寒冷的”；选项C译为“美味的”；选项D译为“美丽的”。根据句意选择选项A。

(9) 【答案】B

【句意】我觉得学不下去了。

【解析】本题考查动词的词义。选项A译为“使用”；选项B译为“觉得”；选项C译为“学习”；选项D译为“变成”。根据句意选择选项B。

(10) 【答案】C

【句意】北京、东京和京都，哪个城市人口最多?

【解析】本题考查形容词的词义。选项A译为“低的”；选项B译为“高的”；选项C译为“多的”；选项D译为“宽广的”。根据句意选择选项C。

(11) 【答案】C

【句意】这么难的问题，当然无法回答。

【解析】本题考查形容词的词义。选项A译为“好的”；选项B译为“容易的”；选项C译为“难的”；选项D译为“新的”。根据句意选择选项C。

(12) 【答案】A

【句意】那个人总是想尝试新鲜事物。

【解析】本题考查形容词的词义。选项A译为“新的”；选项B译为“寒冷的”；选项C译为“明亮的”；选项D译为“吵闹的”。根据句意选择选项A。

(13)【答案】B

【句意】这栋公寓不仅热，而且很吵。

【解析】本题考查形容词的词义。选项A译为“少的”；选项B译为“吵闹的”；选项C译为“高的”；选项D译为“美丽的”。根据句意选择选项B。

(14)【答案】D

【句意】最近很多中国小学生的家长开始送孩子去学钢琴。

【解析】本题考查动词的活用。表达“送孩子去学钢琴”应该用动词的使役形，故选择选项D。

(15)【答案】D

【句意】因为下雨，今天客人很少呀。

【解析】本题考查形容词的词义。选项A译为“多的”；选项B译为“高的”；选项C译为“轻的”；选项D译为“少的”。根据句意选择选项D。

(16)【答案】A

【句意】这所学校根据考试成绩来分班。

【解析】本题考查名词的词义。选项A译为“学校”；选项B译为“食堂”；选项C译为“图书馆”；选项D译为“乡下”。根据句意选择选项A。

(17)【答案】C

【句意】冬天经常下雪。

【解析】本题考查名词的词义。选项A译为“雨”；选项B译为“水”；选项C译为“雪”；选项D译为“冰”。根据句意选择选项C。

(18)【答案】A

【句意】天气预报说，明日将有台风来袭。

【解析】本题考查名词的词义。选项A译为“天气”；选项B译为“国家”；选项C译为“报纸”；选项D译为“今年”。根据句意选择选项A。

(19) 【答案】D

【句意】我每天工作八小时。

【解析】本题考查动词的词义。选项A译为“吃”；选项B译为“洗”；选项C译为“学习”，为他动词，故不选；选项D译为“工作”。根据句意选择选项D。

(20) 【答案】A

【句意】这条河里的水可以直接饮用。

【解析】本题考查名词的词义。选项A译为“河”；选项B译为“雪”；选项C译为“国家”；选项D译为“冰”。根据句意选择选项A。

Day 3

1. 读音考查

(1)はな	(2)やま	(3)あまい	(4)さむい
(5)えいご	(6)おかね	(7)にぎやか	(8)ぜんぶ
(9)はんぶん	(10)らいげつ	(11)ごご	(12)こんしゅう
(13)あげる	(14)あるく	(15)うめる	(16)うる
(17)えらぶ	(18)おす	(19)おわる	(20)かかる
(21)かぐ	(22)かける	(23)かぶる	(24)きえる
(25)すく	(26)なす	(27)ならぶ	(28)はく
(29)はしる	(30)ひく	(31)まちがえる	(32)やむ

(33)よぶ (34)わかる (35)わすれる (36)あがる

(37)あける (38)いそぐ (39)うつ (40)きく

(41)よむ (42)したしい (43)おおきい (44)かたい

(45)ちかい (46)つめたい

2. 汉字检验

(1)花 (2)山 (3)甘い (4)寒い

(5)英語 (6)お金 (7)賑やか (8)全部

(9)半分 (10)来月 (11)午後 (12)今週

(13)上げる (14)歩く (15)埋める (16)売る

(17)選ぶ (18)押す (19)終わる (20)掛かる

(21)家具 (22)掛ける (23)被る (24)消える

(25)空く (26)成す (27)並ぶ (28)吐く

(29)走る (30)引く (31)間違える (32)止む

(33)呼ぶ (34)分かる (35)忘れる (36)上がる

(37)開ける (38)急ぐ (39)打つ (40)聞く

(41)読む (42)親しい (43)大きい (44)固い

(45)近い (46)冷たい

3. 提高训练

(1) 【答案】D

【句意】明明刚才还在这里看书，现在却不知道去哪里了。

【解析】本题考查动词的活用。“动词简体形+のに”译为“明明……却”，因为是过去发生的事，且要表示刚刚一直在这里看书，所以此处应该使用“动词た形”，故选择选项D。

(2) 【答案】B

【句意】这双鞋对于我来说有点太大了。

【解析】本题考查形容词的活用。“イ形容词词干+過ぎ”表示“过于……”，故选择选项B。

(3) 【答案】A

【句意】由于经济不景气，今年的出口增长近乎为零。

【解析】本题考查形容词的词义。选项A译为“近的”；选项B译为“远的”；选项C译为“多的”；选项D译为“少的”。根据句意选择选项A。

(4) 【答案】B

【句意】他在卖文具的六楼下了电梯。

【解析】本题考查动词的词义。选项A译为“读”；选项B译为“卖”；选项C译为“写”；选项D译为“看”。根据句意选择选项B。

(5) 【答案】B

【句意】每当听到这首歌，都不由得想起故乡。

【解析】本题考查动词的词义。选项A译为“做”；选项B译为“听”；选项C译为“看”；选项D译为“买”。根据句意选择选项B。

(6) 【答案】B

【句意】先完成的人也请在教室里等待其他人完成。

【解析】本题考查动词的活用。先完成，应该用“动词た形”表示，根据句意选择选项B。

(7) 【答案】C

【句意】风很凉，穿上毛衣再出去。

【解析】本题考查形容词的词义。选项A译为“新的”；选项B译为“热的”；选项C译为“凉的”；选项D译为“暖的”。根据句意选择选项C。

---

(8) 【答案】A

【句意】老师，您能教我不明白的地方吗?

【解析】本题考查动词的活用。不明白的地方应该用“分からないところ”表示，根据句意选择选项A。

---

(9) 【答案】A

【句意】不必着急，冷静一点。

【解析】本题考查动词的词义。选项A译为“着急”；选项B译为“走”；选项C译为“停止”；选项D译为“变成”。根据句意选择选项A。

---

(10) 【答案】C

【句意】因为人很多，所以聚会很热闹。

【解析】本题考查形容动词的词义。选项A译为“重要的”；选项B译为“简单的”；选项C译为“热闹的”；选项D译为“结实的”。根据句意选择选项C。

---

(11) 【答案】C

【句意】决定不了选哪个。

【解析】本题考查动词的词义。选项A译为“走”；选项B译为“结束”；选项C译为“选择”；选项D译为“空闲”。根据句意选择选项C。

---

(12) 【答案】A

【句意】他讨厌戴帽子。

【解析】本题考查动词的词义。选项A译为“戴”；选项B译为“选择”；选项C译为“叫”；选项D译为“拔出”。根据句意选择选项A。

---

(13) 【答案】C

【句意】我怎么都忘不掉这件事。

【解析】本题考查动词的词义。选项A译为“打开”；选项B译为“填埋”；选项C译为“忘掉”；选项D译为“进入”。根据句意选择选项C。

(14) 【答案】B

【句意】我们叫那只狗约翰。

【解析】本题考查动词的词义。选项A译为“知道”；选项B译为“叫作”；选项C译为“看”；选项D译为“做”。根据句意选择选项B。

(15) 【答案】D

【句意】家里空间狭小，放不下这么大的家具。

【解析】本题考查名词的词义。选项A译为“山”；选项B译为“屋子”；选项C译为“书”；选项D译为“家具”。根据句意选择选项D。

(16) 【答案】A

【句意】不应该走左侧。

【解析】本题考查动词的词义。选项A译为“走”；选项B译为“举起”；选项C译为“消失”；选项D译为“拔出”。根据句意选择选项A。

(17) 【答案】A

【句意】那部电影是打动人心的作品。

【解析】本题考查动词的词义及惯用语。“心を打つ”译为“打动人心”，根据句意选择选项A。

(18) 【答案】D

【句意】那份数据有消失的可能性。

【解析】本题考查动词的词义。选项A译为“停止”；选项B译为“举起”；选项C译为“知道”；选项D译为“消失”。根据句意选择选项D。

(19) 【答案】A

【句意】不要在一旁说风凉话。

【解析】本题考查动词的词义。选项A译为“说出”；选项B意为“洗涤”；选项C意为“学习”；选项D意为“知道”。根据句意选择选项A。

(20)【答案】A

【句意】这个西瓜保证甜。

【解析】本题考查形容词的词义。选项A译为“甜的”；选项B译为“重的”；选项C译为“多的”；选项D译为“凉的”。根据句意选择选项A。

Day 4

1. 读音考查

(1)こども	(2) ともだち	(3)やくす	(4)ゆる
(5) みせ	(6) つる	(7)できる	(8)おしえる
(9)こわれる	(10)くさい	(11)おぼえる	(12)そだてる
(13)はじまる	(14)はじめる	(15)ふく	(16)いきる
(17)おくれる	(18)かえる	(19)こうじる	(20)つつむ
(21)ふとる	(22)いそがしい	(23)とおい	(24)せまい
(25)わるい	(26) あさい	(27)くらい	(28)あたたかい
(29)おいしい	(30) ふかい	(31)あぶない	(32)うすい
(33)こまかい	(34) せんせい	(35)でんしゃ	(36)ふるい
(37) だいがく	(38)たおれる	(39)あいさつ	(40)うれしい

2. 汉字检验

(1)子供	(2) 友達	(3)訳す	(4)揺る

(5) 店	(6) 釣る	(7)出来る	(8)教える
(9)壊れる	(10)臭い	(11)覚える	(12) 育てる
(13)始まる	(14)始める	(15)吹く	(16)生きる
(17)遅れる	(18)返る	(19)講じる	(20)包む
(21)太る	(22) 忙しい	(23)遠い	(24) 狭い
(25)悪い	(26) 浅い	(27)暗い	(28)暖かい
(29)美味しい	(30) 深い	(31)危ない	(32)薄い
(33)細かい	(34) 先生	(35)電車	(36)古い
(37) 大学	(38) 倒れる	(39)挨拶	(40)嬉しい

3. 提高训练

(1) 【答案】A

【句意】孩子有时没法表达自己的感情，那时大人要帮助他们。

【解析】本题考查名词的词义。选项A译为“孩子”；选项B译为“大人”；选项C译为“妈妈”；选项D译为“爷爷”。根据句意选择选项A。

(2) 【答案】B

【句意】帮助了倒在路上的人。

【解析】本题考查动词的词义。选项A译为“坏”；选项B译为“倒”；选项C译为“改变”；选项D译为“站立”。根据句意选择选项B。

(3) 【答案】D

【句意】别人告诉了我不认识的词。

【解析】本题考查动词的词义。选项A译为“记住”；选项B译为“知道”；选项C译为“帮助”；选项D译为“告知”。根据句意选择选项D。

(4) 【答案】A

【句意】只要没坏，我想一直用这辆自行车。

【解析】本题考查动词的词义。选项A译为“坏”；选项B译为“卖”；选项C译为“倒”；选项D译为“填埋”。根据句意选择选项A。

(5) 【答案】C

【句意】比约定时间迟到了两个小时，让大家担心了。

【解析】本题考查动词的词义。选项A译为“记住”；选项B译为“教授”；选项C译为“迟到”；选项D译为“结束”。根据句意选择选项C。

(6) 【答案】A

【句意】父亲平时很忙，只有周日才能和孩子们悠闲地玩耍。

【解析】本题考查形容词的词义。选项A译为“忙碌的”；选项B译为“严格的”；选项C译为“坏的”；选项D译为“亲切的”。根据句意选择选项A。

(7) 【答案】B

【句意】培育人才是关键。

【解析】本题考查动词的词义。选项A译为“钓鱼”；选项B译为“培育”；选项C译为“叫作”；选项D译为“卖”。根据句意选择选项B。

(8) 【答案】D

【句意】这里很危险，不要过来！

【解析】本题考查形容词的词义。选项A译为“深的”；选项B译为“浅的”；选项C译为“热的”；选项D译为“危险的”。根据句意选择选项D。

(9) 【答案】A

【句意】巧克力很好吃。

【解析】本题考查形容词的词义。选项A译为“好吃的”；选项B译为“热的”；选项C译为“臭的”；选项D译为“凉的”。根据句意选择选项A。

(10) 【答案】B

【句意】这栋公寓现在正好有空房。

【解析】本题考查外来语的词义。选项A译为“个人电脑”；选项B译为“公寓”；选项C译为“超市”；选项D译为“大衣”。根据句意选择选项B。

(11) 【答案】A

【句意】和认识的人在路上碰到，起码要打声招呼。

【解析】本题考查动词的词义。选项A译为“打招呼”；选项B译为“叫作”；选项C译为“看”；选项D译为“等待”。根据句意选择选项A。

(12) 【答案】A

【句意】我特别喜欢《狭小但欢乐的我家》这首歌。

【解析】本题考查形容词的词义。选项A译为“狭小的”；选项B译为“宽广的”；选项C译为“远的”；选项D译为“近的”。根据句意选择选项A。

(13) 【答案】C

【句意】这班电车是从东京来的。

【解析】本题考查名词的词义。选项A译为“商店”；选项B译为“房间”；选项C译为“电车”；选项D译为“大学”。根据句意选择选项C。

(14) 【答案】D

【句意】这本书应该在明晚六点前归还。

【解析】本题考查动词的词义。选项A译为“买”；选项B译为“卖”；选项C译为“读”；选项D译为“归还”。根据句意选择选项D。

(15) 【答案】B

【句意】吃太多你可能会长胖。

【解析】本题考查动词的词义。选项A译为“变瘦”；选项B译为“长胖”；选项C译为“长高”；选项D译为“倒”。根据句意选择选项B。

(16)【答案】B

【句意】自从开始一个人生活，我就熟悉了物价。

【解析】本题考查动词的活用。“て以来”译为“从……以来”。根据句意选择选项B。

(17)【答案】A

【句意】记住一百个单词才能睡觉。

【解析】本题考查动词的词义。选项A译为“记住”；选项B译为“拨出”；选项C译为“归还”；选项D译为“忘记”。根据句意选择选项A。

(18)【答案】D

【句意】那个人真是个热心人呀。

【解析】本题考查形容词的词义。选项A译为“热的”；选项B译为“冷的”；选项C译为“慢的”；选项D译为“热情的”。根据句意选择选项D。

(19)【答案】A

【句意】地震的时候，大楼都在摇晃。

【解析】本题考查外来语的词义。选项A译为“大厦”；选项B译为“冰激凌”；选项C译为“报告”；选项D译为“大衣”。根据句意选择选项A。

(20)【答案】C

【句意】作为日本的古都，京都的历史最为悠久。

【解析】本题考查形容词的词义。选项A译为“甜的”；选项B译为“重的”；选项C译为“旧的”；选项D译为“凉的”。根据句意选择选项C。

Day 5

1. 读音考查

(1)える　(2)おく　(3)おとす　(4)しまう

(5)つたえる　(6)つかう　(7)つける　(8)つれる

(9)なれる　(10)にる　(11)のる　(12)はれる

(13)あつまる　(14)うく　(15)おこる　(16)くらべる

(17)たつ　(18)たてる　(19) たのむ　(20)なおる

(21)ねがう　(22)はこぶ　(23)ひっこす　(24)ほめる

(25)まける　(26)やく　(27)よごれる　(28)よろこぶ

(29)わたす　(30)わらう　(31)いのる　(32)うごく

(33)うれる　(34)おう　(35)おこなう　(36)おちる

(37)かす　(38)かたづける　(39)かつ　(40)かんがえる

(41)きまる　(42)こたえる　(43)こめる　(44)さがす

(45)さそう　(46)しかる　(47)しめる　(48)すすむ

(49)すてる

2. 汉字检验

(1)得る　(2)置く　(3)落とす　(4)仕舞う

(5)伝える　(6)使う　(7)付ける　(8)連れる

(9)慣れる　(10)煮る　(11)乗る　(12)晴れる

(13)集まる　(14)浮く　(15) 怒る　(16)比べる

(17)立つ	(18) 立てる	(19) 頼む	(20)治る
(21) 願う	(22) 運ぶ	(23) 引っ越す	(24)褒める
(25)負ける	(26) 約	(27)汚れる	(28)喜ぶ
(29)渡す	(30)笑う	(31)祈る	(32)動く
(33) 売れる	(34) 追う	(35)行う	(36) 落ちる
(37)貸す	(38) 片付ける	(39)勝つ	(40) 考える
(41)決まる	(42) 答える	(43)込める	(44) 探す
(45)誘う	(46)叱る	(47)閉める	(48)進む
(49)捨てる			

3. 提高训练

(1) 【答案】D

【句意】今年像儿子结婚之类的喜事不断传来。

【解析】本题考查动词的词义。选项A译为“继续”；选项B译为“持续”；选项C译为“连接”；选项D译为“传达”。根据句意选择选项D。

(2) 【答案】B

【句意】在日本，为了节约用水，会将用过的水清洁后再次使用。

【解析】本题考查动词的活用。选项A译为“使用”；选项B译为“用过”；选项C译为“正在用”；选项D译为“过去一直用”。根据句意选择选项B。

(3) 【答案】A

【句意】想要习惯那个还需要花些时间。

【解析】本题考查动词的词义。选项A译为“习惯”；选项B译为“放晴”；选项C译为“输”；选项D译为“依靠”。根据句意选择选项A。

(4) 【答案】C

【句意】女人要乘的公交什么时候发车?

【解析】本题考查动词的词义。选项A译为“使用”;选项B译为“站立”;选项C译为“乘坐”;选项D译为“做”。根据句意选择选项C。

(5) 【答案】B

【句意】如此漏洞百出的谎言，令父亲十分愤怒。

【解析】本题考查动词的活用。选项A译为“愤怒”;选项B译为“使愤怒”;选项C译为“能愤怒”;选项D译为“正在愤怒”。根据句意选择选项B。

(6) 【答案】D

【句意】年初时就制订了一年的计划。

【解析】本题考查动词的词义。选项A译为“站立”;选项B译为“使用”;选项C译为“设置”;选项D译为“制订”。根据句意选择选项D。

(7) 【答案】A

【句意】泡温泉也能治好病。

【解析】本题考查动词的词义。选项A译为“痊愈”;选项B译为“医治”，为他动词;选项C译为“悬挂”;选项D译为“悬挂”，为他动词。根据句意选择选项A。

(8) 【答案】B

【句意】有时让想回答问题的学生站起来。

【解析】本题考查动词的活用。选项A译为“站立”;选项B译为“使……站起来”;选项C译为“被迫站着”;选项D译为“想站着”。根据句意选择选项B。

(9) 【答案】A

【句意】鄙人是刚刚搬到隔壁的山田。

【解析】本题考查动词的词义。选项A译为“搬家”;选项B译为“放”;选项C译为“站立”;选项D译为“掉落”。根据句意选择选项A。

(10) 【答案】B

【句意】如果明天是晴天，我就打算出门。

【解析】本题考查动词的词义。选项A译为“阴天”；选项B译为“放晴”；选项C译为“进行”；选项D译为“生气”。根据句意选择选项B。

(11) 【答案】C

【句意】人们都称赞他是个好领导。

【解析】本题考查动词的词义。选项A译为“祈祷”；选项B译为“使用”；选项C译为“称赞”；选项D译为“追赶”。根据句意选择选项C。

(12) 【答案】B

【句意】学生当然要把生活的重心放在学习上。

【解析】本题考查动词的词义。选项A译为“回答”；选项B译为“考虑”；选项C译为“掉落”；选项D译为“向前”。根据句意选择选项B。

(13) 【答案】A

【句意】为了赢得比赛必须多练习。

【解析】本题考查动词的词义。选项A译为“赢”；选项B译为“输”；选项C译为“向前”；选项D译为“建立”。根据句意选择选项A。

(14) 【答案】C

【句意】对我来说，回答这个问题太简单了。

【解析】本题考查动词的词义。选项A译为“建立”；选项B译为“输”；选项C译为“回答”；选项D译为“进行”。根据句意选择选项C。

(15) 【答案】B

【句意】家长不要忘记，要用温柔的夸奖代替严厉地批评。

【解析】本题考查动词的词义。选项A译为“教授”；选项B译为“批评”；选项C译为“笑”；选项D译为“祈祷”。根据句意选择选项B。

(16)【答案】B

【句意】去不去取决于你。

【解析】本题考查动词的词义。选项A译为“决定”，为自动词；选项B译为“决定”，为他动词；选项C译为“举行”；选项D译为“建立”。根据句意选择选项B。

(17)【答案】D

【句意】解决好必须要做的事。

【解析】本题考查动词的词义。选项A译为“祈祷”；选项B译为“交付”；选项C译为“教授”；选项D译为“解决”。根据句意选择选项D。

(18)【答案】A

【句意】害怕输掉比赛。

【解析】本题考查动词的词义。选项A译为“输”；选项B译为“赢”；选项C译为“建立”；选项D译为“回答”。根据句意选择选项A。

(19)【答案】B

【句意】这些行李要运到哪里?

【解析】本题考查动词的词义。选项A译为“举行”；选项B译为“运送”；选项C译为“追赶”；选项D译为“委托”。根据句意选择选项B。

(20)【答案】A

【句意】所谓理解异文化，是指理解对方的言行，并且让自己的言行得到对方的理解。

【解析】本题考查动词的词义。选项A译为“从……得到……”；选项B译为“我为别人”；选项C译为“别人为我”；选项D译为“我为别人”。根据句意选择选项A。

Day 6

1. 读音考查

(1)がくせい (2)こうつう (3)さいご (4)おやゆび

(5)つごう (6)にほんご (7)えいぎょう (8)おと

(9)かばん (10)かぎ (11)まち (12)もの

(13)けいけん (14)けんきゅう (15)しゅっぱつ (16)せいさん

(17)りょこう (18)なつ (19)はる (20)あき

(21)ふゆ (22)うし (23)うそ (24)かお

(25)かたち (26)ごみ (27)はし (28)ひま

(29)びん (30)まわり (31)わかい (32)おとなしい

(33)めずらしい (34)からい (35)すずしい (36)ねむい

(37)にがい (38)いろいろ (39)まっすぐ (40)よてい

2. 汉字检验

(1)学生 (2)交通 (3)最後 (4)親指

(5)都合 (6)日本語 (7)営業 (8)音

(9)鞄 (10)鍵 (11)町 (12)物

(13)経験 (14)研究 (15)出発 (16)生産

(17)旅行 (18)夏 (19)春 (20)秋

(21)冬 (22)牛 (23)嘘 (24)顔

(25)形　(26)塵　(27)箸　(28)暇

(29)瓶　(30)周り　(31)若い　(32)大人しい

(33)珍しい　(34)辛い　(35)涼しい　(36)眠い

(37)苦い　(38)色々　(39)真っ直ぐ　(40)予定

3. 提高训练

(1)【答案】B

【句意】由于交通堵塞，车辆通行困难。

【解析】本题考查名词的词义。选项A译为“城镇”；选项B译为“交通”；选项C译为“旅行”；选项D译为“春天”。根据句意选择选项B。

(2)【答案】A

【句意】随着学习日语的时间越来越长，对日本越发地感兴趣了。

【解析】本题考查名词的词义。选项A译为“日语”；选项B译为“英语”；选项C译为“中文”；选项D译为“俄语”。根据句意选择选项A。

(3)【答案】C

【句意】飞机六点就起飞了，应该快到了。

【解析】本题考查动词的词义。选项A译为“预定”；选项B译为“知道”；选项C译为“出发”；选项D译为“举起”。根据句意选择选项C。

(4)【答案】A

【句意】我不像年轻时候那么能喝酒了。

【解析】本题考查形容词的词义。选项A译为“年轻的”；选项B译为“寒冷的”；选项C译为“温顺的”；选项D译为“困倦的”。根据句意选择选项A。

(5) 【答案】B

【句意】在这个地方营业，是被法律所禁止的。

【解析】本题考查动词的词义。选项A译为“研究”；选项B译为“营业”；选项C译为“出发”；选项D译为“交流”。根据句意选择选项B。

(6) 【答案】C

【句意】他热爱运动，特别是游泳。

【解析】本题考查外来语的词义。选项A译为“文本”；选项B译为“收据”；选项C译为“运动”；选项D译为“游泳池”。根据句意选择选项C。

(7) 【答案】D

【句意】你这周方便吗?

【解析】本题考查名词的词义。选项A译为“研究”；选项B译为“交通”；选项C译为“周围”；选项D译为“(情况)方便、合适”。根据句意选择选项D。

(8) 【答案】B

【句意】他有和父母在日本生活过的经历。

【解析】本题考查名词的词义。选项A译为“空闲”；选项B译为“经历”；选项C译为“感觉”；选项D译为“(情况)方便、合适”。根据句意选择选项B。

(9) 【答案】A

【句意】最近没空运动，所以发胖了。

【解析】本题考查名词的词义。选项A译为“空闲”；选项B译为“经历”；选项C译为“感觉”；选项D译为“(情况)方便、合适”。根据句意选择选项A。

(10) 【答案】C

【句意】羊是温顺的动物。

【解析】本题考查形容词的词义。选项A译为“年轻的”；选项B译为“坏的”；选项C译为“温顺的”；选项D译为“苦涩的”。

根据句意选择选项C。

(11) 【答案】B

【句意】羞红了脸。

【解析】本题考查名词的词义。选项A译为“眼睛”；选项B译为“脸”；选项C译为“脑袋”；选项D译为“耳朵”。根据句意选择选项B。

(12) 【答案】A

【句意】请不要往这里扔垃圾。

【解析】本题考查名词的词义。选项A译为“垃圾”；选项B译为“谎言”；选项C译为“大拇指”；选项D译为“鱼”。根据句意选择选项A。

(13) 【答案】D

【句意】周围太暗了，照片拍得不好。

【解析】本题考查名词的词义。选项A译为“后面”；选项B译为“前面”；选项C译为“脸”；选项D译为“周围”。根据句意选择选项D。

(14) 【答案】D

【句意】说到冬天想去的地方，想必就是温泉了吧。

【解析】本题考查名词的词义。选项A译为“春天”；选项B译为“夏天”；选项C译为“秋天”；选项D译为“冬天”。根据句意选择选项D。

(15) 【答案】A

【句意】四川菜大都很辣。

【解析】本题考查形容词的词义。选项A译为“辣的”；选项B译为“甜的”；选项C译为“苦的”；选项D译为“凉的”。根据句意选择选项A。

(16) 【答案】A

【句意】是现在就放弃，还是坚持到最后，请清楚地告诉我。

【解析】本题考查副词的词义。选项A译为“清楚地”；选项B译为“全部”；选项C译为“结实地”；选项D译为“悠闲地”。根据句意选择选项A。

(17)【答案】C

【句意】不用拐弯，直走就能看到。

【解析】本题考查副词的词义。选项A译为“早点，快点”；选项B译为“立刻”；选项C译为“笔直地”；选项D译为“悠闲地”。根据句意选择选项C。

(18)【答案】C

【句意】因为昨天看电视看到很晚，本田今天十分困倦。

【解析】本题考查形容词的词义。选项A译为“严格的”；选项B译为“亲切的”；选项C译为“困倦的”；选项D译为“愉快的”。根据句意选择选项C。

(19)【答案】A

【句意】我不喜欢喝咖啡，因为它太苦。

【解析】本题考查形容词的词义。选项A译为“苦的”；选项B译为“辣的”；选项C译为“凉的”；选项D译为“寒冷的”。根据句意选择选项A。

(20)【答案】B

【句意】在收银台结账。

【解析】本题考查外来语的词义。选项A译为“运动”；选项B译为“收银台”；选项C译为“文本”；选项D译为“收据”。根据句意选择选项B。

Day 7

1. 读音考查

(1)えきいん	(2)おくじょう	(3)かいしゃ	(4)やすみ
(5)ぎんいろ	(6)うしろ	(7)こうじょう	(8)みっつ
(9)ねえさん	(10)じてんしゃ	(11)じゅうしょ	(12)じょし
(13)じょせい	(14)しょくどう	(15)せかい	(16)だいがくせい
(17)ちり	(18)うみ	(19)とかい	(20)にっき
(21)にっし	(22)やさい	(23)ようじ	(24)おさない
(25)さら	(26)いと	(27)こえ	(28)あし
(29)こおり	(30)はは	(31)き	(32)とり
(33)やすい	(34)なお	(35)なぜ	(36)ばん
(37)まだ	(38)ゆめ	(39)よく	(40)つまらない
(41)にくい	(42)ひどい	(43)ほそい	(44)まるい
(45)やわらかい	(46)よわい	(47)あやまる	(48)うけつける
(49)うつす	(50)おどろく		

2. 汉字检验

(1)駅員	(2)屋上	(3)会社	(4)休み
(5)銀色	(6)後ろ	(7)工場	(8)三つ
(9)姉さん	(10)自転車	(11)住所	(12)女子
(13)女性	(14)食堂	(15)世界	(16)大学生

(17)地理	(18)海	(19)都会	(20)日記
(21)日誌	(22)野菜	(23)用事	(24)幼い
(25)皿	(26)糸	(27)声	(28)足
(29)氷	(30)母	(31)気	(32)鳥
(33)安い	(34)尚	(35)何故	(36)晩
(37)未だ	(38)夢	(39)良く	(40)詰まらない
(41)憎い	(42)酷い	(43)細い	(44)丸い
(45)柔らかい	(46)弱い	(47)謝る	(48)受け付ける
(49)写す	(50)驚く		

3. 提高训练

(1) 【答案】A

【句意】这个人太啰唆了，净说些无聊的话。

【解析】本题考查形容词的词义。选项A译为“无聊的”；选项B译为“严重的”；选项C译为“好的”；选项D译为“珍贵的”。根据句意选择选项A。

(2) 【答案】B

【句意】对体弱的人来说，没有比医疗费便宜更值得庆幸的事了。

【解析】本题考查形容词的词义。选项A译为“高的”；选项B译为“弱的”；选项C译为“便宜的”；选项D译为“强的”。根据句意选择选项B。

(3) 【答案】D

【句意】是他不好，你不必道歉。

【解析】本题考查动词的词义。选项A译为“感谢”；选项B译为“说”；选项C译为“思索”；选项D译为“道歉”。根据句意选择选项D。

(4)　【答案】A

【句意】这也不是什么大事，不必惊讶。

【解析】本题考查动词的词义。选项A译为“惊讶”；选项B译为“悲伤”；选项C译为“怀念”；选项D译为“改变”。根据句意选择选项A。

(5)　【答案】B

【句意】为什么很多公司员工把时间花在通勤上？

【解析】本题考查副词的词义。选项A译为“哪里”；选项B译为“为什么”；选项C译为“之所以”；选项D译为“什么”。根据句意选择选项B。

(6)　【答案】B

【句意】那家店价格便宜，人也和善，而且好东西很多。

【解析】本题考查形容词的词义。选项A译为“贵的”；选项B译为“便宜的”；选项C译为“软弱的”；选项D译为“坚强的”。根据句意选择选项B。

(7)　【答案】D

【句意】那种程度的事不必特意跑一趟，打电话就可以了。

【解析】本题考查名词的词义。选项A译为“梦”；选项B译为“都市”；选项C译为“日记”；选项D译为“事”。根据句意选择选项D。

(8)　【答案】C

【句意】梅雨季节，食物容易坏，请注意。

【解析】本题考查名词的词义及惯用语。“気をつける”译为“注意”，根据句意选择选项C。

(9)　【答案】B

【句意】本以为考砸了的考试竟然通过了，简直像做梦一样。

【解析】本题考查名词的词义。选项A译为“空闲”；选项B译为“梦”；选项C译为“空气”；选项D译为“情况”。根据句意选择选项B。

(10) 【答案】A

【句意】主人公约翰自幼父母双亡。

【解析】本题考查形容词的词义。选项A译为“年幼的”；选项B译为“圆的”；选项C译为“软弱的”；选项D译为“便宜的”。根据句意选择选项A。

(11) 【答案】B

【句意】双亲指的是父亲和母亲。

【解析】本题考查名词的词义。选项A译为“哥哥”；选项B译为“母亲”；选项C译为“姐姐”；选项D译为“妹妹”。根据句意选择选项B。

(12) 【答案】D

【句意】不止男性，女性的使用也很重要。

【解析】本题考查名词的词义。选项A译为“孩子”；选项B译为“学生”；选项C译为“老人”；选项D译为“女性”。根据句意选择选项D。

(13) 【答案】D

【句意】因为离得近，小王每天骑自行车上学。

【解析】本题考查名词的词义。选项A译为“飞机”；选项B译为“火车”；选项C译为“船”；选项D译为“自行车”。根据句意选择选项D。

(14) 【答案】A

【句意】河流终将汇入大海。

【解析】本题考查名词的词义。选项A译为“海”；选项B译为“湖”；选项C译为“泉水”；选项D译为“井”。根据句意选择选项A。

(15) 【答案】B

【句意】日本的大学生好像都打工。

【解析】本题考查名词的词义。选项A译为“孩子”；选项B译为“大学生”；选项C译为“老人”；选项D译为“女性”。根据句意选择选项B。

(16) 【答案】B

【句意】我不打算让任何人看这本日记。

【解析】本题考查名词的词义。选项A译为“日记”；选项B译为“自行车”；选项C译为“事”；选项D译为“海”。根据句意选择选项A。

(17) 【答案】B

【句意】这条毛巾很柔软。

【解析】本题考查形容词的词义。选项A译为“早的”；选项B译为“柔软的”；选项C译为“低的”；选项D译为“困倦的”。根据句意选择选项B。

(18) 【答案】A

【句意】温度达到零下的话，水会冻成冰。

【解析】本题考查名词的词义。选项A译为“冰”；选项B译为“雨”；选项C译为“雪”；选项D译为“海”。根据句意选择选项A。

(19) 【答案】A

【句意】地球是圆的，这是毋庸置疑的事实。

【解析】本题考查形容词的词义。选项A译为“圆的”；选项B译为“热的”；选项C译为“凉的”；选项D译为“寒冷的”。根据句意选择选项A。

(20) 【答案】A

【句意】我刚站在这家店前面，学弟就从身后向我打招呼。

【解析】本题考查名词的词义及惯用语。“声をかける”译为“打招呼”，根据句意选择选项A。

Day 8

1. 读音考查

(1)へや	(2)ゆうじん	(3)こうか	(4)たいかい
(5)ぎじゅつ	(6)ないよう	(7)かぜ	(8)ほんとう
(9)かいがい	(10)しげん	(11)しめきり	(12)びょういん
(13)かいじょう	(14)きげん	(15)きそく	(16)きょり
(17)げんいん	(18)しりょう	(19)じぶん	(20)せいかく
(21)ちゅうこ	(22)えきまえ	(23)にもつ	(24)ぎんこう
(25)きょうだい	(26)つかいかた	(27)じゅんばん	(28)せいせき
(29)せんしゅ	(30)どうろ	(31)りょうり	(32)しんぽ
(33)べんきょう	(34)かつどう	(35)くべつ	(36)じゅうたい
(37)しゅっちょう	(38)いどう	(39)せいかつ	(40)しゅうり
(41)けんせつ	(42)げんしょう	(43)しょうひ	(44)せいげん
(45)たいざい	(46)すぐ	(47)しんせん	(48)せいけつ

2. 汉字检验

(1)部屋	(2)友人	(3)効果	(4)大会
(5)技術	(6)内容	(7)風邪	(8)本当
(9)海外	(10)資源	(11)締め切り	(12)病院
(13)会場	(14)期限	(15)規則	(16)距離
(17)原因	(18)資料	(19)自分	(20)性格

(21)中古	(22)駅前	(23)荷物	(24)銀行
(25)兄弟	(26)使い方	(27)順番	(28)成績
(29)選手	(30)道路	(31)料理	(32)進歩
(33)勉強	(34)活動	(35)区別	(36)渋滞
(37)出張	(38)移動	(39)生活	(40)修理
(41)建設	(42)減少	(43)消費	(44)制限
(45)滞在	(46)直ぐ	(47)新鮮	(48)清潔

3. 提高训练

(1) 【答案】D

【句意】昨天，因没打伞在雨中走，我感冒了。

【解析】本题考查名词的词义。选项A译为“钱”；选项B译为“梦”；选项C译为“声音”；选项D译为“感冒”。“風邪をひく”译为“感冒，着凉”根据句意选择选项D。

(2) 【答案】A

【句意】因为想买车，所以父亲帮我从银行贷款了。

【解析】本题考查名词的词义。选项A译为“银行”；选项B译为“活动”；选项C译为“医院”；选项D译为“海外”。根据句意选择选项A。

(3) 【答案】C

【句意】这种药没有效果，能否让我喝别的药?

【解析】本题考查名词的词义。选项A译为“成绩”；选项B译为“区别”；选项C译为“效果”；选项D译为“进步”。根据句意选择选项C。

(4) 【答案】B

【句意】其实我下周要去京都出差。

【解析】本题考查动词的词义。选项A译为“努力学习”；选项B译为“出差”；选项C译为“进步”；选项D译为“消费”。根据句意选择选项B。

---

(5) 【答案】A

【句意】作为排球运动员，小李有点矮。

【解析】本题考名词的词义。选项A译为“运动员”；选项B译为“学生”；选项C译为“女性”；选项D译为“生活”。根据句意选择选项A。

---

(6) 【答案】D

【句意】因为交通堵塞而迟到了。

【解析】本题考查名词的词义。选项A译为“道路”；选项B译为“规则”；选项C译为“建设”；选项D译为“拥堵”。根据句意选择选项D。

---

(7) 【答案】B

【句意】大家都为环境污染的减少而欣喜。

【解析】本题考查动词的词义。选项A译为“增加”；选项B译为“减少”；选项C译为“进步”；选项D译为“努力学习”。根据句意选择选项B。

---

(8) 【答案】A

【句意】为了让新鲜空气进入而开着窗户。

【解析】本题考查形容动词的词义。选项A译为“新鲜”；选项B译为“安静”；选项C译为“明亮”；选项D译为“重要”。根据句意选择选项A。

---

(9) 【答案】C

【句意】按顺序发言，现在轮到我了。

【解析】本题考查名词的词义。选项A译为“性格”；选项B译为“医院”；选项C译为“顺序”；选项D译为“期限”。根据句意选择选项C。

(10) 【答案】A

【句意】区分不出双胞胎。

【解析】本题考查动词的词义。选项A译为“区分”；选项B译为“努力学习”；选项C译为“减少”；选项D译为“拍照”。根据句意选择选项A。

(11) 【答案】B

【句意】这个阶梯教室设计成即使（坐）最后一排也能看得清楚。

【解析】本题考查名词的词义。选项A译为“前面”；选项B译为“后面”；选项C译为“下面”；选项D译为“左面”。根据句意选择选项B。

(12) 【答案】A

【句意】日本农产品进口量增加的原因是什么?

【解析】本题考查名词的词义。选项A译为“原因”；选项B译为“资料”；选项C译为“孩子”；选项D译为“期限”。根据句意选择选项A。

(13) 【答案】D

【句意】我喜欢性格文静的人。

【解析】本题考查名词的词义。选项A译为“女性”；选项B译为“男性”；选项C译为“孩子”；选项D译为“性格”。根据句意选择选项D。

(14) 【答案】A

【句意】只重形式，不重内容。

【解析】本题考查名词的词义。选项A译为“内容”；选项B译为“事件”；选项C译为“原因”；选项D译为“现象”。根据句意选择选项A。

(15) 【答案】B

【句意】一直擅长烹饪的铃木，去年去了烹饪学校。

【解析】本题考查名词的词义。选项A译为“运动”；选项B译为“烹饪”；选项C译为“努力学习”；选项D译为“作业”。根据句意选择选项B。

(16) 【答案】C

【句意】因为蛋糕的卡路里高，所以我很少吃。

【解析】本题考查外来语的词义。选项A译为“茶杯”；选项B译为“拉面”；选项C译为“蛋糕”；选项D译为“玻璃杯”。根据句意选择选项C。

(17) 【答案】A

【句意】从这次比赛的结果来看，他排名世界第四，相比之前成绩变差了。

【解析】本题考查名词的词义。选项A译为“成绩”；选项B译为“进步”；选项C译为“技术”；选项D译为“力量”。根据句意选择选项A。

(18) 【答案】B

【句意】必须在截止日期之前提交。

【解析】本题考查名词的词义。选项A译为“规则”；选项B译为“截止日期”；选项C译为“顺序”；选项D译为“限制”。根据句意选择选项B。

(19) 【答案】A

【句意】我们公司现在正在建设那个设施。

【解析】本题考查动词的词义。选项A译为“建设”；选项B译为“努力学习”；选项C译为“活动”；选项D译为“区分”。根据句意选择选项A。

(20) 【答案】B

【句意】要想获得别人的信任，首先自己不要撒谎。

【解析】本题考查名词的词义。选项A译为“别人”；选项B译为“自己”；选项C译为“友人”；选项D译为“兄弟”。根据句意选择选项B。

Day 9

1. 读音考查

(1)そうたい	(2)はっせい	(3)はってん	(4)ぶんるい
(5)ゆうしょう	(6)いつも	(7)あまり	(8)ずいぶん
(9)しぜん	(10)ちゅうもん	(11)いえ	(12)み
(13)おとうと	(14)ときどき	(15)いっぱい	(16)こしょう
(17)こうえん	(18)しゅくしょう	(19)ふっとう	(20)ぼしゅう
(21)おいつく	(22)あずける	(23)まぜる	(24)もる
(25)ことわる	(26)はなす	(27)なぐさめる	(28)むすぶ
(29)にあう	(30)うけとる	(31)つたわる	(32)つかれる
(33)あまる	(34)はなしかける	(35)むかう	(36)ぬれる

2. 汉字检验

(1)早退	(2)発生	(3)発展	(4)分類
(5)優勝	(6)何時も	(7)余り	(8)随分
(9)自然	(10)注文	(11)家	(12)身
(13)弟	(14)時々	(15)一杯	(16)故障
(17)講演	(18)縮小	(19)沸騰	(20)募集
(21)追い付く	(22)預ける	(23)混ぜる	(24)盛る
(25)断る	(26)離す	(27)慰める	(28)結ぶ
(29)似合う	(30)受け取る	(31)伝わる	(32)疲れる

(33)余る (34)話し掛ける (35)向う (36)濡れる

3. 提高训练

(1) 【答案】A

【句意】汽车社会越发展，石油就越少。

【解析】本题考查动词的词义。选项A译为“发展”；选项B译为“努力学习”；选项C译为“活动”；选项D译为“缩小”。根据句意选择选项A。

(2) 【答案】B

【句意】点餐要汤面。

【解析】本题考查动词的词义。选项A译为“注意”；选项B译为“点餐”；选项C译为“努力学习”；选项D译为“演讲”。根据句意选择选项B。

(3) 【答案】A

【句意】大雨倾盆，我的鞋子湿了。

【解析】本题考查动词的词义。选项A译为“淋湿”；选项B译为“疲劳”；选项C译为“倒”；选项D译为“忘记”。根据句意选择选项A。

(4) 【答案】C

【句意】昨天太累了，连喜欢的电视剧都没心情看了。

【解析】本题考查动词的词义。选项A译为“淋润”；选项B译为“努力学习”；选项C译为“疲劳”；选项D译为“忘记”。根据句意选择选项C。

(5) 【答案】A

【句意】约翰的演讲非常棒。

【解析】本题考查外来语的词义。选项A译为“演说”；选项B译为“火炉”；选项C译为“速度”；选项D译为“素描”。根据句意选择选项A。

(6) 【答案】A

【句意】电脑发出了噪声，出故障了吗？

【解析】本题考查名词的词义。选项A译为“故障”；选项B译为“发生”；选项C译为“沸腾”；选项D译为“堵车”。根据句意选择选项A。

(7) 【答案】B

【句意】据说那家酒店给客人提供的服务差。

【解析】本题考查外来语的词义。选项A译为“演说”；选项B译为“服务”；选项C译为“速度”；选项D译为“素描”。根据句意选择选项B。

(8) 【答案】C

【句意】他是我的哥哥，我是他的弟弟。

【解析】本题考查名词的词义。选项A译为“姐姐”；选项B译为“母亲”；选项C译为“弟弟”；选项D译为“学生”。根据句意选择选项C。

(9) 【答案】C

【句意】看完书后，请整整齐齐地放回原处。

【解析】本题考查副词的词义。选项A译为“相当”；选项B译为“非常”；选项C译为“整整齐齐地”；选项D译为“舒适地”。根据句意选择选项C。

(10) 【答案】B

【句意】野蛮的文明破坏了自然。

【解析】本题考查名词的词义。选项A译为“发展”；选项B译为“自然”；选项C译为“城市”；选项D译为“乡下”。根据句意选择选项B。

(11) 【答案】D

【句意】小林一直在日本工作，对日本很熟悉。

【解析】本题考查副词的词义。选项A译为“刚才”；选项B译为“终于”；选项C译为“酣然”；选项D译为“一直”。根据句意选择选项D。

(12)【答案】B

【句意】我们好好地从头讨论一下这个计划是否可行吧。

【解析】本题考查副词的词义。选项A译为“整洁”；选项B译为“充分”；选项C译为“失望”；选项D译为“舒适”。根据句意选择选项B。

(13)【答案】C

【句意】恐怕要拒绝她的邀请吧。

【解析】本题考查动词的词义。选项A译为“追上”；选项B译为“搭话”；选项C译为“拒绝”；选项D译为“道歉”。根据句意选择选项C。

(14)【答案】A

【句意】在竞技会中夺冠，所有人都无比兴奋。

【解析】本题考查动词的词义。选项A译为“夺冠”；选项B译为“输”；选项C译为“死亡”；选项D译为“疲劳”。根据句意选择选项A。

(15)【答案】A

【句意】签订合同时，要认真阅读。

【解析】本题考查动词的词义。选项A译为“缔结”；选项B译为“写”；选项C译为“拒绝”；选项D译为“流传”。根据句意选择选项A。

(16)【答案】A

【句意】这是首英国自古以来流传的歌。

【解析】本题考查动词的词义。选项A译为“流传”；选项B译为“道歉”；选项C译为“传达”；选项D译为“朝着”。根据句意选择选项A。

(17)【答案】B

【句意】他的演讲虽然简短，但是很有内容。

【解析】本题考查名词的词义。选项A译为“原因”；选项B译为“演讲”；选项C译为“技术”；选项D译为“运动”。根据句意选择选项B。

(18)【答案】A

【句意】他将这件行李寄存在我这里。

【解析】本题考查动词的词义。选项A译为“寄存”；选项B译为“道歉”；选项C译为“流传”；选项D译为“搭话”。根据句意选择选项A。

(19)【答案】D

【句意】那项帽子很适合你。

【解析】本题考查动词的词义。选项A译为“回答”；选项B译为“盛”；选项C译为“流传”；选项D译为“合适”。根据句意选择选项D。

(20)【答案】A

【句意】偶尔才做次菜，所以不知道这种做法。

【解析】本题考查副词的词义。选项A译为“偶尔”；选项B译为“经常”；选项C译为“一直”；选项D译为“舒适”。根据句意选择选项A。

Day 10

1. 读音考查

(1)いんしょう (2)えいよう (3)かんじ (4)かぞく

(5)りよう (6)りゅうがく (7)きかい (8)きおん

(9)きぶん (10)うわさ (11)ぎゅうにゅう (12)きょうみ

(13)いち (14)いけん (15)ひきだし (16)かいぎ

(17)かんせい (18)かんさつ (19)きぼう (20)きょうつう

(21)きんし (22)しょうせつ (23)ひとびと (24)せっきょくてき

(25)たいりょく (26)ねだん (27)ちょうし (28)でんき

(29)けんさ (30)こうかん (31)こうじ (32)こうこく

(33)うけつけ (34)しゅうちゅう (35)しょうかい (36)しんぱい

(37)ちょきん (38)なまえ (39)へいきん (40)ゆしゅつ

(41)よやく (42)れんしゅう

2. 汉字检验

(1)印象 (2)栄養 (3)漢字 (4)家族

(5)利用 (6)留学 (7)機械 (8)気温

(9)気分 (10)噂 (11)牛乳 (12)興味

(13)位置 (14)意見 (15)引き出し (16)会議

(17)完成 (18)観察 (19)希望 (20)共通

(21)禁止 (22)小説 (23)人々 (24)積極的

(25)体力 (26)値段 (27)調子 (28)電気

(29)検査 (30)交換 (31)工事 (32)広告

(33)受付 (34)集中 (35)紹介 (36)心配

(37)貯金 (38)名前 (39)平均 (40)輸出

(41)予約 (42)練習

3. 提高训练

(1) 【答案】C

【句意】汉字可以表示发音和意思，而平假名和片假名只能表示发音。

【解析】本题考查名词的词义。选项A译为“汉语词”；选项B译为“心情”；选项C译为“汉字”；选项D译为“音调”。根据句意选择选项C。

(2) 【答案】B

【句意】和一个人在家相比，果然还是和家人在一起更开心。

【解析】本题考查名词的词义。选项A译为“哥哥”；选项B译为“家人”；选项C译为“母亲”；选项D译为“父亲”。根据句意选择选项B。

(3) 【答案】A

【句意】富士山景色宜人，应该妥善利用。

【解析】本题考查动词的词义。选项A译为“利用”；选项B译为“破坏”；选项C译为“消失”；选项D译为“畅销”。根据句意选择选项A。

(4) 【答案】C

【句意】心情变好。

【解析】本题考查名词的词义及惯用语。“気分が晴れる”译为“心情变好”，根据句意选择选项C。

(5) 【答案】D

【句意】流传着年内解散的传言。

【解析】本题考查名词的词义。选项A译为“语言”；选项B译为“话”；选项C译为“谎言”；选项D译为“传闻”。根据句意选择选项D。

(6) 【答案】C

【句意】一不小心把杯子摔碎了。

【解析】本题考查副词的词义。选项A译为“利落”；选项B译为“结实”；选项C译为“不留神”；选项D译为“舒适”。根据句意选择选项C。

(7) 【答案】A

【句意】牛奶被加工成黄油或者奶酪。

【解析】本题考查名词的词义。选项A译为“牛奶”；选项B译为“营养”；选项C译为“印象”；选项D译为“电力”。根据句意选择选项A。

(8) 【答案】C

【句意】读了那位作家的书，会更感兴趣吧。

【解析】本题考查名词的词义。选项A译为“味道”；选项B译为“音调”；选项C译为“兴趣”；选项D译为“印象”。根据句意选择选项C。

(9) 【答案】A

【句意】我反对他的意见，但明白他的想法。

【解析】本题考查名词的词义。选项A译为“意见”；选项B译为“印象”；选项C译为“状态”；选项D译为“演讲”。根据句意选择选项A。

(10) 【答案】B

【句意】这部小说的第一卷，终结于主人公离开东京。

【解析】本题考查名词的词义。选项A译为“作文”；选项B译为“小说”；选项C译为“散文”；选项D译为“日记”。根据句意选择选项B。

(11) 【答案】C

【句意】由于农产品价格便宜，进口量激增。

【解析】本题考查名词的词义。选项A译为“广告”；选项B译为“状态”；选项C译为“价格”；选项D译为“发展”。根据句意选择选项C。

(12) 【答案】A

【句意】这个地名里面带有小鸟的名字，莫名觉得可爱。

【解析】本题考查名词的词义。选项A译为“名字”；选项B译为“希望”；选项C译为“状态”；选项D译为“小说”。根据句意选择选项A。

---

(13) 【答案】D

【句意】如果电池快没电了，请更换一下。

【解析】本题考查动词的词义。选项A译为“出口”；选项B译为“完成”；选项C译为“观察”；选项D译为“交换”。根据句意选择选项D。

---

(14) 【答案】C

【句意】身体状况不错，我可以自己起来了。

【解析】本题考查名词的词义。选项A译为“名字”；选项B译为“价格”；选项C译为“状态”；选项D译为“兴趣”。根据句意选择选项C。

---

(15) 【答案】C

【句意】设定目标后，我就能集中精力。

【解析】本题考查动词的词义。选项A译为“禁止”；选项B译为“检查”；选项C译为“集中”；选项D译为“观察”。根据句意选择选项C。

---

(16) 【答案】A

【句意】我认为，风雨无阻、日复一日努力练习的自己很厉害。

【解析】本题考查名词的词义。选项A译为“练习”；选项B译为“预约”；选项C译为“检查”；选项D译为“希望”。根据句意选择选项A。

---

(17) 【答案】C

【句意】他还没来，我很担心。

【解析】本题考查动词的词义。选项A译为“利用”；选项B译为“预约”；选项C译为“担心”；选项D译为“运动”。根据句意选择选项C。

(18)【答案】D

【句意】我想我无法忍受长期的流离失所，但我不能失去希望。

【解析】本题考查名词的词义。选项A译为“检查”；选项B译为“介绍”；选项C译为“交换”；选项D译为“希望”。根据句意选择选项D。

(19)【答案】A

【句意】如果在银行有存款，即使手头没有现金，也可以买东西。

【解析】本题考查名词的词义。选项A译为“存款”；选项B译为“预约”；选项C译为“介绍”；选项D译为“受理”。根据句意选择选项A。

(20)【答案】A

【句意】夜也深了，教室的灯已经熄灭了。

【解析】本题考查名词的词义。选项A译为“电力”；选项B译为“气温”；选项C译为“心情”；选项D译为“体力”。根据句意选择选项A。

Day 11

1. 读音考查

(1)しょうひん　(2)けってん　(3)たまる　(4)へる

(5)かれる　(6)こぼす　(7)にぎる　(8)くむ

(9)こごえ　(10)おぼれる　(11)かなう　(12)くう

(13)たたむ　(14)じょうほう　(15)まげる　(16)あわてる

(17)うたがう　(18)おれる　(19)すうがく　(20)きらう

(21)ころぶ　(22)こわがる　(23)とじる　(24)にげる

(25)のばす　(26)けっせき　(27)けっこん　(28)けんぶつ

(29)ざんぎょう　(30)しゅうしょく　(31)せんたく　(32)せんでん

(33)そうぞう　(34)そつぎょう　(35)ちゅうし　(36)ちゅうしゃ

(37)はんたい　(38)へんか　(39)ぼうえき　(40)まんぞく

(41)めいれい　(42)めんせつ　(43)ゆにゅう　(44)こうちゃ

(45)ざいりょう　(46)じこ　(47)じじょう　(48)じだい

(49)じつりょく　(50)しょるい

2. 汉字检验

(1)商品　(2)欠点　(3)溜まる　(4)減る

(5)枯れる　(6)零す　(7)握る　(8)組む

(9)小声　(10)溺れる　(11)叶う　(12)食う

(13)畳む　(14)情報　(15)曲げる　(16)慌てる

(17)疑う　(18)折れる　(19)数学　(20)嫌う

(21)転ぶ　(22)怖がる　(23)閉じる　(24)逃げる

(25)伸ばす　(26)欠席　(27)結婚　(28)見物

(29)残業　(30)就職　(31)洗濯　(32)宣伝

(33)想像　(34)卒業　(35)中止　(36)駐車

(37)反対　(38)変化　(39)貿易　(40)満足

(41)命令　(42)面接　(43)輸入　(44)紅茶

(45)材料　(46)事故　(47)事情　(48)時代

(49)実力　(50)書類

3. 提高训练

(1) 【答案】A

【句意】学习他人的长处，克服自身的缺点。

【解析】本题考查名词的词义。选项A译为“缺点”；选项B译为“实力”；选项C译为“性格”；选项D译为“优点”。根据句意选择选项A。

(2) 【答案】C

【句意】花不浇水就会枯萎。

【解析】本题考查动词的词义。选项A译为“弯曲”；选项B译为“溺水”；选项C译为“枯萎”；选项D译为“折”。根据句意选择选项C。

(3) 【答案】B

【句意】地球是圆的，这是毋庸置疑的事实。

【解析】本题考查动词的词义。选项A译为“跌倒”；选项B译为“怀疑”；选项C译为“消失”；选项D译为“减少”。根据句意选择选项B。

(4) 【答案】C

【句意】实现梦想。

【解析】本题考查动词的词义。选项A译为“怀疑”；选项B译为“溺水”；选项C译为“实现”；选项D译为“吃”。根据句意选择选项C。

(5) 【答案】B

【句意】大家都出席了，只有他缺席。

【解析】本题考查动词的词义。选项A译为“结婚”；选项B译为“缺席”；选项C译为“加班”；选项D译为“中止”。根据句意选择选项B。

(6) 【答案】D

【句意】母亲把太郎大学毕业的消息告诉了父亲。

【解析】本题考查动词的词义。选项A译为“缺席”；选项B译为“宣传”；选项C译为“想象”；选项D译为“毕业”。根据句意选择选项D。

---

(7) 【答案】A

【句意】即使有不少人反对，也主张自己认为正确的事吧。

【解析】本题考查动词的词义。选项A译为“反对”；选项B译为“变化”；选项C译为“满足”；选项D译为“缺席”。根据句意选择选项A。

---

(8) 【答案】A

【句意】就面试而言，说话方式固然重要，但是也要注意穿着打扮。

【解析】本题考查名词的词义。选项A译为“面试”；选项B译为“中止”；选项C译为“材料”；选项D译为“贸易”。根据句意选择选项A。

---

(9) 【答案】D

【句意】小心开车，不要出事故。

【解析】本题考查名词的词义。选项A译为“事件”；选项B译为“事情”；选项C译为“故障”；选项D译为“事故”。根据句意选择选项D。

---

(10) 【答案】B

【句意】当今时代，变化极大。

【解析】本题考查名词的词义。选项A译为“加班”；选项B译为“变化”；选项C译为“进口”；选项D译为“宣传”。根据句意选择选项B。

---

(11) 【答案】A

【句意】明明走在平坦的道路上，怎么会摔倒呢？

【解析】本题考查动词的词义。选项A译为“跌倒”；选项B译为“折”；选项C译为“弯曲”；选项D译为“慌忙”。根据句意选择选项A。

(12) 【答案】A

【句意】无法想象未来的科学将有多么发达。

【解析】本题考查动词的词义。选项A译为“想象”；选项B译为“希望”；选项C译为“就职”；选项D译为“宣传”。根据句意选择选项A。

(13) 【答案】C

【句意】现在洗衣服的话，下午就能晾干吧。

【解析】本题考查动词的词义。选项A译为“出口”；选项B译为“完成”；选项C译为“洗涤”；选项D译为“交换”。根据句意选择选项C。

(14) 【答案】C

【句意】这是命令，不是玩笑。

【解析】本题考查名词的词义。选项A译为“事情”；选项B译为“情报”；选项C译为“命令”；选项D译为“兴趣”。根据句意选择选项C。

(15) 【答案】A

【句意】政府每次限制这些进口的时候会征收关税。

【解析】本题考查名词的词义。选项A译为“进口”；选项B译为“检查”；选项C译为“时代”；选项D译为“事故”。根据句意选择选项A。

(16) 【答案】D

【句意】约翰似乎决定在A公司就职了。

【解析】本题考查名词的词义。选项A译为“加班”；选项B译为“预约”；选项C译为“检查”；选项D译为“就职”。根据句意选择选项D。

(17) 【答案】B

【句意】在此次选举中，实力与人气并存的年轻候选者一定会获胜。

【解析】本题考查名词的词义。选项A译为“情报”；选项B译为“实力”；选项C译为“命令”；选项D译为“命运”。根据句意选择选项B。

(18)【答案】A

【句意】因为担心海啸，所以逃到更高的地方。

【解析】本题考查动词的词义。选项A译为“逃走”；选项B译为“关闭”；选项C译为“组织”；选项D译为“溺水”。根据句意选择选项A。

(19)【答案】D

【句意】小声说话！他们都在午睡。

【解析】本题考查名词的词义。选项A译为“咽喉”；选项B译为“嘴”；选项C译为“大声”；选项D译为“小声”。根据句意选择选项D。

(20)【答案】D

【句意】受台风影响，发表会中止了。

【解析】本题考查名词的词义。选项A译为“反对”；选项B译为“变化”；选项C译为“宣传”；选项D译为“中止”。根据句意选择选项D。

Day 12

1. 读音考查

(1)せきゆ	(2)せんぱい	(3)せんもん	(4)あいて
(5)だいきん	(6)だいどころ	(7)おおぜい	(8)おおごえ
(9)なかみ	(10)でんし	(11)でんち	(12)どうきゅうせい
(13)のうぎょう	(14)ばんごう	(15)ぶちょう	(16)ぶっか
(17)もんく	(18)あたり	(19)ほどう	(20)ほうこう

(21)もくひょう (22)ようき (23)ようす (24)りょうきん

(25)れいぞうこ (26)れっしゃ (27)てつだう (28)さわぐ

(29)たりる (30)あたる (31)われる (32)まわす

(33)くわえる (34)もえる (35)やぶれる (36)つかまえる

(37)はなしあう (38)やちん (39)かいが (40)がっき

(41)けつえき (42)げんりょう (43)げんかん

2. 汉字检验

(1)石油 (2)先輩 (3)専門 (4)相手

(5)代金 (6)台所 (7)大勢 (8)大声

(9)中身 (10)電子 (11)電池 (12)同級生

(13)農業 (14)番号 (15)部長 (16)物価

(17)文句 (18)辺り (19)歩道 (20)方向

(21)目標 (22)容器 (23)様子 (24)料金

(25)冷蔵庫 (26)列車 (27)手伝う (28)騒ぐ

(29)足りる (30)当たる (31)割れる (32)回す

(33)加える (34)燃える (35)破れる (36)捕まえる

(37)話し合う (38)家賃 (39)絵画 (40)楽器

(41)血液 (42)原料 (43)玄関

3. 提高训练

(1) 【答案】B

【句意】比起年轻教授，他还是老前辈。

【解析】本题考查名词的词义。选项A译为“同学”；选项B译为“前辈”；选项C译为“学生”；选项D译为“医生”。根据句意选择选项B。

(2) 【答案】A

【句意】我专门研究遗传工程学。

【解析】本题考查名词的词义。选项A译为“专业”；选项B译为“许多人”；选项C译为“情况”；选项D译为“血液”。根据句意选择选项A。

(3) 【答案】A

【句意】不是出于礼貌，而是考虑对方的心情而赠送礼物，那样才能表达自己的心意。

【解析】本题考查名词的词义。选项A译为“对方”；选项B译为“自己”；选项C译为“自己”；选项D译为“自己”。根据句意选择选项A。

(4) 【答案】B

【句意】有必要检查皮箱里面的东西。

【解析】本题考查名词的词义。选项A译为“情况”；选项B译为“内容”；选项C译为“号码”；选项D译为“附近”。根据句意选择选项B。

(5) 【答案】C

【句意】如果有我能帮上忙的地方，义不容辞。

【解析】本题考查动词的词义。选项A译为“够”；选项B译为“交谈”；选项C译为“帮忙”；选项D译为“碰上”。根据句意选择选项C。

(6) 【答案】B

【句意】从地下来到地上时，会迷失方向。

【解析】本题考查名词的词义。选项A译为“情况”；选项B译为“方向”；选项C译为“物价”；选项D译为“号码”。根据句意选择选项B。

(7) 【答案】B

【句意】现在，对于未来有了明确的目标，感到很充实。

【解析】本题考查名词的词义。选项A译为“号码”；选项B译为“目标”；选项C译为“情况”；选项D译为“专门”。根据句意选择选项B。

(8) 【答案】A

【句意】这些钱够你用一学期。

【解析】本题考查动词的词义。选项A译为“够”；选项B译为“命中”；选项C译为“燃烧”；选项D译为“帮忙”。根据句意选择选项A。

(9) 【答案】D

【句意】山田没有大家吹捧得那么优秀。

【解析】本题考查动词的词义。选项A译为“交谈”；选项B译为“捉”；选项C译为“转动”；选项D译为“吹捧”。根据句意选择选项D。

(10) 【答案】A

【句意】我觉得公寓的房租高得离谱。

【解析】本题考查名词的词义。选项A译为“房租”；选项B译为“货款”；选项C译为“存款”；选项D译为“借款”。根据句意选择选项A。

(11) 【答案】C

【句意】石油危机导致世界物价高涨。

【解析】本题考查名词的词义。选项A译为“价格”；选项B译为“借款”；选项C译为“物价”；选项D译为“房租”。根据句意选择选项C。

(12) 【答案】C

【句意】译文参照原文加以修改。

【解析】本题考查动词的词义。选项A译为“燃烧”；选项B译为“转动”；选项C译为“添加”；选项D译为“捉”。根据句意选择选项C。

(13) 【答案】A

【句意】石油是工业的重要血液。

【解析】本题考查名词的词义。选项A译为“血液”；选项B译为“乐器”；选项C译为“许多人”；选项D译为“厨房”。根据句意选择选项A。

(14) 【答案】C

【句意】汽油碰到火就会立刻燃烧。

【解析】本题考查动词的词义。选项A译为“够”；选项B译为“命中”；选项C译为“燃烧”；选项D译为“帮忙”。根据句意选择选项C。

(15) 【答案】B

【句意】由于作者的润色，人物的形象更加鲜明了。

【解析】本题考查外来语的词义。选项A译为“住址”；选项B译为“形象”；选项C译为“利用”；选项D译为“广播”。根据句意选择选项B。

(16) 【答案】B

【句意】大米是日本农业中最重要的作物。

【解析】本题考查名词的词义。选项A译为“加班”；选项B译为“农业”；选项C译为“商业”；选项D译为“工业”。根据句意选择选项B。

(17) 【答案】D

【句意】我们应该马上商讨这个问题。

【解析】本题考查动词的词义。选项A译为“燃烧”；选项B译为“转动”；选项C译为“添加”；选项D译为“商量”。根据句意选择选项D。

(18) 【答案】A

【句意】把食物放进冰箱是为了防止它变坏。

【解析】本题考查名词的词义。选项A译为“冰箱”；选项B译为“洗衣机”；选项C译为“大门”；选项D译为“厨房”。根据句意选择选项A。

(19)【答案】D

【句意】朋友的手机掉在地上，屏幕摔碎了。

【解析】本题考查动词的词义。选项A译为“抓”，选项B译为“燃烧”；选项C译为“添加”；选项D译为“破损”。根据句意选择选项D。

(20)【答案】A

【句意】这附近一到晚上就很暗，我总是弄错路。

【解析】本题考查名词的词义。选项A译为“附近”；选项B译为“容器”；选项C译为“情况”；选项D译为“厨房”。根据句意选择选项A。

Day 13

1. 读音考查

(1)ひえる	(2)かこむ	(3)あきらめる	(4)かくす
(5)こえる	(6)けがす	(7)さがる	(8)さげる
(9)うたう	(10)すぎる	(11)ひらく	(12)すすめる
(13)ほす	(14)がんばる	(15)かける	(16)たてる
(17)みつめる	(18)よびかける	(19)えんき	(20)えんそう
(21)えんりょ	(22)おうえん	(23)おうよう	(24)かてい
(25)がまん	(26)かいけい	(27)いしき	(28)こうさてん
(29)しせい	(30)しょうぎょう	(31)じょうだん	(32)かぜん

(33)かべ (34)くび (35)まど (36)はたけ

(37)よこ

2. 汉字检验

(1)冷える (2)囲む (3)諦める (4)隠す

(5)越える (6)汚す (7)下がる (8)下げる

(9)歌う (10)過ぎる (11)開く (12)勧める

(13)干す (14)頑張る (15)駆ける (16)建てる

(17)見詰める (18)呼び掛ける (19)延期 (20)演奏

(21)遠慮 (22)応援 (23)応用 (24)仮定

(25)我慢 (26)会計 (27)意識 (28)交差点

(29)姿勢 (30)商業 (31)冗談 (32)果然

(33)壁 (34)首 (35)窓 (36)畑

(37)横

3. 提高训练

(1) 【答案】A

【句意】预计当天会冷。

【解析】本题考查动词的词义。选项A译为“变冷”；选项B译为“越过”；选项C译为“劝告”；选项D译为“放弃”。根据句意选择选项A。

(2) 【答案】A

【句意】过了中秋节，天气会越来越凉。

【解析】本题考查动词的词义。选项A译为“过去”；选项B译为“降低”；选项C译为“跑”；选项D译为“修建”。根据句意选择选项A。

(3) 【答案】A

【句意】我听说他唱了那首歌。

【解析】本题考查动词的词义。选项A译为“唱歌”；选项B译为“说”；选项C译为“做”；选项D译为“说”。根据句意选择选项A。

(4) 【答案】C

【句意】不应该放弃梦想。

【解析】本题考查动词的词义。选项A译为“追求”；选项B译为“考虑”；选项C译为“放弃”；选项D译为“修建”。根据句意选择选项C。

(5) 【答案】D

【句意】她多次劝我戒烟。

【解析】本题考查动词的词义。选项A译为“够”；选项B译为“注视”；选项C译为“放弃”；选项D译为“劝告”。根据句意选择选项D。

(6) 【答案】A

【句意】但是，比赛过程中遭遇台风，延期了。

【解析】本题考查名词的词义。选项A译为“延期”；选项B译为“支援”；选项C译为“谢绝”；选项D译为“假定”。根据句意选择选项A。

(7) 【答案】A

【句意】必须时刻意识到这个事实。

【解析】本题考查动词的词义。选项A译为“意识”；选项B译为“玩笑”；选项C译为“支援”；选项D译为“假定”。根据句意选择选项A。

(8) 【答案】A

【句意】演奏什么类型的音乐？

【解析】本题考查动词的词义。选项A译为“演奏”；选项B译为“结账”；选项C译为“支援”；选项D译为“意识”。根据句意选择选项A。

(9) 【答案】D

【句意】谎言掩盖不了事实。

【解析】本题考查动词的词义。选项A译为“越过”；选项B译为“捉”；选项C译为“转动”；选项D译为“掩盖”。根据句意选择选项D。

(10) 【答案】B

【句意】在这里建工厂需要征得附近居民的同意。

【解析】本题考查动词的词义。选项A译为“制订”；选项B译为“修建”；选项C译为“跑”；选项D译为“投掷”。根据句意选择选项B。

(11) 【答案】D

【句意】请注意，不要让墨弄脏了试卷。

【解析】本题考查动词的词义。选项A译为“掩盖”；选项B译为“说”；选项C译为“晾晒”；选项D译为“弄脏”。根据句意选择选项D。

(12) 【答案】B

【句意】有什么好主意的话，请给我们一些建议。

【解析】本题考查外来语的词义。选项A译为“电梯”；选项B译为“主意”；选项C译为“智力游戏”；选项D译为“商业广告”。根据句意选择选项B。

(13) 【答案】D

【句意】在议会选举中获得了超过半数的议席。

【解析】本题考查动词的词义。选项A译为“跑”；选项B译为“努力”；选项C译为“降下”；选项D译为“超过”。根据句意选择选项D。

(14) 【答案】A

【句意】馆内请勿吸烟。

【解析】本题考查名词的词义。选项A译为“谢绝”；选项B译为“应用”；选项C译为“禁止”；选项D译为“延期”。根据句意选择选项A。

(15) 【答案】D

【句意】难以忍受这么过分的事情。

【解析】本题考查动词的词义。选项A译为“意识”；选项B译为“自夸”；选项C译为“思考”；选项D译为“忍耐”。根据句意选择选项D。

(16) 【答案】D

【句意】本次大会的主旨是呼吁人们共同携手，保护环境。

【解析】本题考查动词的词义。选项A译为“商量”；选项B译为“说”；选项C译为“叫”；选项D译为“呼吁”。根据句意选择选项D。

(17) 【答案】D

【句意】这项技术已应用于商品。

【解析】本题考查动词的词义。选项A译为“谢绝”；选项B译为“支援”；选项C译为“自夸”；选项D译为“应用”。根据句意选择选项D。

(18) 【答案】B

【句意】下雨天把洗好的衣服晾在室内。

【解析】本题考查动词的词义。选项A译为“弄脏”；选项B译为“晾晒”；选项C译为“掩盖”；选项D译为“说”。根据句意选择选项B。

(19) 【答案】D

【句意】目不转睛地注视对方的脸。

【解析】本题考查动词的词义。选项A译为“劝告”；选项B译为“呼吁”；选项C译为“跑”；选项D译为“注视”。根据句意选择选项D。

(20) 【答案】A

【句意】为了不迟到而赶快跑。

【解析】本题考查动词的词义。选项A译为“跑”；选项B译为“商量”；选项C译为“降下”；选项D译为“注视”。根据句意选择选项A。

Day 14

1. 读音考查

(1)あきる (2)あふれる (3)あらわす (4)あぶる
(5)うえる (6)うつる (7)おくる (8)かがやく
(9)かざる (10)くばる (11)くさ (12)ふくろ
(13)けむり (14)しお (15)あせ (16)むね
(17)くつ (18)あな (19)こし (20)は
(21)きく (22)しぼる (23)つかまつる (24)かう
(25)やめる (26)とりけす (27)とりかえる (28)したがう
(29)かさねる (30)やどる (31)かきなおす (32)こうぶつ
(33)さとう (34)さいじょう (35)さいしん (36)さいふ
(37)さかみち (38)さくもつ (39)じむしょ (40)じさ
(41)しゃどう (42)しゅふ (43)しゅるい (44)のりもの
(45)しょっき (46)しょくよく (47)しんこう (48)しんかんせん
(49)しんにゅうせい (50)もうしこみ

2. 汉字检验

(1)飽きる	(2)溢れる	(3)表す	(4)炙る
(5)植える	(6)映る	(7)送る	(8)輝く
(9)飾る	(10)配る	(11)草	(12)袋
(13)煙	(14)塩	(15)汗	(16)胸
(17)靴	(18)穴	(19)腰	(20)歯
(21)効く	(22)絞る	(23)仕る	(24)飼う
(25)辞める	(26)取り消す	(27)取り替える	(28)従う
(29)重ねる	(30)宿る	(31)書き直す	(32)好物
(33)砂糖	(34)最上	(35)最新	(36)財布
(37)坂道	(38)作物	(39)事務所	(40)時差
(41)車道	(42)主婦	(43)種類	(44)乗り物
(45)食器	(46)食欲	(47)信号	(48)新幹線
(49)新入生	(50)申し込み		

3. 提高训练

(1) 【答案】C

【句意】这个号码是表示出生年月日、性别、出生地等信息的数字。

【解析】本题考查动词的词义。选项A译为“反射”；选项B译为“送”；选项C译为“表示”；选项D译为“说”。根据句意选择选项C。

(2) 【答案】A

【句意】中秋时节，月光明亮。

【解析】本题考查动词的词义。选项A译为“闪耀”；选项B译为“烘”；选项C译为“有效”；选项D译为“修建”。根据句意选择选项A。

(3) 【答案】B

【句意】种庄稼要注意天气。

【解析】本题考查动词的词义。选项A译为“交换”；选项B译为“种植”；选项C译为“修建”；选项D译为“溢出”。根据句意选择选项B。

(4) 【答案】A

【句意】经过反复实践，最后取得了成功。

【解析】本题考查动词的词义。选项A译为“反复”；选项B译为“交换”；选项C译为“辞职”；选项D译为“溢出”。根据句意选择选项A。

(5) 【答案】A

【句意】请把硬币放进你的钱包。

【解析】本题考查名词的词义。选项A译为“钱包”；选项B译为“事务所”；选项C译为“餐具”；选项D译为“鞋”。根据句意选择选项A。

(6) 【答案】A

【句意】人老了，腰也慢慢弯了。

【解析】本题考查名词的词义。选项A译为“腰”；选项B译为“脸”；选项C译为“脚”；选项D译为“手”。根据句意选择选项A。

(7) 【答案】A

【句意】今年夏天太热了，我出了很多汗。

【解析】本题考查名词的词义。选项A译为“汗”；选项B译为“盐”；选项C译为“烟”；选项D译为“牙”。根据句意选择选项A。

(8) 【答案】C

【句意】我打算给寄宿家庭发邮件。

【解析】本题考查动词的词义。选项A译为“分配”；选项B译为“反射”；选项C译为“送”；选项D译为“拧”。根据句意选择选项C。

---

(9) 【答案】C

【句意】青山绿树倒映在河面上。

【解析】本题考查动词的词义。选项A译为“越过”；选项B译为“捉”；选项C译为“反射”；选项D译为“掩盖”。根据句意选择选项C。

---

(10) 【答案】D

【句意】作为公司的人，只能听从上司的命令。

【解析】本题考查动词的词义。选项A译为“住宿”；选项B译为“饲养”；选项C译为“反射”；选项D译为“听从”。根据句意选择选项D。

---

(11) 【答案】A

【句意】网上的申请为24小时受理。

【解析】本题考查名词的词义。选项A译为“申请”；选项B译为“信号”；选项C译为“时差”；选项D译为“话”。根据句意选择选项A。

---

(12) 【答案】A

【句意】不管什么好吃的东西，每天吃，也会烦的。

【解析】本题考查动词的词义。选项A译为“厌烦”；选项B译为“烦恼”；选项C译为“越过”；选项D译为“生气”。根据句意选择选项A。

---

(13) 【答案】B

【句意】为了写文章而绞尽脑汁。

【解析】本题考查动词的词义及惯用语。“知恵を絞る”译为“绞尽脑汁”，根据句意选择选项B。

(14) 【答案】D

【句意】在医院拔牙。

【解析】本题考查名词的词义。选项A译为“胸”；选项B译为“草”；选项C译为“烟”；选项D译为“牙”。根据句意选择选项D。

(15) 【答案】B

【句意】我决定从这家公司辞职了。

【解析】本题考查动词的词义。选项A译为“停止”；选项B译为“辞职”；选项C译为“反射”；选项D译为“听从”。根据句意选择选项B。

(16) 【答案】A

【句意】汤有些淡，加一点盐。

【解析】本题考查名词的词义。选项A译为“盐”；选项B译为“肉”；选项C译为“砂糖”；选项D译为“蔬菜”。根据句意选择选项A。

(17) 【答案】A

【句意】食欲旺盛。

【解析】本题考查名词的词义。选项A译为“食欲”；选项B译为“钱”；选项C译为“时间”；选项D译为“蔬菜”。根据句意选择选项A。

(18) 【答案】D

【句意】这附近土地松软，适合作物生长。

【解析】本题考查名词的词义。选项A译为“狗”；选项B译为“鸟”；选项C译为“动物”；选项D译为“作物”。根据句意选择选项D。

(19) 【答案】A

【句意】如果要乘坐交通工具旅行，还是靠窗的座位比较好。

【解析】本题考查名词的词义。选项A译为“交通工具”；选项B译为“坡道”；选项C译为“车道”；选项D译为“道路”。根据句意选择选项A。

(20)【答案】D

【句意】因为存在错误，所以要立刻重新写报告书。

【解析】本题考查动词的词义。选项A译为“反射”；选项B译为“取消”；选项C译为“交换”；选项D译为“重新写”。根据句意选择选项D。

Day 15

1. 读音考查

(1)おかし (2)おゆ (3)ほん (4)て
(5)め (6)あし (7)いけ (8)うで
(9)となり (10)くやしい (11)こわい (12)まずしい
(13)あやしい (14)えらい (15)ひっぱる (16)さめる
(17)くぎる (18)すわる (19)にる (20)さわる
(21)とどく (22)ぐたいてき (23)けいざい (24)かんきゃく
(25)ひさしぶり (26)こじん (27)かおり (28)じまえ
(29)しょうがくきん (30)きそ (31)かんしん (32)かんばん
(33)かんきょう (34)わりあい (35)がっき (36)かがく
(37)えいが

2. 汉字检验

(1)お菓子 (2)お湯 (3)本 (4)手
(5)目 (6)脚 (7)池 (8)腕

(9)隣　(10)悔しい　(11)怖い　(12)貧しい

(13)怪しい　(14)偉い　(16)引っ張る　(16)覚める

(17)区切る　(18)座る　(19)似る　(20)触る

(21)届く　(22)具体的　(23)経済　(24)観客

(25)久しぶり　(26)個人　(27)香り　(28)自前

(29)奨学金　(30)基礎　(31)関心　(32)看板

(33)環境　(34)割合　(35)学期　(36)科学

(37)映画

3. 提高训练

(1)　【答案】A

【句意】观众已经入座席，演出就要开始了。

【解析】本题考查名词的词义。选项A译为“观众”；选项B译为“个人”；选项C译为“演员”；选项D译为“朋友”。根据句意选择选项A。

---

(2)　【答案】C

【句意】那个地方人很多，没有坐的地方。

【解析】本题考查动词的词义。选项A译为“榨”；选项B译为“接触”；选项C译为“坐”；选项D译为“送达”。根据句意选择选项C。

---

(3)　【答案】A

【句意】在视线范围内，让孩子自由地玩耍。

【解析】本题考查动词的词义。选项A译为“达到”；选项B译为“够”；选项C译为“像”；选项D译为“坐”。根据句意选择选项A。

(4) 【答案】D

【句意】他们太穷困了，我们必须帮助他们。

【解析】本题考查形容词的词义。选项A译为“令人害怕的”；选项B译为“令人悔恨的”；选项C译为“伟大的”；选项D译为“贫穷的”。根据句意选择选项D。

(5) 【答案】D

【句意】昨晚看的电影，是根据这一带流传的故事所创作的。

【解析】本题考查名词的词义。选项A译为“歌曲”；选项B译为“环境”；选项C译为“饭”；选项D译为“电影”。根据句意选择选项D。

(6) 【答案】B

【句意】他听到了邻居家的笑声。

【解析】本题考查名词的词义。选项A译为“个人”；选项B译为“邻居”；选项C译为“腿”；选项D译为“水池”。根据句意选择选项B。

(7) 【答案】A

【句意】我听说你在跑马拉松，十分惊讶。

【解析】本题考查外来语的词义。选项A译为“马拉松”；选项B译为“礼节”；选项C译为“题目”；选项D译为“床”。根据句意选择选项A。

(8) 【答案】A

【句意】个人必须服从集体的安排。

【解析】本题考查名词的词义。选项A译为“个人”；选项B译为“学生”；选项C译为“教师”；选项D译为“科长”。根据句意选择选项A。

(9) 【答案】D

【句意】陆地和海洋的面积比例是一比三。

【解析】本题考查名词的词义。选项A译为“发展”；选项B译为“结果”；选项C译为“环境”；选项D译为“比例”。根据句意选择选项D。

(10)【答案】D

【句意】山本对中国文化很感兴趣。

【解析】本题考查名词的词义。选项A译为“结果”；选项B译为“本领”；选项C译为“推移”；选项D译为“感兴趣”。根据句意选择选项D。

(11)【答案】D

【句意】将文章分段，读起来容易。

【解析】本题考查动词的词义。选项A译为“拉”；选项B译为“区分”；选项C译为“觉醒”；选项D译为“分段”。根据句意选择选项D。

(12)【答案】B

【句意】真有学问的人，决不夸耀自己厉害。

【解析】本题考查形容词的词义。选项A译为“严厉的”；选项B译为“厉害的”；选项C译为“贫困的”；选项D译为“坏的”。根据句意选择选项B。

(13)【答案】D

【句意】长时间玩手机，对眼睛有害。

【解析】本题考查名词的词义。选项A译为“手”；选项B译为“嘴”；选项C译为“腿脚”；选项D译为“眼睛”。根据句意选择选项D。

(14)【答案】A

【句意】水开了。

【解析】本题考查名词的词义。选项A译为“开水”；选项B译为“草”；选项C译为“料理”；选项D译为“水池”。根据句意选择选项A。

(15)【答案】A

【句意】进入公司不久，就得到了去日本进修的机会。

【解析】本题考查外来语的词义。选项A译为“机会”；选项B译为“毛衣”；选项C译为“时间表”；选项D译为“钢琴”。根据句意选择选项A。

(16) 【答案】A

【句意】她建议我一周慢跑几次。

【解析】本题考查外来语的词义。选项A译为“慢跑”；选项B译为“消息”；选项C译为“平衡”；选项D译为“能量”。根据句意选择选项A。

(17) 【答案】D

【句意】请告诉我旅行的日程表。

【解析】本题考查外来语的词义。选项A译为“压力”；选项B译为“主意”；选项C译为“报告”；选项D译为“日程表”。根据句意选择选项D。

(18) 【答案】D

【句意】明年有人气歌手的演唱会。

【解析】本题考查外来语的词义。选项A译为“印象”；选项B译为“标题”；选项C译为“计划”；选项D译为“音乐会”。根据句意选择选项D。

(19) 【答案】A

【句意】枕头横放在床上。

【解析】本题考查外来语的词义。选项A译为“床”；选项B译为“窗帘”；选项C译为“数据”；选项D译为“洗手间”。根据句意选择选项A。

(20) 【答案】A

【句意】她为我织了一件毛衣。

【解析】本题考查外来语的词义。选项A译为“毛衣”；选项B译为“钢琴”；选项C译为“果汁”；选项D译为“礼节”。根据句意选择选项A。

Day 16

1. 读音考查

(1)おうぼ	(2)おうだん	(3)かいしゅう	(4)かんけい
(5)きろく	(6)きんちょう	(7)けいたい	(8)けいさん
(9)けいかく	(10)けいえい	(11)ぜんいん	(12)せんざい
(13)むすこ	(14)ぜいきん	(15)あかちゃん	(16)しんせき
(17)たんしん	(18)だんたい	(19)てんじょう	(20)とくちょう
(21)とくちょう	(22)どくしん	(23)ないしょ	(24)せなか
(25)うりば	(26)ふろ	(27)ぶんか	(28)ぶんしょう
(29)ほうほう	(30)ちちおや	(31)ははおや	(32)ゆうりょう
(33)ゆうえんち	(34)うでどけい	(35)おい	(36)りょうて
(37)まいご	(38)ほんだな		

2. 汉字检验

(1)応募	(2)横断	(3)回収	(4)関係
(5)記録	(6)緊張	(7)携帯	(8)計算
(9)計画	(10)経営	(11)全員	(12)洗剤
(13)息子	(14)税金	(15)赤ちゃん	(16)親戚
(17)単身	(18)団体	(19)天井	(20)特徴
(21)特長	(22)独身	(23)内緒	(24)背中
(25)売り場	(26)風呂	(27)文化	(28)文章

(29)方法　(30)父親　(31)母親　(32)有料

(33)遊園地　(34)腕時計　(35)老い　(36)両手

(37)迷子　(38)本棚

3. 提高训练

(1)【答案】A

【句意】我报名参加了作文比赛，得了第一名。

【解析】本题考查动词的词义。选项A译为“报名参加”；选项B译为“记录”；选项C译为“回收”；选项D译为“携带”。根据句意选择选项A。

(2)【答案】D

【句意】一个人横渡了太平洋。

【解析】本题考查动词的词义。选项A译为“紧张”；选项B译为“移动”；选项C译为“努力学习”；选项D译为“横渡”。根据句意选择选项D。

(3)【答案】D

【句意】我拍照的事情要保密，绝对不能和别人说。

【解析】本题考查名词的词义。选项A译为“特长”；选项B译为“特征”；选项C译为“计划”；选项D译为“秘密”。根据句意选择选项D。

(4)【答案】A

【句意】收入高的人，纳税也多。

【解析】本题考查名词的词义。选项A译为“税金”；选项B译为“房租”；选项C译为“货款”；选项D译为“借款”。根据句意选择选项A。

(5)【答案】C

【句意】我的特长是踢足球。

【解析】本题考查名词的词义。选项A译为“特征”；选项B译为“特别”；选项C译为“特长”；选项D译为“特殊”。根据句意选择选项C。

(6) 【答案】B

【句意】哪还是单身，都已经结婚有三个孩子了。

【解析】本题考查名词的词义。选项A译为“亲戚”；选项B译为“单身”；选项C译为“朋友”；选项D译为“恋人”。根据句意选择选项B。

(7) 【答案】C

【句意】但是从第七集开始就要收费了，所以只能看到这里。

【解析】本题考查名词的词义。选项A译为“横渡”；选项B译为“免费”；选项C译为“收费”；选项D译为“秘密”。根据句意选择选项C。

(8) 【答案】A

【句意】提起文化，很多人的脑海中立刻浮现出艺术、美术、文学等。

【解析】本题考查名词的词义。选项A译为“文化”；选项B译为“历史”；选项C译为“数学”；选项D译为“地理”。根据句意选择选项A。

(9) 【答案】D

【句意】今天有点累，吃完饭打算泡个澡。

【解析】本题考查名词的词义。选项A译为“看”；选项B译为“购物”；选项C译为“劝告”；选项D译为“浴池”。根据句意选择选项D。

(10) 【答案】D

【句意】将下面的文章改为过去式。

【解析】本题考查名词的词义。选项A译为“特征”；选项B译为“报纸”；选项C译为“小说”；选项D译为“文章”。根据句意选择选项D。

(11)【答案】D

【句意】就现状来说，实施这个计划有些勉强。

【解析】本题考查名词的词义。选项A译为“记录”；选项B译为“回收”；选项C译为“计算”；选项D译为“计划”。根据句意选择选项D。

(12)【答案】B

【句意】一看手表，已经八点了。

【解析】本题考查名词的词义。选项A译为“电影”；选项B译为“手表”；选项C译为“广告牌”；选项D译为“冰箱”。根据句意选择选项B。

(13)【答案】A

【句意】日本式家庭的特征之一就是铺有榻榻米。

【解析】本题考查名词的词义。选项A译为“特征”；选项B译为“特定”；选项C译为“特例”；选项D译为“特产”。根据句意选择选项A。

(14)【答案】D

【句意】他已经有三个女儿了，还想要一个儿子。

【解析】本题考查名词的词义。选项A译为“弟弟”；选项B译为“妹妹”；选项C译为“女儿”；选项D译为“儿子”。根据句意选择选项D。

(15)【答案】A

【句意】今年的笔记本打八折促销。

【解析】本题考查外来语的词义。选项A译为“促销”；选项B译为“奶酪”；选项C译为“电视剧”；选项D译为“勺”。根据句意选择选项A。

(16)【答案】C

【句意】实验对象被分为两组。

【解析】本题考查外来语的词义。选项A译为“慢跑”；选项B译为“信息”；选项C译为“组”；选项D译为“发动机”。根据句意选择选项C。

(17) 【答案】D

【句意】有远大的理想，学习才有动力。

【解析】本题考查外来语的词义。选项A译为“压力”；选项B译为“主意”；选项C译为“报告”；选项D译为“能量”。根据句意选择选项D。

(18) 【答案】D

【句意】能借我一下手机吗？我想打个电话。

【解析】本题考查名词的词义。选项A译为“报告”；选项B译为“手表”；选项C译为“眼镜”；选项D译为“手机”。根据句意选择选项D。

(19) 【答案】D

【句意】昨晚喝了很多咖啡，没睡好。

【解析】本题考查外来语的词义。选项A译为“奶酪”；选项B译为“果汁”；选项C译为“电视剧”；选项D译为“咖啡”。根据句意选择选项D。

(20) 【答案】D

【句意】文字是记录语言的符号体系。

【解析】本题考查动词的词义。选项A译为“计划”；选项B译为“回收”；选项C译为“紧张”；选项D译为“记录”。根据句意选择选项D。

Day 17

1. 读音考查

(1) いがい　(2) へた　(3) かくじつ　(4) しあわせ

(5)ざんねん (6)おも (7)しゅよう (8)ねぼう

(9)みぢか (10)せいじょう (11)たいくつ (12)たんじゅん

(13)たんき (14)ねっしん (15)おまつり (16)おいわい

(17)おしらせ (18)うんどうかい (19)えいがかん (20)いっぱん

(21)たいよう (22)かくち (23)たのしみ (24)かんかく

(25)かんじょう (26)きょうしつ (27)きって (28)しょうがつ

(29)うらがわ (30)ろうか (31)いちど (32)ぎゃく

(33)べつ (34)はり (35)ず (36)いずみ

(37)むら

2. 汉字检验

(1)意外 (2)下手 (3)確実 (4)幸せ

(5)残念 (6)主 (7)主要 (8)寝坊

(9)身近 (10)正常 (11)退屈 (12)単純

(13)短気 (14)熱心 (15)お祭り (16)お祝い

(17)お知らせ (18)運動会 (19)映画館 (20)一般

(21)太陽 (22)各地 (23)楽しみ (24)感覚

(25)感情 (26)教室 (27)切手 (28)正月

(29)裏側 (30)廊下 (31)一度 (32)逆

(33)別 (34)針 (35)図 (36)泉

(37)村

3. 提高训练

(1) 【答案】D

【句意】很遗憾今年没能考上B大学，我明年一定要考上。

【解析】本题考查形容动词的词义。选项A译为“无聊”；选项B译为“单纯”；选项C译为“确实”；选项D译为“遗憾”。根据句意选择选项D。

(2) 【答案】D

【句意】想不到事情这么简单就了结了。

【解析】本题考查形容动词的词义。选项A译为“幸福”；选项B译为“不擅长”；选项C译为“正常”；选项D译为“想不到”。根据句意选择选项D。

(3) 【答案】B

【句意】由于睡懒觉，差点上课迟到。

【解析】本题考查名词的词义。选项A译为“特长”；选项B译为“睡懒觉”；选项C译为“感觉”；选项D译为“秘密”。根据句意选择选项B。

(4) 【答案】D

【句意】我不想过这种无聊的生活。

【解析】本题考查形容动词的词义。选项A译为“性急”；选项B译为“幸福”；选项C译为“正常”；选项D译为“无聊”。根据句意选择选项D。

(5) 【答案】A

【句意】那个祭祀活动持续了三百年。

【解析】本题考查名词的词义。选项A译为“祭祀”；选项B译为“祝贺”；选项C译为“礼物”；选项D译为“通知”。根据句意选择选项A。

(6) 【答案】B

【句意】部长，您去今晚的派对吗？

【解析】本题考查外来语的词义。选项A译为“护照”；选项B译为“派对”；选项C译为“钢琴家”；选项D译为“黄油”。根据句意选择选项B。

(7) 【答案】C

【句意】他们还没确定去不去。

【解析】本题考查形容动词的词义。选项A译为“单纯”；选项B译为“正常”；选项C译为“确实”；选项D译为“意外”。根据句意选择选项C。

(8) 【答案】D

【句意】你们上课的教室在哪里?

【解析】本题考查名词的词义。选项A译为“走廊”；选项B译为“卖场”；选项C译为“电影院”；选项D译为“教室”。根据句意选择选项D。

(9) 【答案】D

【句意】贴邮票。

【解析】本题考查名词的词义。选项A译为“借款”；选项B译为“存款”；选项C译为“货款”；选项D译为“邮票”。根据句意选择选项D。

(10) 【答案】D

【句意】各地报纸都转载了这一新闻。

【解析】本题考查名词的词义。选项A译为“正常”；选项B译为“正月”；选项C译为“反面”；选项D译为“各地”。根据句意选择选项D。

(11) 【答案】D

【句意】那家电影院有许多有意思的电影上映。

【解析】本题考查名词的词义。选项A译为“体育馆”；选项B译为“美术馆”；选项C译为“博物馆”；选项D译为“电影院”。根据句意选择选项D。

(12) 【答案】A

【句意】燃烧塑料会产生有害物质。

【解析】本题考查外来语的词义。选项A译为“塑料”；选项B译为“护照”；选项C译为“钢琴家”；选项D译为“百分数”。根据句意选择选项A。

(13) 【答案】C

【句意】红白两色混合，会变成粉色。

【解析】本题考查外来语的词义。选项A译为“蓝色”；选项B译为“绿色”；选项C译为“粉色”；选项D译为“黑色”。根据句意选择选项C。

(14) 【答案】A

【句意】这家工厂里，女工约占百分之六十。

【解析】本题考查外来语的词义。选项A译为“百分比”；选项B译为“小册子”；选项C译为“护照”；选项D译为“药丸”。根据句意选择选项A。

(15) 【答案】A

【句意】泉水像蓝宝石一样闪烁着蓝色的神秘光芒。

【解析】本题考查名词的词义。选项A译为“泉水”；选项B译为“主要”；选项C译为“别的”；选项D译为“一般”。根据句意选择选项A。

(16) 【答案】D

【句意】敌人一进村，狗就开始叫了。

【解析】本题考查名词的词义。选项A译为“邻居”；选项B译为“泉水”；选项C译为“图”；选项D译为“村子”。根据句意选择选项D。

(17) 【答案】A

【句意】我哥哥对于学英语很有热情。

【解析】本题考查形容动词的词义。选项A译为“热情”；选项B译为“性急”；选项C译为“无聊”；选项D译为“亲切”。根据句意选择选项A。

(18) 【答案】D

【句意】人造卫星在轨道上正常运行。

【解析】本题考查形容动词的词义。选项A译为“活泼”；选项B译为“自由”；选项C译为“有名”；选项D译为“正常”。根据句意选择选项D。

(19) 【答案】A

【句意】不擅长主动搭话，也不擅长在人前露面。

【解析】本题考查形容动词的词义。选项A译为“不擅长”；选项B译为“简单”；选项C译为“危险”；选项D译为“一般”。根据句意选择选项A。

(20) 【答案】D

【句意】请告诉我信用卡的有效期。

【解析】本题考查名词的词义。选项A译为“节日”；选项B译为“祝贺”；选项C译为“结束”；选项D译为“通知”。根据句意选择选项D。

Day 18

1. 读音考查

(1)おとな	(2)かわり	(3)おおあめ	(4)ゆうじょう
(5)もくてき	(6)さかな	(7)むし	(8)しま
(9)ねこ	(10)はこ	(11)ふく	(12)しくむ
(13)しずむ	(14)すべる	(15)しめす	(16)しゃべる
(17)ぞくする	(18)たいする	(19)だまる	(20)つかむ

(21) であう　(22) とめる　(23) なげる　(24) なでる

(25) にえる　(26) ねむる　(27) はえる　(28) はかる

(29) ひろう　(30) まなぶ　(31) まもる　(32) もどす

(33) こきょう　(34) のど　(35) けんか　(36) ふくすう

2. 汉字检验

(1) 大人　(2) 代わり　(3) 大雨　(4) 友情

(5) 目的　(6) 魚　(7) 虫　(8) 島

(9) 猫　(10) 箱　(11) 服　(12) 仕組む

(13) 沈む　(14) 滑る　(15) 示す　(16) 喋る

(17) 属する　(18) 対する　(19) 黙る　(20) 掴む

(21) 出会う　(22) 止める　(23) 投げる　(24) 撫でる

(25) 煮える　(26) 眠る　(27) 生える　(28) 図る

(29) 拾う　(30) 学ぶ　(31) 守る　(32) 戻す

(33) 故郷　(34) 喉　(35) 喧嘩　(36) 複数

3. 提高训练

(1) 【答案】D

【句意】太阳落山后，这附近一片漆黑。

【解析】本题考查动词的词义。选项A译为“滑倒”；选项B译为“抓住”；选项C译为“装配”；选项D译为“沉没”。根据句意选择选项D。

(2) 【答案】C

【句意】无论是谁，都要遵守法律。

【解析】本题考查动词的词义。选项A译为“表示”；选项B译为“转动”；选项C译为“遵守”；选项D译为“归还”。根据句意选择选项C。

(3)【答案】D

【句意】必须团结才能谋求生存。

【解析】本题考查动词的词义。选项A译为“沉默”；选项B译为“打滑”；选项C译为“表示”；选项D译为“谋求”。根据句意选择选项D。

(4)【答案】B

【句意】如果捡到钱，请立刻交给警察。

【解析】本题考查动词的词义。选项A译为“投”；选项B译为“捡”；选项C译为“煮熟”；选项D译为“停止”。根据句意选择选项B。

(5)【答案】D

【句意】他拜托我把那个放回原处。

【解析】本题考查动词的词义。选项A译为“表示”；选项B译为“学习”；选项C译为“遵守”；选项D译为“归还”。根据句意选择选项D。

(6)【答案】B

【句意】站在岸边，眺望远方的岛屿。

【解析】本题考查名词的词义。选项A译为“猫”；选项B译为“岛屿”；选项C译为“箱子”；选项D译为“虫子”。根据句意选择选项B。

(7)【答案】A

【句意】这周末回老家探望母亲。

【解析】本题考查名词的词义。选项A译为“老家”；选项B译为“太阳”；选项C译为“教室”；选项D译为“走廊”。根据句意选择选项A。

(8) 【答案】A

【句意】不遵守规则则无法回收垃圾。

【解析】本题考查外来语的词义。选项A译为“规则”；选项B译为“青年”；选项C译为“海报”；选项D译为“瓶”。根据句意选择选项A。

(9) 【答案】D

【句意】多亏了孩子们，我们大人也成长了。

【解析】本题考查名词的词义。选项A译为“老年人”；选项B译为“老人”；选项C译为“青年”；选项D译为“大人”。根据句意选择选项D。

(10) 【答案】B

【句意】我想要能打扫房间的机器人。

【解析】本题考查外来语的词义。选项A译为“长椅”；选项B译为“机器人”；选项C译为“火箭”；选项D译为“绳索”。根据句意选择选项B。

(11) 【答案】D

【句意】早饭的菜单也更新了。

【解析】本题考查外来语的词义。选项A译为“新闻”；选项B译为“青年”；选项C译为“黄油”；选项D译为“菜单”。根据句意选择选项D。

(12) 【答案】B

【句意】我们代替汤姆完成了工作。

【解析】本题考查名词的词义。选项A译为“束缚”；选项B译为“代替”；选项C译为“分配”；选项D译为“谈论”。根据句意选择选项B。

(13) 【答案】D

【句意】如果有话想说，不要沉默，说出来吧。

【解析】本题考查动词的词义。选项A译为“接触”；选项B译为“碰见”；选项C译为“唠叨”；选项D译为“沉默”。根据句意选择选项D。

(14) 【答案】B

【句意】我被他兄弟般的友情深深地打动了。

【解析】本题考查名词的词义。选项A译为“友人”；选项B译为“友情”；选项C译为“爱情”；选项D译为“恋爱”。根据句意选择选项B。

(15) 【答案】A

【句意】必须要有向群众学习的精神。

【解析】本题考查动词的词义。选项A译为“学习”；选项B译为“分配”；选项C译为“唠叨”；选项D译为“沉默”。根据句意选择选项A。

(16) 【答案】D

【句意】住在寄宿家庭最重要的目的就是了解日本人的生活习惯。

【解析】本题考查名词的词义。选项A译为“意识”；选项B译为“疑问”；选项C译为“问题”；选项D译为“目的”。根据句意选择选项D。

(17) 【答案】B

【句意】人类乘坐的火箭已经到达了月球。

【解析】本题考查外来语的词义。选项A译为“公寓”；选项B译为“火箭”；选项C译为“机器人”；选项D译为“绳索”。根据句意选择选项B。

(18) 【答案】A

【句意】今天路滑，走路时要小心。

【解析】本题考查动词的词义。选项A译为“滑”；选项B译为“唠叨”；选项C译为“沉默”；选项D译为“停止”。根据句意选择选项A。

(19) 【答案】D

【句意】最近我家附近在建很多公寓。

【解析】本题考查外来语的词义。选项A译为“瓶”；选项B译为“海报”；选项C译为“围巾”；选项D译为“公寓”。根据句意选择选项D。

(20)【答案】D

【句意】钥匙可能是从你口袋里掉出来的吧。

【解析】本题考查外来语的词义。选项A译为“青年”；选项B译为“火箭”；选项C译为“绳索”；选项D译为“口袋”。根据句意选择选项D。

Day 19

1. 读音考查

(1)かいけつ	(2)かいさつ	(3)かいじょう	(4)がいしょく
(5)かんげき	(6)かんどう	(7)かんこう	(8)きたく
(9)きねん	(10)きょうそう	(11)きょうりょく	(12)きんえん
(13)くんれん	(14)けいゆ	(15)けんちく	(16)けんがく
(17)みまい	(18)げんそん	(19)こきゅう	(20)こうりゅう
(21)こうぎ	(22)こうしゃ	(23)ごうかく	(24)ごうけい
(25)させつ	(26)さくぶん	(27)さんぽ	(28)さんせい
(29)しよう	(30)してい	(31)しどう	(32)ししゅつ
(33)じまん	(34)しっぱい	(35)しつもん	(36)じっけん
(37)じつよう	(38)しゅちょう	(39)しゅじゅつ	(40)しゅくだい
(41)しょうばい	(42)しょうめい	(43)じょうしゃ	(44)しんせい
(45)しんこう	(46)せいこう	(47)せいかい	(48)せいとう
(49)ぞうか	(50)そんけい		

2. 汉字检验

(1)解決	(2)改札	(3)開場	(4)外食
(5)感激	(6)感動	(7)観光	(8)帰宅
(9)記念	(10)競争	(11)協力	(12)禁煙
(13)訓練	(14)経由	(15)建築	(16)見学
(17)見舞い	(18)現存	(19)呼吸	(20)交流
(21)講義	(22)降車	(23)合格	(24)合計
(25)左折	(26)作文	(27)散歩	(28)賛成
(29)使用	(30)指定	(31)指導	(32)支出
(33)自慢	(34)失敗	(35)質問	(36)実験
(37)実用	(38)主張	(39)手術	(40)宿題
(41)商売	(42)証明	(43)乗車	(44)申請
(45)進行	(46)成功	(47)正解	(48)正答
(49)増加	(50)尊敬		

3. 提高训练

(1) 【答案】D

【句意】他感激地握着我的手连声道谢。

【解析】本题考查动词的词义。选项A译为“忍耐”；选项B译为“自夸”；选项C译为“交流”；选项D译为“感激”。根据句意选择选项D。

(2) 【答案】D

【句意】哥哥喜欢旅游，国内旅行自不必说，也常常出国旅行。

【解析】本题考查名词的词义。选项A译为“赞成”；选项B译为“交流”；选项C译为“竞争”；选项D译为“旅游”。根据句意选择选项D。

(3) 【答案】D

【句意】下周必须接受手术。

【解析】本题考查名词的词义。选项A译为“买卖”；选项B译为“成功”；选项C译为“讲义”；选项D译为“手术”。根据句意选择选项D。

(4) 【答案】D

【句意】他们必须赢得那场竞赛。

【解析】本题考查名词的词义。选项A译为“训练”；选项B译为“合格”；选项C译为“使用”；选项D译为“竞赛”。根据句意选择选项D。

(5) 【答案】D

【句意】他指导选手时，时而温柔，时而严厉。

【解析】本题考查动词的词义。选项A译为“解决”；选项B译为“合作”；选项C译为“支出”；选项D译为“指导”。根据句意选择选项D。

(6) 【答案】B

【句意】为了不失败，最有效的方法就是不去挑战新鲜事物。

【解析】本题考查动词的词义。选项A译为“证明”；选项B译为“失败”；选项C译为“尊敬”；选项D译为“成功”。根据句意选择选项B。

(7) 【答案】C

【句意】我们必须尊敬长辈。

【解析】本题考查动词的词义。选项A译为“实用”；选项B译为“正确的解答”；选项C译为“尊敬”；选项D译为“增加”。根据句意选择选项C。

(8) 【答案】D

【句意】女方主张离婚，男方坚决不同意。

【解析】本题考查动词的词义。选项A译为“使用”；选项B译为“合格”；选项C译为“在外吃饭”；选项D译为“主张”。根据句意选择选项D。

---

(9) 【答案】A

【句意】今后也用信件和邮件继续交流。

【解析】本题考查名词的词义。选项A译为“交流”；选项B译为“乘车”；选项C译为“发表”；选项D译为“做饭”。根据句意选择选项A。

---

(10) 【答案】D

【句意】我把这个留给他做纪念。

【解析】本题考查名词的词义。选项A译为“指导”；选项B译为“讲义”；选项C译为“建筑”；选项D译为“纪念”。根据句意选择选项D。

---

(11) 【答案】D

【句意】这个实验需要五十天才能完成。

【解析】本题考查名词的词义。选项A译为“讲义”；选项B译为“证明”；选项C译为“手术”；选项D译为“实验”。根据句意选择选项D。

---

(12) 【答案】B

【句意】总算把作业完成了。

【解析】本题考查名词的词义。选项A译为“问题”；选项B译为“作业”；选项C译为“存款”；选项D译为“友情”。根据句意选择选项B。

---

(13) 【答案】D

【句意】带着狗出去散步了。

【解析】本题考查名词的词义。选项A译为“交流”；选项B译为“实验”；选项C译为“竞争”；选项D译为“散步”。根据句意选择选项D。

(14)【答案】B

【句意】她双手合十祈祷考试一定要合格。

【解析】本题考查动词的词义。选项A译为“赞成”；选项B译为“合格”；选项C译为“作文”；选项D译为“失败”。根据句意选择选项B。

(15)【答案】B

【句意】我想和你合作，一起工作。

【解析】本题考查动词的词义。选项A译为“进行”；选项B译为“合作”；选项C译为“参观学习”；选项D译为“失败”。根据句意选择选项B。

(16)【答案】D

【句意】这篇作文没有把主题放在中心，脱离了主旨。

【解析】本题考查名词的词义。选项A译为“计划”；选项B译为“指导”；选项C译为“讲义”；选项D译为“作文”。根据句意选择选项D。

(17)【答案】D

【句意】我赞成公园不放垃圾箱。

【解析】本题考查动词的词义。选项A译为“解决”；选项B译为“感动”；选项C译为“禁烟”；选项D译为“赞成”。根据句意选择选项D。

(18)【答案】D

【句意】最近，随着城市人口增加，住房问题愈发严峻。

【解析】本题考查名词的词义。选项A译为“中止”；选项B译为“变化”；选项C译为“减少”；选项D译为“增加”。根据句意选择选项D。

(19)【答案】B

【句意】厉行节约，削减不必要的支出。

【解析】本题考查名词的词义。选项A译为“计算”；选项B译为“支出”；选项C译为“实用”；选项D译为“合计”。根据句意选择选项B。

(20) 【答案】A

【句意】加强训练，提高军事素养。

【解析】本题考查名词的词义。选项A译为“训练”；选项B译为“竞争”；选项C译为“营养”；选项D译为“性格”。根据句意选择选项A。

Day 20

1. 读音考查

(1)だいひょう	(2)ちょうしょく	(3)つうきん	(4)つうち
(5)ていしゃ	(6)ていでん	(7)でんごん	(8)とうじょう
(9)とうちゃく	(10)どうせき	(11)どくりつ	(12)にゅういん
(13)にゅうりょく	(14)はいたつ	(15)かいもの	(16)はつおん
(17)はつばい	(18)はっぴょう	(19)ひてい	(20)ひかく
(21)ほうこく	(22)やくそく	(23)よほう	(24)りゅうこう
(25)るす	(26)れんらく	(27)はなしあい	(28)ふれる
(29)のびる	(30)ふる	(31)ふりこむ	(32)たずねる
(33)うまれる	(34)たたかう	(35)くみたてる	(36)はしりだす
(37)はかる	(38)かえる	(39)かわる	(40)しりあう
(41)いたむ	(42)ぬる	(43)ふむ	(44)とどける
(45)うりきれる	(46)とびだす	(47)つきあう	(48)ふせぐ
(49)おさえる	(50)おちつく		

2. 汉字检验

(1)代表	(2)朝食	(3)通勤	(4)通知
(5)停車	(6)停電	(7)伝言	(8)登場
(9)到着	(10)同席	(11)独立	(12)入院
(13)入力	(14)配達	(15)買い物	(16)発音
(17)発売	(18)発表	(19)否定	(20)比較
(21)報告	(22)約束	(23)予報	(24)流行
(25)留守	(26)連絡	(27)話し合い	(28)触れる
(29)伸びる	(30)振る	(31)振り込む	(32)尋ねる
(33)生まれる	(34)戦う	(35)組み立てる	(36)走り出す
(37)測る	(38)替える	(39)代わる	(40)知り合う
(41)痛む	(42)塗る	(43)踏む	(44)届ける
(45)売り切れる	(46)飛び出す	(47)付き合う	(48)防ぐ
(49)抑える	(50)落ち着く		

3. 提高训练

(1) 【答案】D

【句意】他代表公司在大会上致欢迎词。

【解析】本题考查动词的词义。选项A译为“否定”；选项B译为“通勤”；选项C译为“发表”；选项D译为“代表”。根据句意选择选项D。

---

(2) 【答案】D

【句意】这种服装在香港很流行。

【解析】本题考查动词的词义。选项A译为“赞成”；选项B译为“报告”；选项C译为“约定”；选项D译为“流行”。根据句意选择选项D。

(3) 【答案】D

【句意】详细汇报这些结果。

【解析】本题考查动词的词义。选项A译为“投递”；选项B译为“约定”；选项C译为“联络”；选项D译为“报告”。根据句意选择选项D。

(4) 【答案】D

【句意】迷路的时候，可以去车站内的咨询处咨询。

【解析】本题考查动词的词义。选项A译为“换”；选项B译为“代替”；选项C译为“战斗”；选项D译为“咨询”。根据句意选择选项D。

(5) 【答案】D

【句意】飞机将于9月23日下午6点抵达北京。

【解析】本题考查动词的词义。选项A译为“解决”；选项B译为“独立”；选项C译为“登场”；选项D译为“抵达”。根据句意选择选项D。

(6) 【答案】B

【句意】在最后一场比赛中与强敌决一死战。

【解析】本题考查动词的词义。选项A译为“疼痛”；选项B译为“战斗”；选项C译为“涂”；选项D译为“相识”。根据句意选择选项B。

(7) 【答案】D

【句意】那家店的甜点很有名，一下子就卖光了。

【解析】本题考查动词的词义。选项A译为“换”；选项B译为“送到”；选项C译为“飞起”；选项D译为“售罄”。根据句意选择选项D。

(8) 【答案】D

【句意】我们希望有更多的好作品诞生。

【解析】本题考查动词的词义。选项A译为“触及”；选项B译为“咨询”；选项C译为“售罄”；选项D译为“诞生”。根据句意选择选项D。

(9) 【答案】D

【句意】他说要出门，所以应该不在家。

【解析】本题考查名词的词义。选项A译为“交流”；选项B译为“乘车”；选项C译为“发表”；选项D译为“不在家”。根据句意选择选项D。

(10) 【答案】D

【句意】他用母语发了那个单词的音。

【解析】本题考查动词的词义。选项A译为“发售”；选项B译为“联络”；选项C译为“传话”；选项D译为“发音”。根据句意选择选项D。

(11) 【答案】D

【句意】这个会议计划有翻译列席。

【解析】本题考查动词的词义。选项A译为“传话”；选项B译为“代表”；选项C译为“同样”；选项D译为“列席”。根据句意选择选项D。

(12) 【答案】D

【句意】孩子们在夏令营生活中接触到了大自然。

【解析】本题考查动词的词义。选项A译为“换”；选项B译为“产生”；选项C译为“抑制”；选项D译为“触及”。根据句意选择选项D。

(13) 【答案】D

【句意】密码错误，请正确输入。

【解析】本题考查动词的词义。选项A译为“预报”；选项B译为“发表”；选项C译为“否定”；选项D译为“输入”。根据句意选择选项D。

(14)【答案】D

【句意】突然停电，屋子里一下就黑了。

【解析】本题考查动词的词义。选项A译为“停滞”；选项B译为“停止”；选项C译为“停车”；选项D译为“停电”。根据句意选择选项D。

(15)【答案】B

【句意】我想如果能再稍微控制一下初期费用就好了。

【解析】本题考查动词的词义。选项A译为“组织”；选项B译为“控制”；选项C译为“询问”；选项D译为“产生”。根据句意选择选项B。

(16)【答案】D

【句意】上下班需要坐电车一小时以上的人好像很多呢。

【解析】本题考查动词的词义。选项A译为“报告”；选项B译为“流行”；选项C译为“预报”；选项D译为“通勤”。根据句意选择选项D。

(17)【答案】D

【句意】对于不同意见，不能随便否定。

【解析】本题考查动词的词义。选项A译为“确定”；选项B译为“决定”；选项C译为“推定”；选项D译为“否定”。根据句意选择选项D。

(18)【答案】D

【句意】很高兴能与你相识。

【解析】本题考查动词的词义。选项A译为“开始跑动”；选项B译为“飞起”；选项C译为“存入”；选项D译为“相识”。根据句意选择选项D。

(19)【答案】B

【句意】很遗憾我不能在约定的时间去了。

【解析】本题考查名词的词义。选项A译为“决定”；选项B译为“约定”；选项C译为“节约”；选项D译为“规则”。根据句意选择选项B。

(20) 【答案】D

【句意】物质是独立于人的意识之外的客观存在。

【解析】本题考查动词的词义。选项A译为“训练”；选项B译为“记录”；选项C译为“现存”；选项D译为“独立”。根据句意选择选项D。

Day 21

1. 读音考查

(1) あびる　(2) ながす　(3) さめる　(4) はげむ

(5) いだく　(6) あむ　(7) かえる　(8) しばる

(9) いたる　(10) とおす　(11) はく　(12) もちかえる

(13) へいじつ　(14) とうじつ　(15) ぜんご　(16) ばあい

(17) いっしょうけんめい　(18) たしょう　(19) しだい

(20) かみなり　(21) なみだ　(22) あじ　(23) め

(24) かど　(25) さか　(26) きょねん　(27) ぜったい

(28) そこ　(29) い　(30) まめ　(31) いた

(32) ちから　(33) あわ　(34) は　(35) みどり

(36) そう　(37) きょうと　(38) とうきょう　(39) かならず

(40) まぶしい　(41) なつかしい　(42) だるい　(43) あに

(44) きず　(45) おく　(46) せん　(47) なみ

(48) つらねる　(49) やぶく

2. 汉字检验

(1)浴びる	(2)流す	(3)冷める	(4)励む
(5)抱く	(6)編む	(7)変える	(8)縛る
(9)至る	(10)通す	(11)掃く	(12)持ち帰る
(13)平日	(14)当日	(15)前後	(16)場合
(17)一生懸命	(18)多少	(19)次第	(20)雷
(21)涙	(22)味	(23)芽	(24)角
(25)坂	(26)去年	(27)絶対	(28)底
(29)胃	(30)豆	(31)板	(32)力
(33)泡	(34)薬	(35)緑	(36)僧
(37)京都	(38)東京	(39)必ず	(40)眩しい
(41)懐かしい	(42)怠い	(43)兄	(44)傷
(45)奥	(46)線	(47)波	(48)列ねる
(49)破く			

3. 提高训练

(1) 【答案】D

【句意】努力工作。

【解析】本题考查动词的词义。选项A译为"编"；选项B译为"到"；选项C译为"通过"；选项D译为"努力"。根据句意选择选项D。

---

(2) 【答案】A

【句意】那些怀有恶意的人讹传他已经阵亡。

【解析】本题考查动词的词义。选项A译为"怀有"；选项B译为"实现"；选项C译为"分配"；选项D译为"向"。根据句意选择选项A。

(3)【答案】A

【句意】她手真巧，会编各种花篮。

【解析】本题考查动词的词义。选项A译为“编”；选项B译为“疼痛”；选项C译为“向前”；选项D译为“居住”。根据句意选择选项A。

(4)【答案】B

【句意】情况如此，十分抱歉。

【解析】本题考查名词的词义。选项A译为“前后”；选项B译为“情况”；选项C译为“去年”；选项D译为“当天”。根据句意选择选项B。

(5)【答案】D

【句意】因为每天都吃了很多，所以胃很累。

【解析】本题考查名词的词义。选项A译为“嘴”；选项B译为“耳朵”；选项C译为“肝脏”；选项D译为“胃”。根据句意选择选项D。

(6)【答案】B

【句意】我的计划是首先去京都的清水寺。

【解析】本题考查名词的词义。选项A译为“东京”；选项B译为“京都”；选项C译为“北海道”；选项D译为“奈良”。根据句意选择选项B。

(7)【答案】D

【句意】每当读这本书，我都会想起令人怀念的过去。

【解析】本题考查形容词的词义。选项A译为“珍贵的”；选项B译为“深的”；选项C译为“热的”；选项D译为“令人怀念的”。根据句意选择选项D。

(8)【答案】D

【句意】来日本的外国人，很多都会去东京。

【解析】本题考查名词的词义。选项A译为“事件”；选项B译为“前面”；选项C译为“时间”；选项D译为“情况”。根据句意选择选项D。

---

(9) 【答案】D

【句意】为更改密码，请访问这个页面。

【解析】本题考查动词的词义。选项A译为“教授”；选项B译为“束缚”；选项C译为“接触”；选项D译为“变更”。根据句意选择选项D。

---

(10) 【答案】C

【句意】你的话，我相信一定可以成功。

【解析】本题考查副词的词义。选项A译为“非常”；选项B译为“未必”；选项C译为“一定”；选项D译为“失望”。根据句意选择选项C。

---

(11) 【答案】D

【句意】江面上翻滚着白色的波浪。

【解析】本题考查名词的词义。选项A译为“气泡”；选项B译为“哥哥”；选项C译为“深处”；选项D译为“波浪”。根据句意选择选项D。

---

(12) 【答案】C

【句意】淋浴。

【解析】本题考查动词的词义。选项A译为“改变”；选项B译为“变冷”；选项C译为“淋，浴”；选项D译为“触及”。根据句意选择选项C。

---

(13) 【答案】D

【句意】资料这么多，我一个人看不过来全部。

【解析】本题考查动词的词义及惯用语。“目を通す”译为“浏览”，根据句意选择选项D。

---

(14) 【答案】A

【句意】看完那部电影，我泪流不止。

【解析】本题考查名词的词义。选项A译为“泪”；选项B译为“味道”；选项C译为“雷”；选项D译为“芽”。根据句意选择选项A。

---

(15)【答案】B

【句意】那家餐厅没那么贵，味道很棒哦。

【解析】本题考查名词的词义。选项A译为“泪”；选项B译为“味道”；选项C译为“叶子”；选项D译为“木板”。根据句意选择选项B。

---

(16)【答案】D

【句意】东京的天空树很有名。

【解析】本题考查名词的词义。选项A译为“奈良”；选项B译为“名古屋”；选项C译为“广岛”；选项D译为“东京”。根据句意选择选项D。

---

(17)【答案】A

【句意】庭院里掉落了很多叶子。

【解析】本题考查名词的词义。选项A译为“叶子”；选项B译为“角落”；选项C译为“底”；选项D译为“力量”。根据句意选择选项A。

---

(18)【答案】A

【句意】把食物（打包）带回家吧。

【解析】本题考查动词的词义。选项A译为“带回去”；选项B译为“飞起”；选项C译为“商量”；选项D译为“结识”。根据句意选择选项A。

---

(19)【答案】D

【句意】我今天很疲倦，什么都不想做。

【解析】本题考查形容词的词义。选项A译为“辣的”；选项B译为“凉的”；选项C译为“伟大的”；选项D译为“疲倦的”。根据句意选择选项D。

---

(20)【答案】B

【句意】我的伤很快就会好。

【解析】本题考查名词的词义。选项A译为“角落”；选项B译为“伤”；选项C译为“深处”；选项D译为“线”。根据句意选择选项B。

单词词性归类

N5单词词性归类

1. イ形容词

高い
広い
欲しい
軽い
無い
暑い
多い
少ない
汚い
長い
強い
難しい
明るい
新しい
良い
煩い
甘い
寒い
親しい
大きい
固い
近い
冷たい

2.ナ形容词

たくさん
賑やか

3.动词

話す
返す
する
居る
有る・在る
見る
切る
行く
買う
来る
寝る
下さる
作る
降る
出る
洗う
休む
言う
生む
書く
咲く
食べる
着く
持つ
感じる
住む
取る
向く
飲む
遊ぶ
言える
思う
泳ぐ
通う
成る
働く
空く
曇る
習う
入る
待つ
遣る
上げる
歩く
埋める
売る
選ぶ
押す
終わる
掛かる
掛ける
被る
消える
空く
成す
並ぶ
吐く
走る
引く
間違える
止む
呼ぶ
分かる
忘れる
上がる
開ける
急ぐ
打つ
聞く

読む

4. 副词

沢山
今
全部

5. 名词

夜
昨日
今
中
昼
問題
月
年
テレビ
レストラン
話
電話
父さん
人
新聞
アパート
ニュース
明日
今年
国
ご飯
東
一緒
北
次
天気
南
雪
林檎
空
ダンス
エアコン
カメラ
ギター
親
川
外国
学校
言語
知識
花
山
スカート
テニス
ワイシャツ
英語
お金
テスト
全部
半分
来月
午後
今週
家具

N4单词词性归类

1.イ形容词

臭い
忙しい
遠い
狭い
悪い
浅い
暗い
暖かい
美味しい
深い
危ない
薄い
細かい
古い
嬉しい
若い
大人しい
珍しい
辛い
涼しい
眠い
苦い
幼い
安い
詰まらない
憎い
酷い
細い
丸い
柔らかい
弱い

2.ナ形容词

色々
真っ直ぐ

3.动词

訳す
揺る
釣る
出来る
教える
壊れる
覚える
育てる
始まる
始める
吹く
生きる
遅れる
返る

講じる
包む
太る
コピー
レポート
倒れる
挨拶
プレゼント
得る
置く
落とす
仕舞う
伝える
使う
付ける
連れる
慣れる
煮る
乗る
晴れる
集まる
浮く
怒る
比べる
立つ
立てる
頼む
治る
願う

運ぶ
引っ越す
褒める
負ける
もらう
汚れる
喜ぶ
渡す
笑う
祈る
動く
売れる
追う
行う
落ちる
貸す
片付ける
勝つ
考える
決まる
答える
込める
探す
誘う
叱る
閉める
進む
捨てる
都合

営業
経験
研究
出発
生産
旅行
はっきり
予定
謝る
受け付ける
写す
驚く

4.副词

約
色々
はっきり
真っ直ぐ
尚
何故
未だ
良く

5. 名词

子供
友達
店
スーパー
ビル
コピー
ホテル
先生
電車
テーブル
プール
レポート
コート
パソコン
大学
挨拶
プレゼント
約
カップ
コップ
シャツ
スポーツ
ズボン
テキスト
レシート
レジ
学生
交通
最後
親指
都合
日本語
営業
音

鞄
鍵
町
物
経験
研究
出発
生産
旅行
夏
春
秋
冬
シーズン
牛
嘘
顔
形
塵
箸
暇
瓶
周り
色々
予定
駅員
屋上
会社
休み

銀色
後ろ
工場
三つ
姉さん
自転車
住所
女子
女性
食堂
世界
大学生
地理
海
都会
日記
日誌
野菜
用事
皿
糸
声
足
氷
母
気
鳥
晩
未だ

夢

N3单词词性归类

1.イ形容词

悔しい
怖い
貧しい
怪しい
偉い
しつこい
眩しい
懐かしい
怠い

2.ナ形容词

本当
直ぐ
新鮮
清潔
随分
ふらふら
かなり
自然
そっくり
共通
積極的
反対
満足
具体的
意外
下手
確実
幸せ
残念
主
主要
寝坊
身近
正常
退屈
単純
短気
熱心
楽しみ
別
けち
一生懸命
からから

3.动词

料理
進歩
勉強
活動
区別
渋滞
出張
移動

生活
修理
建設
減少
消費
制限
滞在
早退
発生
発展
分類
優勝
サービス
どきどき
ふらふら
ゆっくり
注文
しっかり
故障
講演
縮小
沸騰
募集
追い付く
預ける
混ぜる
盛る
断る
離す

慰める
結ぶ
似合う
受け取る
伝わる
疲れる
余る
話し掛ける
向かう
濡れる
利用
留学
うっかり
噂
リサイクル
位置
意見
会議
完成
観察
希望
共通
禁止
検査
交換
工事
広告
集中
紹介

心配
貯金
平均
輸出
予約
練習
溜まる
減る
枯れる
零す
握る
組む
溺れる
叶う
食う
畳む
曲げる
慌てる
疑う
折れる
嫌う
転ぶ
怖がる
閉じる
逃げる
伸ばす
欠席
結婚
見物

残業
就職
洗濯
宣伝
想像
卒業
中止
駐車
反対
変化
貿易
満足
命令
面接
輸入
手伝う
騒ぐ
足りる
当たる
割れる
回す
加える
燃える
破れる
捕まえる
話し合う
アクセス
アナウンス
ストップ

チェンジ
冷える
囲む
諦める
隠す
越える
汚す
下がる
下げる
歌う
過ぎる
開く
勧める
干す
頑張る
駆ける
建てる
見詰める
呼びかける
延期
演奏
遠慮
応援
応用
仮定
我慢
会計
意識
飽きる

溢れる
表す
炙る
植える
映る
送る
輝く
飾る
配る
効く
絞る
仕る
飼う
辞める
取り消す
取り替える
従う
重ねる
宿る
書き直す
信号
引っ張る
覚める
区切る
座る
似る
触る
届く
ジョギング

応募
横断
回収
記録
緊張
携帯
計算
計画
経営
セット
寝坊
退屈
ノート
仕組む
沈む
滑る
示す
喋る
属する
対する
黙る
掴む
出会う
止める
投げる
撫でる
煮える
眠る
生える

図る
拾う
学ぶ
守る
戻す
喧嘩
解決
改札
開場
外食
感激
感動
観光
帰宅
記念
競争
協力
禁煙
訓練
経由
建築
見学
現存
呼吸
交流
講義
降車
合格
合計

左折
作文
散歩
賛成
使用
指定
指導
支出
自慢
失敗
質問
実験
実用
主張
手術
商売
証明
乗車
申請
進行
成功
正解
正答
増加
尊敬
代表
通勤
通知
停車
停電
伝言
登場
到着
同席
独立
入院
入力
配達
買い物
発音
発売
発表
否定
比較
報告
約束
予報
流行
留守
連絡
触れる
伸びる
振る
振り込む
尋ねる
生まれる
戦う
組み立てる
走り出す
測る
替える
代わる
知り合う
痛む
塗る
踏む
届ける
売り切れる
飛び出す
付き合う
防ぐ
抑える
落ち着く
浴びる
流す
冷める
励む
抱く
編む
変える
縛る
至る
通す
掃く
持ち帰る
前後
からから
列ねる
破く

4. 副词

直ぐ
とても
何時も
余り
やっと
ずっと
さっき
随分
どきどき
なかなか
ふらふら
ゆっくり
かなり
きちんと
自然
ぐっすり
しっかり
そっくり
時々
一杯
うっかり
果然
割合
一度
当日

一生懸命
多少
絶対
からから
必ず

5. 名词

部屋
友人
効果
大会
技術
内容
風邪
本当
海外
資源
締め切り
病院
会場
期限
規則
距離
原因
資料
自分
性格
中古
駅前
荷物
銀行
兄弟
使い方
順番
成績
選手
道路
ケーキ
料理
進歩
勉強
活動
区別
渋滞
出張
移動
生活
修理
建設
減少
消費
制限
滞在
清潔
早退
発生
発展
分類
優勝
余り
サービス
自然
注文
家
身
弟
時々
一杯
スピーチ
故障
講演
縮小
沸騰
募集
印象
栄養
漢字
ドア
家族
利用
留学
ゲーム
サイズ
ヒント
ボール
機械
気温
気分
噂
牛乳
興味
メール
リサイクル
位置
意見
引き出し
会議
完成
観察
希望
共通
禁止
小説
人々
体力
値段
調子
電気
検査
交換
工事
広告
受付
集中
紹介
心配

貯金
名前
平均
輸出
予約
練習
商品
欠点
小声
情報
数学
欠席
結婚
見物
残業
就職
洗濯
宣伝
想像
卒業
中止
駐車
反対
変化
貿易
満足
命令
面接
輸入

紅茶
材料
事故
事情
時代
実力
書類
石油
先輩
専門
相手
代金
台所
大勢
大声
中身
電子
電池
同級生
農業
番号
部長
物価
文句
辺り
歩道
方向
目標
容器

様子
料金
冷蔵庫
列車
家賃
絵画
楽器
血液
原料
玄関
アクセス
アドレス
アナウンス
イメージ
ストップ
チェンジ
プログラム
延期
演奏
遠慮
応援
応用
仮定
我慢
会計
意識
アイデア
アウト
インターネット

エレベーター
オリンピック
オレンジ
カラオケ
キッチン
ガス
クイズ
グラフ
コマーシャル
サラダ
交差点
姿勢
商業
冗談
壁
首
窓
畑
横
草
袋
煙
塩
汗
胸
靴
穴
腰
歯

好物
砂糖
最上
最新
財布
坂道
作物
事務所
時差
車道
主婦
種類
乗り物
食器
食欲
信号
新幹線
新入生
申し込み
お菓子
お湯
本
手
目
脚
池
腕
隣
経済

観客
久しぶり
個人
香り
自前
奨学金
基礎
関心
看板
環境
割合
学期
科学
映画
マラソン
マナー
ベッド
ペットボトル
ピアノ
テーマ
セーター
スケジュール
ジョギング
ジュース
コンサート
チャンス
コーヒー
グループ
エンジン

アンケート
応募
横断
回収
関係
記録
緊張
携帯
計算
計画
経営
全員
洗剤
息子
税金
赤ちゃん
親戚
単身
団体
天井
特徴
特長
独身
内緒
背中
売り場
風呂
文化
文章

方法
父親
母親
有料
遊園地
腕時計
エネルギー
老い
両手
迷子
本棚
ドラマ
チーズ
タイトル
セール
セット
スピード
スプーン
下手
確実
幸せ
残念
主要
寝坊
正常
退屈
単純
短気
熱心

お祭り
お祝い
お知らせ
バター
ノート
バス
バナナ
パーセント
パーティー
パスポート
パン
パンフレット
ピアニスト
ピル
ピンク
プラスチック
運動会
映画館
一般
太陽
各地
楽しみ
感覚
感情
教室
切手
正月
裏側
廊下

一度
逆
別
針
図
泉
村
ベンチ
ペン
ボトル
ポケット
ポスター
マフラー
マンション
メニュー
ユース
ルール
ロープ
ロケット
ロボット
大人
代わり
大雨
友情
目的
魚
虫
島
猫

箱
服
故郷
喉
喧嘩
けち
複数
解決
改札
開場
外食
感激
感動
観光
帰宅
記念
競争
協力
禁煙
訓練
経由
建築
見学
見舞い
現存
呼吸
交流
講義
降車

合格
合計
左折
作文
散歩
賛成
使用
指定
指導
支出
自慢
失敗
質問
実験
実用
主張
手術
宿題
商売
証明
乗車
申請
進行
成功
正解
正答
増加
尊敬
代表

朝食
通勤
通知
停車
停電
伝言
登場
到着
同席
独立
入院
入力
配達
買い物
発音
発売
発表
否定
比較
報告
約束
予報
流行
留守
連絡
話し合い
平日
当日
前後

場合
多少
次第
雷
涙
味
芽
角
坂
去年
絶対
底
胃
豆
板
力
泡
葉
緑
僧
京都
東京
兄
傷
奥
線
波

外来语汇总

日语词汇	词源	意思
ニュース	news	新闻，消息，报道
スカート	skirt	裙子
テニス	tennis	网球
テスト	test	测验，考试
テレビ	television	电视
レストラン	restaurant	餐厅
ダンス	dance	跳舞
エアコン	air conditioner	空调
カメラ	camera	照相机
ギター	guitar	吉他
ワイシャツ	white shirt	衬衫
スーパー	super	超级；超市
ビル	building	高楼，大厦
プレゼント	present	礼品，礼物；送礼
テーブル	table	桌子，餐桌
プール	pool	游泳池
レポート	report	报告，报告书；报道，通讯
コート	coat	大衣，外套
パソコン	Personal Computer	个人电脑，计算机
アパート	apartment house	公寓
カップ	cup	茶杯，奖杯
レジ	register	收银台；收银员
シャツ	shirt	衬衣
スポーツ	sport	(体育)运动

（续表）

日语词汇	词源	意思
ホテル	hotel	宾馆，饭店
スピーチ	speech	讲话，演说
メール	mail	邮件，邮政
リサイクル	recycle	回收，再利用
ズボン	jupon	裤子
テキスト	text	文本，教科书
レシート	receipt	收据，收条
コップ	kop	玻璃杯，杯子
アナウンス	announce	广播；报告；通知
ストップ	stop	停止，中止
チェンジ	change	兑换；交换，更换
ケーキ	cake	蛋糕，西点
サービス	service	招待，服务
ゲーム	game	比赛，游戏
サイズ	size	大小，尺寸
ドア	door	门
ヒント	hint	提示，暗示，启发
ボール	ball	球
コマーシャル	commercial	商业广告
グラフ	graph	图表；画报
クイズ	quiz	猜谜，智力游戏
ガス	gas	气体；煤气
エレベーター	elevator	电梯
オリンピック	Olympic	奥运会
オレンジ	orange	橘子，香橙
キッチン	kitchen	厨房
アウト	out	出局；出界
アイデア	idea	主意，点子
アクセス	access	利用；存取，访问；检索方法

（续表）

日语词汇	词源	意思
アドレス	address	住址；地址
イメージ	image	形象，印象
プログラム	program	程序；项目；节目
サラダ	salad	沙拉
インターネット	Internet	因特网
コピー	copy	复印，抄写；模仿，仿照
コンサート	concert	音乐会
ベッド	bed	床
マラソン	marathon	马拉松
マナー	manner	礼节，礼貌；态度，作风
ペットボトル	PET bottle	塑料瓶
ピアノ	piano	钢琴
テーマ	Thema	主题，题目；主旋律，中心思想
チャンス	chance	机会
セーター	sweater	毛衣
スケジュール	schedule	时间表，日程表
ジョギング	jogging	慢跑
ジュース	juice	果汁
コーヒー	koffie	咖啡
グループ	group	群，组，集团
エンジン	engine	发动机，引擎
エネルギー	Energie	精力，能量
アンケート	enquête	问卷调查
スプーン	spoon	汤匙，勺
ドラマ	drama	电视剧
チーズ	cheese	奶酪，芝士
タイトル	title	标题，题目
セール	sale	促销，打折、廉价销售，减价

（续表）

日语词汇	词源	意思
セット	set	一套，一组；舞台装置，电影布景；装配，调整；整理发型
スピード	speed	速度
プラスチック	plastic	塑料
ベンチ	bench	长凳，长椅
ペン	pen	笔，钢笔
ボトル	bottle	瓶，酒瓶
ポケット	pocket	口袋，衣袋
ポスター	poster	宣传画，海报
マフラー	muffler	围巾
マンション	mansion	公寓；居民大楼
バター	butter	黄油
ノート	note	笔记本，记录
バス	bus	公交车
バナナ	banana	香蕉
パーセント	percent	百分率，百分比
パーティー	party	派对，聚会，集会
パスポート	passport	护照
パン	pão	面包
パンフレット	pamphlet	宣传册，小册子
ピアニスト	pianist	钢琴家
ピル	pill	药丸
ピンク	pink	粉色，粉红色
メニュー	menu	菜单，菜谱
ユース	youth	青年，青春；青年时代
ルール	rule	规则，章程
ロープ	rope	绳索
ロケット	rocket	火箭
ロボット	robot	机器人